# BOT 模式高速公路工程施工总承包管理实务



邓　勇　李景超　刘军权　白恩郦　著

科学出版社
北　京

## 内 容 简 介

本书以国家鼓励支持的工程建设总承包为题材，详细记录BOT模式高速公路项目从工程发包到竣工运营的全过程。首先分析工程项目总承包法规政策背景、总承包建设模式及管理的重要性；其次讲述项目启动准备阶段、项目施工阶段、项目运营前准备阶段业主方、总承包方、分包方的建设管理；最后介绍总承包管理创新、总承包建设成果策划及总承包党建管理工作。

本书可供公路、铁路、水利等基础设施项目的投资、工程总承包、建筑施工、代建管理、咨询管理等行业的建设管理人员及政府工程发包人员参考，尤其适合作为BOT、PPP模式投资建设高速公路施工总承包管理相关人员的参考书。

**图书在版编目(CIP)数据**

BOT模式高速公路工程施工总承包管理实务 / 邓勇等著. —北京：科学出版社，2019.1

ISBN 978-7-03-059959-9

Ⅰ. ①B… Ⅱ. ①邓… Ⅲ. ①高速公路-道路施工-承包工程-施工管理 Ⅳ. ①U415.1

中国版本图书馆CIP数据核字（2018）第279243号

责任编辑：张 展 刘莉莉 / 责任校对：彭 映

责任印制：罗 科 / 封面设计：墨创文化

科学出版社 出版

北京东黄城根北街16号

邮政编码：100717

http://www.sciencep.com

四川煤田地质制图印刷厂印刷

科学出版社发行 各地新华书店经销

*

2019年1月第 一 版 开本：787×1092 1/16

2019年1月第一次印刷 印张：17 1/4

字数：350 千字

**定价：109.00 元**

（如有印装质量问题，我社负责调换）

本书作序者中国工程院院士陈湘生（左）与本书作者刘军权合影

# 序

《BOT 模式高速公路工程施工总承包管理实务》是一本紧扣建设工程法律法规、贯穿高速公路建设工程全过程管理、科学筹划 BOT 模式施工总承包管理的指导书籍，是对新时期 BOT 模式工程总承包建设管理的创新实践的凝练，是高速公路工程基本建设管理程序的汇集，是高速公路建设项目管理实务型指导用书。该书阐述了依法建设的项目建设程序，凝练融汇了总承包管理的创新心得，从建设单位、总承包单位、施工主体单位的视角阐述了高速公路施工总承包的优势和意义、建设管理主体的设立、建设项目筹备策划、建设项目施工准备、建设项目管理、总承包风险管理、总承包建设管理创新及党建工作创新等内容。该书以建设工程实施期为时间轴系统阐述了施工总承包在项目建设管理中的主要做法和创新点，对高速公路建设行业的管理者具有重要的指导性和参考性。

近年来，政府加大了对高速公路工程基础设施项目 PPP、BOT 等投资建设模式的重视程度，对应的工程承包模式也呈现多样化，有工程总承包(EPC)模式、项目管理承包(PMC)模式、设计-建造(DB)模式、平行发包(DBB)模式、施工管理承包(CM)模式、建设-运营-移交(BOT）模式、公共部门与私人企业合作(PPP)模式等。希望该书的出版能为高速公路投资者、建设管理者、建筑施工企业提供一些有价值的管理理念，为高速公路等大型基础设施工程项目的建设筹备、管理创新提供一些可借鉴的管理方法，为进一步加强大型基础设施项目的计划管理、招投标管理、程序管理、目标管理、风险管理、要素管理起到抛砖引玉的作用。

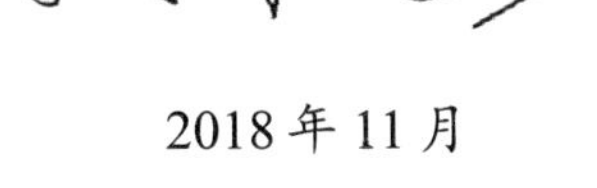

2018 年 11 月

# Preface

*General Contracting Management Practice for Expressway Construction in BOT Mode* is a guiding book for the whole management process of the expressway construction project focusing on the construction laws and regulations. It is the guide to scientifically plan for general contracting management in BOT mode. This book is a concise summary of the innovative practice of general contracting management in BOT mode in the new era, the collection of the expressway construction management procedures, and the guidance of the expressway construction management practice. This book expounds the project construction procedures, and integrates the innovation experience of general contracting management. From the perspective of the proprietor, the general contractor and the subcontractor, it expounds the advantages and significance of general contracting management of expressway construction, the establishment of the main body, construction preparation and planning, construction management, risk management, management innovation of general contracting construction, and Party construction innovation, etc. The main principles and innovations of general contracting management are expounded in the timeline of implementation period of construction project. The publication of this book is important to managers of the expressway construction, and provides some guidance and reference.

In recent years, the government pays more and more attention to the investment construction mode of expressway construction such as PPP and BOT, and the corresponding project contracting modes are also diversified, including engineering procurement construction (EPC) mode, project management contracting (PMC) mode, design-build (DB) mode, design-bid-build (DBB) mode, construction management (CM) mode, build-operate-transfer (BOT) mode, public-private-partnership (PPP) mode, etc. It is expected that with the publication of this book the expressway investors, construction managers and construction companies can be benefited. It provides them with management methodologies during construction preparation and management innovation in large infrastructure projects such as expressway, and plays a role in further improving the planning management, bidding management, procedure management, target management, risk management, and factor management of large infrastructure projects.

*November, 2018*

# 前　言

PPP 或 BOT 建设模式在基础设施建设领域的投资占比越来越大，对建设工程项目的建设、使用增值效应的影响日益凸显，其不仅是一种融资模式，更是新时期项目建设管理优化的创新模式。本书作者结合多年项目管理经验、PPP 和 BOT 项目成功运作的实践而编写本书，本书内容涵盖了从项目立项或核准起至项目竣工投入使用止的全过程管理内容，旨在为基础设施项目建设投资人、建筑施工企业、工程总承包企业、咨询企业的 BOT 项目建设管理提供参考。通过投建一体+总承包建设的方式，充分发挥总承包企业管理优势实现建设工程项目增值目标。

本书共分为五篇十二章，第一篇为 BOT 模式总承包项目概述，第二篇为项目启动准备阶段管理，第三篇为项目施工阶段建设管理，第四篇为项目运营前准备阶段管理，第五篇为总承包管理创新及党建工作策划。全书依据国家建设有关法律法规、政策、规章等，紧扣高速公路项目建设筹备重点内容、建设管理程序、建设管理措施、交竣工结算和验收、建设风险管控、建设管理创新等管理要点，分别从建设方、总承包方、施工方的角度，围绕施工总承包管理承前启后的契入点，着重从施工总承包优势分析、施工总承包依法确立、项目建设筹备工作、建设工程管理、交竣工验收组织、总承包风险管理、总承包管理创新、总承包项目党建工作创新等方面讲述高速公路工程施工总承包管理。

邓勇负责全书的构思、审稿及校正工作。全书共分为五篇，其中，李景超、白恩郦编写第一篇、第二篇和第三篇第六章，刘军权编写本书第三篇（第六章除外），邓勇编写本书第四篇、第五篇。本书著作过程中得到了中铁二十局简蒲高速总承包指挥部张敏、张会民、付涛、王会栓、潘析、史青峰、曹健、姚正军、危海源、周海、张健莉、陈桂玲、罗国红、孟祥瑞、何建平、钱磊等管理人员的良好建议和著作支持，在此一并表示感谢。

希望本书能够为建设领域同仁们提供一些有价值的参考，因建设法规不断更新，本书难免有不妥之处，敬请读者批评指正并提出宝贵意见。



2018 年 11 月

# Foreword

The PPP or BOT construction mode has an increasing proportion in the investment for infrastructure construction, and becomes more and more prominent in construction and engineering projects with its value-added effects. The PPP or BOT construction mode is not only a financing mode, but also an innovative mode for construction management optimization in the new era. The authors of this book have years of project management experience and successful practice of PPP or BOT projects. This book covers the complete end to end management process of a project from the initialization to the handover, aiming at providing references to the construction investors, construction companies, general contracting enterprises and consulting enterprises of BOT projects. And through an integrated approach of "invest to construct + general contracting", the management advantages of the general contracting enterprises will be brought into full play to realize their value-added goals of the construction project.

This book is comprised of five parts and twelve chapters, which are Part 1 for overview of general contracting project in BOT mode, Part 2 for management in project start-up preparation stage, Part 3 for management in project construction stage, Part 4 for management in project pre-operation stage, and Part 5 for innovation of general contracting management and planning of Party construction. This book is based on relevant construction laws, policies and regulations, and focuses on key points of preparation management for the expressway projects, the procedures and measures of construction management, the completion settlement and acceptance of the construction, the risk management and control, and the construction management innovation. From the perspective of the contractors, the general contractors and the subcontractors, this book describes the whole process of general contracting management during its implementation, and focuses on the analysis of the advantages of general contracting, the initialization of general contracting, the preparation for construction, the construction management, the completion and acceptance of construction projects, the risk management and management innovations of general contracting, and the innovation of the Party construction.

Deng Yong is responsible for designing, reviewing and correcting of this book. This book is comprised of five parts. Li Jingchao and Bai Enli are writers of the Part 1, Part 2 and Chapter 6 of Part 3; Except for Chapter 6, Liu Junquan writes all others of the Part 3; Deng Yong writes the Part 4 and Part 5; Zhang Min, Zhang Huimin, Fu Tao, Wang Huishuan, Pan Xi, Shi Qingfeng, Cao Jian, Yao Zhengjun, Wei Haiyuan, Zhou Hai, Zhang Jianli, Chen Guiling, Luo Guohong, Meng Xiangrui, He Jianping, Qian Lei in Jianpu Expressway General Contracting Department of the 20th Bureau of China Railway participate in the writing. Appreciate for their good advice and support!

It would be our great pleasure should some colleagues in the construction circle were benefited after reading this book. Due to the changing construction laws and status, some improper parts would always be inevitable. It will be appreciated if our beloved readers would contribute your valuable comments to us for either criticization or correction.

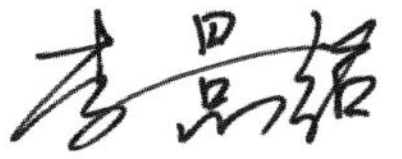

*November, 2018*

# 目　录

# Contents

## 第一篇　BOT 模式总承包项目概述

## Part 1　Overview of General Contracting Project in BOT Mode

## 第二篇　项目启动准备阶段管理

## Part 2　Management in Project Start-up Preparation Stage

## 第三篇 项目施工阶段建设管理

## Part 3 Management in Project Construction Stage

## 第四篇　项目运营前准备阶段管理

## Part 4  Management in Project Pre-operation Stage

# 第一篇

# BOT 模式总承包项目概述

国家“一带一路”倡议和“供给侧”结构性改革，对国内建筑企业是一次历史性的机遇，同时也是一次历史性的挑战。高速公路建设越来越多地采用 PPP+BOT 或 BOT 模式，BOT 模式已被政府、交通行业主管部门、社会投资人所推崇和青睐，也是社会资本投资高速公路建设的主要方式。采用 BOT 建设模式可减少政府公共借款和直接投资，缓和政府的财政负担，避免或减少政府投资可能带来的各种风险，也有利于提高项目的运作效益。BOT 模式使政府本来急需建设而目前又无力投资建设的基础设施项目提前建成并投入使用，提高全社会生产力，满足社会公众的需求。

# 第一章　BOT 项目施工总承包概述

## 1.1　施工总承包法规政策背景

### 1.1.1　BOT 项目定义

BOT(build-operate-transfer)即建设-经营-转让，是企业参与基础设施建设，向社会提供公共服务的一种方式。一般称之为“特许经营权”，是指政府或授权的实施机构就某个基础设施项目与社会经济组织(或项目公司)签订特许权协议，授予签约方的企业(包括外国企业)来承担该项目的投资、融资、建设和维护，在协议规定的特许期限内，许可其融资建设和经营特定的公用基础设施，并准许其通过向用户收取费用或出售产品以清偿贷款，回收投资并赚取利润。政府对这一基础设施有监督权、调控权，特许经营权期满后，签约方的社会经济组织(企业)将该基础设施无偿或有偿移交给政府部门或其指定的管理机构。

1. BOT 项目特征

(1)通常由政府部门承担的建设和经营特定基础设施的专营权，通过招标方式选择并许可社会经济组织来特许经营。

(2)由获取特许经营权的经济组织在特许权期限内负责项目的建设、运营、管理，并用取得的收益偿还资本金和贷款。

(3)特许权期限届满时，项目公司无偿或有偿将该基础设施移交给政府或其指定的管理机构。

2. BOT 项目法律特点

BOT 建设模式已是当下一种新的融资方式，在高速公路等经营性收费公路建设中使用越来越普遍，与其他融资方式相比，有其自身的法律特点，主要表现在以下几个方面：

(1)从权利转移来看：政府只是通过与项目公司签订特许权协议(合同)，将公共建设项目的经营权交给项目公司，项目公司经营一定的期限后将其经营权转交给当地政府或政府指定的机构。

(2) 从责任范围来看：政府依据签订的协议(合同)，通过经济活动的方式将设计、融资、建设、经营、维护公共设施的责任转移给项目公司。

(3) 从项目的资金来看：采用 BOT 模式建设项目所需要的资金全部由外国投资者或国内投资者通过自有资本金、融资或贷款解决。政府不提供资金担保，但可以适当贷款或参股的形式共同投资。

(4) 从参与主体来看：政府与项目公司作为主要主体通过合同达成合作意向，项目公司分别通过贷款合同、经营合同、建筑合同、监理合同、拆迁合同、设计合同与银行、经营承包商、建筑商、监理机构、政府、工程设计机构达成有关贷款、经营、建设、监理、征拆、设计方面的合作意向。

### 1.1.2 BOT 项目施工总承包定义

BOT 项目施工总承包是指在 BOT 项目条件下，特许经营项目投资人依法组建项目法人公司(简称项目业主)，在法定资质允许范围内能够自行施工组织建设并依法直接从项目业主获取施工总承包合同任务并组织实施。特许经营项目投资人依法作为施工总承包企业受业主委托，按照合同约定对工程建设项目的采购、施工管理、试运行(竣工验收)等实行全过程或若干阶段的承包，对所承包工程的质量、安全、环水保、进度和费用负责。若采用分标段分包组织实施的，分包单位应持有施工总承包资质，施工总承包单位依法对分包工程进行管理，分包单位依据法定资质许可范围对其承担的分包工程负责，与施工总承包单位共同承担连带责任。

### 1.1.3 BOT 项目施工总承包政策合规性分析

依据《中华人民共和国公路法》(以下简称公路法)第二十一条规定：国家鼓励国内外经济组织对公路建设进行投资。开发、经营公路的公司可以依照法律、行政法规的规定发行股票、公司债券筹集资金。依照本法规定出让公路收费权的收入必须用于公路建设。因此，依据公路法，国内外经济组织可以对公路建设进行投资。

《中华人民共和国招标投标法》、《中华人民共和国招标投标法实施条例》、《公路工程建设项目招标投标管理办法》(中华人民共和国交通运输部令 2015 年第 24 号)规定，以下两种情况可以不招标：采购人自身具有工程施工或者提供服务的资格和能力，且符合法定要求；已通过招标方式选定的特许经营项目投资人依法能够自行施工或者提供服务。根据以上法律法规，BOT 模式建设的高速公路工程，其投资人具有施工总承包资质的，依据资质许可范围自行总承包组织施工。为了提高建设项目工程总承包的管理水平，国家推行《建设项目工程总承包管理规范》(GB/T50358—2017)，促进建设项目工程总承包管理的科学化、规范化和法制化，推进建设项目工程总承包管理与国际接轨。施工总承包作为建设领域的一种重要承包方式，越来越适应大规模投资建设的需要，依然也是国家政策和市场推广的重要承包建设模式。

## 1.2　施工总承包市场分析

### 1.2.1　BOT 高速公路总承包项目市场分析

(1) 从实施机构角度分析：政府和社会资本合作 PPP 项目或 BOT 项目管理中，政府或其授权的行业主管部门作为实施机构，实施机构为了控制建设风险、工程投资和造价，充分发挥社会投资人投资、建设管理、施工等方面的优势，越来越多的做法在实施方案和招标文件中明确要求社会投资方(或社会投资方联合体成员之一)必须具备满足项目建设要求的施工总承包资质和满足项目施工组织及管理能力的单位。

(2) 从社会资本方或投资人角度分析：社会投资方中纯投资性质的投资人更多关心投资收益和投资周期，而施工总承包企业作为投资人除了考虑满足企业投资收益率和投资周期等投资政策要求外，更关心的投资目标是通过投资撬动施工总承包单位的主业经营份额和培育施工总承包建设管理能力，这就为社会资本方自愿积极以投资人联合体模式进行投建一体化合作创造了政策导向、市场环境，提振了建设工程市场活力，迎合了纯投资性质的社会投资人和施工企业投资人的战略合作需求。

(3) 从政策层面分析：随着国家供给侧结构性改革，鼓励中国企业坚持“走出去”战略和积极参与“一带一路”倡议等政策出台，政府倡导公路工程基础设施采用 PPP 或 BOT 模式建设，激发民间资本市场活力，推广工程(施工)总承包建设模式，逐步提升建筑企业的总承包国际竞争实力。

因此，BOT 高速公路工程施工总承包模式既是政策和行业引导的方向，也是政府、行业主管部门提倡的主流建设模式，更是社会投资方普遍青睐的市场模式。BOT 和 PPP 模式已是工程建设鼓励和引导的首选建设模式，未来的市场份额还将继续扩大。

### 1.2.2　BOT 项目施工总承包主体确立

国家或地方高速公路建设一般由政府投资或国内经济组织投资建设，供给侧结构性改革政策实施后，由国内经济组织采用 BOT 模式组织建设高速公路越来越普及。国内经济组织投资建设的高速公路绝大部分采用 BOT 模式或 BOT+政府补贴或 BOT+政府股权的方式运作，项目的建设、运营、移交工作主要由社会资本方完成。拟建高速公路列入交通建设规划后，由项目所在市级人民政府联名上报省级人民政府授权，书面授权项目所在地的市级人民政府作为拟实施项目的牵头方，负责对社会资本方的招标选择、监管、考核、评价及相关报批手续的协助工作。社会投资人招标确定后，由项目所在地政府或政府授权的实施机构与社会资本方签订投资协议，社会资本方组建注册项目公司，作为实施本项目的项目业主。项目业主依据省发改委批复的项目核准招标意见和省级交通主管部门批复意见，将资质许可范围内的项目施工任务直接发包给经行业主管部门批复同意的特许经营投资人，由特许经营投资人依法自行组织施工总承包项目的建设管理。项目业主依据批复意见，在资质许可范围内与特许经营投资人签订施工总承包合同，从而依法确立施工总承包主体。

# 第二章　施工总承包建设模式分析

## 2.1　BOT 项目施工总承包建设模式

### 2.1.1　施工总承包职责和主要管理内容

施工总承包单位的主要职责是对所承包工程的质量、安全、环水保、进度和费用进行管理，与行业主管部门的沟通协调、对参建主体的保障服务，以及配合业主单位和政府拆迁主管部门做好征地拆迁工作。

施工总承包单位建设项目管理的主要内容包括：项目启动动员，任命项目经理及相关人事安排，组建指挥部，编制项目计划；参与设计管理、采购管理、施工管理、试运行管理；进行项目范围管理，进度管理，费用管理，质量管理，安全、职业健康和环境保护管理，人力资源管理，风险管理，沟通与信息管理，材料保障管理，资金管理，合同管理，现场管理，项目交工管理，收尾管理等。

### 2.1.2　施工总承包单位与监理单位的职责关系

项目业主应清晰界定监理单位受委托监理的工作任务和职责，从合同角度做好合同设计，科学划分监理标段和配置现场监理机构，确保工作职能清晰、责任明确、管理高效。监理单位受业主委托重点对工程施工现场的施工方案、施工工艺、施工质量、材料质量、工程计量进行旁站监理并签证，按照合同就工程质量的旁站监理和验收行为向项目业主负责；施工总承包单位要加强分包单位和自行施工部分现场管理机构的质量行为管理，规范劳务管理和作业行为，强化工程质量责任自控体系，确立工程质量合同主体责任。监理单位与施工总承包指挥部依据合同就现场工程质量管理共同对项目业主负责，两者之间没有合同关系。监理单位重点履行现场质量安全的控制职责；总承包单位重点履行分包方和自行组织施工标段的管理职责，充分发挥其定位和综合协调、管理效应。

### 2.1.3 施工总承包单位与参建各方的关系

由有资质的特许经营投资人组建施工总承包指挥部，施工总承包指挥部采用分标段施工的建设模式，施工主体是系统内各子分公司，施工总承包人依法将总承包工程发包给具有施工承包资质的单位，并签订施工分包合同。施工总承包单位与项目业主和分包单位是合同关系，各自按照合同约定履行合同权责。施工总承包单位履行好施工总承包管理职责，负责建设项目的安全、质量、进度、环水保、合同费用、风险控制等监控管理；分包单位负责所实施工程的质量、安全、进度、环水保、成本、业务合同等的具体实施，接受施工总承包单位管理，与施工总承包单位共同承担连带责任。

## 2.2 施工总承包建设管理优势分析

### 2.2.1 从纯投资性的社会资本方的角度分析

(1)纯投资性质的社会资本投资人受专业限制，故采用施工总承包可以弥补项目业主建设管理短板。社会资本企业有着广阔的融资渠道和融资平台，投融资能力较强，但大部分社会资本投资人不具有施工资质，其本身也不能依法自行组织施工其投资的项目，只能采取平行发包施工采购模式，这对于社会资本方的建设管理能力要求较高。纯投资性质的社会资本投资人专业建设管理人才匮乏，人才引入方式多元化，导致团队协作磨合周期长，工作融入适应期限长，与项目快速建设的管理基调不协调。投资项目的建设周期较运营期限短，且建设期需要大量的管理人员从事项目建设管理，而社会资本方的建设管理人员主要是从施工、监理、建设等单位临时聘用，建设管理人员来源途径多元化，文化理念、工作环境和工作方法不同，诸多因素使得团队协作、工作协同能力低下，团队工作融入和适应工作环境的周期较长，与项目快速推进的建设管理基调不协调。采用施工总承包模式可以弥补项目业主建设管理的短板。

(2)项目建设周期短，纯投资性质的社会资本投资人无法解决建设期管理人员实力编制问题，管理人员临时观念强，没有组织上的归属感，弱化项目管理能力。项目建设周期一般为2～4年，社会资本方不会因项目建设短期需要而无序扩大企业在编人数，建设期临时聘用的管理人员无法解决编制问题，临时观念严重，没有组织上的归属感，对自己的身份和工作价值认同度较低，极易弱化社会资本方的建设管理能力。项目建成投入运营后，大量的建设管理人员需要解聘或返回原单位工作，管理人员面临二次择业，每个人从一开始就知道自己未来的路。项目临时组织促生管理人员临时观念，工作上缺乏政治使命感和责任感，管理上好人思想严重，文化引领和项目建设管理目标的认同度较低，削弱了项目建设管理效能。相反，施工为主的社会投资人作为施工总承包方，既可以降低或化解项目建设管理的风险，提升工程质量，实现建设控制目标，也为投资建设项目的建设和使用增值，提升项目实施阶段和使用阶段的价值。

### 2.2.2　从项目总承包人的角度分析

项目总承包人懂得建设管理程序，熟悉施工管理方法，且管理团队中每个成员的归属明确、工作关系稳固、文化相同、协同协作、价值取向和个人发展目标清晰，团队自身的稳定性和管理契合度高，建设管理的组合拳效应明显。从社会资本投资人角度分析，推行工程(或施工)总承包，实施社会资本投融资管理和施工总承包人施工建设管理相结合的建设管理模式，一是可以解决社会资本投资人专业管理人才匮乏、人员临时编制及管理效能低下的问题；二是凭借总承包人施工建设管理专业能力和工程管理实践经验正好弥补了社会资本投资人的不足，进而从体制上对项目管理模式进行了创新；三是具有类似项目建设管理经验的社会资本方，更加熟悉项目建设管理程序，懂得建设管理精髓，弯路走得少，项目运作风险可控，项目建设推进快速，提高了项目建设管理的整体效率。如采用 BOT 模式建设的简蒲项目(成都经济区环线高速公路，简阳至蒲江段)在施工总承包建设管理模式下，项目建设有序、平安、高效，项目运作风险受控，工程投资完成额和完成率连续两年获四川省在建高速公路项目第一名。

### 2.2.3　从项目业主实施项目管理的角度分析

采用施工总承包对项目实施阶段项目业主的管理是重要补充和支撑，具有以下明显优势。

1. 有利于建设期项目投资控制

采用施工总承包模式施工，承包对象单一，且施工总承包人以施工图设计作为投标报价的基础，投标报价有设计依据，在开工前就可以明确合同价，有利于建设单位对建设项目总投资的控制。施工总承包单位从项目整体施工考虑，可以提出更好的设计优化意见，提高项目使用功能，降低工程投资和施工成本，实现双赢。

2. 有利于建设期工程质量控制

采用施工总承包模式，质量责任主体明确，提高了总承包人全过程加强质量管理和控制的责任意识，可以减弱项目管理单位对建设工程质量的担忧。项目管理单位只要选择管理能力强、管理经验丰富、技术实力雄厚的施工总承包人，就能够实现对工程质量的有效控制。

3. 有利于建设期项目进度控制

施工总承包人可以统筹项目资源和管理要素，充分发挥施工总承包人的施工管理优势，减少专业工程施工衔接的协调工作量及项目管理单位的管理内容，实现项目管理单位和施工总承包单位对项目建设的专业化分工管理，有利于施工总承包人对工程施工进度的整体控制。

4. 有利于施工总承包企业施工成本控制，降低项目业主建设期投资控制风险

实行施工总承包可以实现建设资源共享，有利于施工成本控制和建设管理，有利于施工总承包企业人力资源、设备资源、劳务资源的整合，减少专业交叉和专业协调，降低施工成本，规避经济管理风险，确保项目管理的科学性、连续性、系统性。施工总承包人利用其总承包的特点，可以优化临时工程施工组织设计，降低临时工程成本；利用资源组织优势，开展物资集采与联采工作，可以大幅度降低物资采购成本，提升总承包人物资供应保障能力；利用生产资源统筹管理、统一调度的管理优势，减少资源闲置和浪费，降低工程施工成本；利用总承包人技术和管理经验的优势，优化和完善设计，改进施工工艺，降低工程成本。施工总承包成本得到有效控制，就可以规避施工总承包方工程成本超预算的造价风险，降低项目业主建设期投资控制的风险。

5. 有利于减少建设单位合同管理工作量

平行发包的公招项目，社会资本方要花费较大的精力来组织各类招标，占据社会资本方大量的管理精力，延长了项目筹备时间，影响了项目按期开工和整体工程进度。采用施工总承包模式，建设单位只需要进行一次施工招标，招标及合同管理工作量大大减少，管理范围和对象也较少，降低了建设单位管理难度。

6. 有利于总承包人用文化引领建设管理

采用总承包建设管理模式，总承包人根据企业文化、资源储备、人才培养、政治引领等途径，确保总承包各级建设管理人员始终能够看重责任、勇于担当、奋发有为，提升项目建设管理的团队协作能力，确保建设管理团队始终做到自律、自醒、自觉、纯洁，保持建设管理团队的高昂斗志，始终坚持以舍为有的大局思维，胸怀全局、目光高远，从大局着眼，以大局为先，从长远发展，以大局为重，抓大放小，有舍有得，以项目的整体利益团结人、凝聚人、带动人。

7. 组织与协调方面

采用工程总承包模式，项目业主主要面对的管理对象是一个主体，只需对工程总承包单位进行管理及组织协调。与平行承发包模式相比，业主单位对合同管理、业务管理、协调管理、风险管理等的组织和协调工作量大大减少，便于项目业主腾出足够的精力做好征拆管理、设计管理、融资保障、投资控制、风险管理等事宜，对项目业主管理比较有利。

### 2.2.4　从政府行业主管部门的角度分析

基础建设项目具有投资量大、参建对象多、管理协调工作量大的特点。社会资本投资建设的基础设施项目在选择优质社会资本资源的同时，还要选择有大项目工程总承包或施工总承包管理经验的总承包人。其主要考虑如下：

(1)选择有专业项目建设管理经验的施工总承包人，不仅是项目建设的需要，而且是规范项目管理、促进项目又好又快建设、确保项目可持续发展、规避社会稳定风险、确保工程质量和建设工期等的需要，同时具有稳定、高效、协作的管理团队，管理组合拳效应突出。

(2)有丰富建设管理实战经验的施工总承包人对资源整合、施工组织优化、项目建设管理、社会责任履行、项目风险管理、文化引领等都有着较为成熟完整的管理体系，能够确保建设工程优质、按期、圆满完成。

(3)优秀的大型施工总承包人有良好的社会信誉、重合同守信用、讲政治、讲大局、讲效率、讲可持续经营发展，负有极高的社会责任感和政治使命感，让政府、行业主管部门、投资人放心。

## 2.3　施工总承包管理的必要性

BOT 项目大多数是由社会经济组织投资建设管理，由法定资质允许的特许经营投资人进行施工总承包并负责建设管理，对投资人目标控制、项目业主目标实现、施工总承包企业转型升级、总承包企业产业链整合、总承包企业经营渠道拓展、投资产业链拉动、企业投建一体化管理能力提升等具有重要作用，有利于提升中国建筑企业整体管理实力和市场竞争力。

### 2.3.1 提升项目建设管理价值的必要性

全寿命项目建设管理包含的建设环节复杂，涉及建设管理程序多，项目本身的建设周期是固定的，选择施工总承包建设模式有助于项目建设管理各要素的控制，能够提升项目管理价值。特许经营投资人负责 BOT 高速公路项目的施工总承包，可以提升施工总承包单位的主体责任感，有助于实现质量、安全、进度、成本的控制目标；同时可充分发挥施工总承包企业的建设专业优势，调动建筑企业管理的积极性、主动性、创新性，充分发挥施工总承包企业的施工管理优势、技术专业优势和技术创新优势，提升工程质量和实现进度目标，实现项目价值的增值。

### 2.3.2 施工总承包企业转型升级的必要性

国家“一带一路”倡议和“供给侧”结构性改革，对国内建筑企业是一次历史性的机遇，同时也是一次历史性的挑战。“一带一路”需要国内大型建筑企业不断转型升级，坚持走出去战略，不断培养建筑管理能力和建筑资源整合能力，提升企业适应国际市场和国际竞争力的能力；“供给侧”结构性改革对建筑市场影响深远，政府主导投资的重大公共基础设施和公益性事业项目，其职能不断转交社会资本来完成，基础设施领域工程建设项目施工公招市场份额逐步缩减，对于传统的建筑企业来讲，市场份额扩充和提升竞争力是企业转型升级的重要途径。PPP 项目和 BOT 项目是建筑企业投身于项目投资建设一体的主要途径，也是企业转型升级的重点领域，通过 BOT 和 PPP 项目适当的参股融资来获取较大份额的施工任务，盘活企业市场经营承揽份额，促进企业效益提升和经营承揽规模稳步增长。

### 2.3.3 施工总承包企业实现产业链拉动的必要性

随着市场经济的发展，大型建筑企业由传统建筑主业逐步向立足建筑主业、多产业协同发展转型，不断优化和改革产业链布局和发展，适度降低企业单一经营带来的风险，整合产业链经营，提升企业产业链创效能力。在财务投资、基金融资、房地产开发、建筑施工、土地经营、设计检测、工程咨询、物资贸易、运输经营、设备制造等相关领域均有涉足，通过投建一体项目的运作，可以实现企业项目产业链经营发展，拉动企业多板块、多渠道创效，不仅提升市场经营承揽份额，而且优化企业创效整合能力。

### 2.3.4　施工总承包企业提升管理能力的必要性

国家倡导建筑工程总承包和施工总承包。施工总承包项目可以充分发挥建筑企业专业衔接、协调优势，项目施工组织、质量安全、现场管理、进度控制的主体责任清晰，统筹策划、综合管理优势突出，有效解决专业交叉、专业衔接中存在的问题，对项目全过程管理的技术支持、供应保障、协调管控发挥积极作用，提升大型建筑企业的综合管理能力。

### 2.3.5　规避或降低项目建设风险的必要性

大型基础设施项目，尤其是公路工程项目，其特点就是投资规模大、线路长、外界干扰大、社会风险多。大型项目由施工总承包建筑企业承建会增强企业忧患意识、责任意识、履约意识，可以促进施工总承包单位对项目管理要素的管控，规避因管理疏忽或项目管控不到位造成的项目延期、环水保破坏、质量安全风险、农民工维权、现场管理、企地关系不和谐等负面影响，减轻地方政府、行业监管各方的管理压力。

## 2.4　施工总承包建设管理的意义

建筑业处于企业信用和资源整合能力竞争的时代。一个项目的工期保证、投资控制、产品质量、社会责任等要素是政府、行业主管部门及社会各阶层所期待的建设管理成果，推行施工总承包，以借助总承包企业的规模、信用、质量责任等价值取向要素，更加有助于打造精品工程、优质工程、放心工程、平安工程。

# 第二篇

# 项目启动准备阶段管理

项目启动准备阶段管理包括建设项目实施期的筹建工作和建设工程开工准备工作。建设工程项目筹备的科学化、高效化、规范化、系统化对项目建设顺利推进起着至关重要的作用，也是项目实施期有序管理极为重要的管理环节，因此总承包的管理策划要与建设项目筹备策划互为一体、系统衔接、相互切入。项目业主方与项目总承包方应依法合规，按照特许权协议、项目基本建设程序和项目管理实施规划等管理性文件，坚持目标导向，科学系统筹划好项目的建设规划，严格建设管理程序，抓好设计管理、咨询管理、招投标管理、总承包管理的科学有效衔接，捋顺项目管理各参建方的责权关系，优化和科学确定两阶段投资控制构成和控制目标，确保项目管理目标的圆满实现。

# 第三章　建设项目实施筹备工作

## 3.1　法人治理结构和项目公司组建

### 3.1.1　法人治理结构

依据《中华人民共和国公路法》第二十三条：公路建设项目应当按照国家有关规定实行法人负责制度、招标投标制度和工程监理制度。公路建设项目实行法人治理结构（图 3-1），项目业主按法人治理结构组建项目公司，按照《中华人民共和国公司法》（以下简称公司法）和股东要求依法设置四个管理层级，以公司章程为行为准则，规范项目公司各管理层权责定位和行权方式。

⑴股东会，由项目公司的实际出资人（股东）组成，是所有者对公司的最终所有权，是公司的最高权力机构。

⑵董事会，由公司董事组成，董事由股东选派的股东代表和职工选举的职工代表作为董事组成，对公司的发展目标和重大经营活动做出决策，维护出资人的权益，是公司的决策机构。

⑶监事会，是公司的监督机构，对公司的财务和董事、经营者的行为发挥监督作用。

⑷经理层，由董事会聘任，是经营者、执行者，是公司的执行机构。

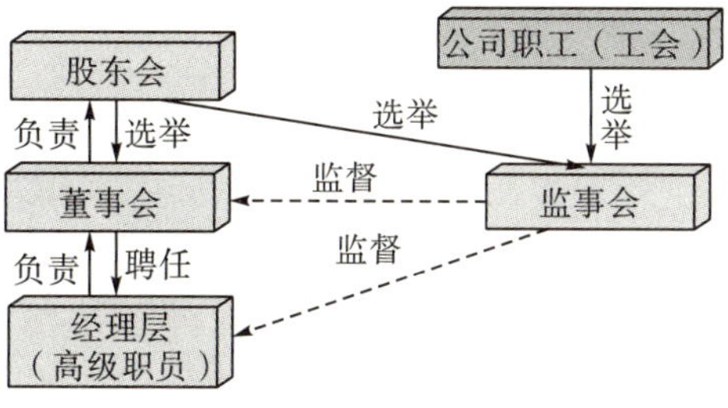


图 3-1　项目业主法人治理结构图

### 3.1.2 项目公司组建

1. 项目公司机构设置

项目业主根据项目管理规模、跨度、管理内容及项目涉及区县数量，依据公司法、公司章程及股东管理要求，坚持精干高效、职责清晰、管理顺畅的设置原则，按照“因需设岗、按岗定编、德才兼备”的用人原则设置机构。项目公司为独资或一人有限公司全资持有时，机构设置仅设置经理层，经理层对股东负责；项目公司实际出资人(股东)为两个及以上时，项目公司设置董事会、监事会、经理层三级管理机构，各管理机构定员配置原则为：

董事会：董事会定员根据股权比例设定，设董事长 1 人，董事若干人，董事会秘书 1～2 人；

监事会：监事会设定若干人，监事会主席 1 人，监事若干人；

经理层：经理层总定员 27～35 人，其中设总经理 1 人、党委书记 1 人、总工程师 1 人、副总经理 2～3 人、财务总监 1 人，下设五部一室，分别为建设管理部 6 人(含物资设备管理、设计管理)、计划合同部 4 人、征拆协调部 2～4 人、安全质量部 4 人、融资财务部 3 人、综合办公室 4 人。

2. 项目公司各管理机构职权

依据公司法和股东投资协议及项目管理需要，项目公司董事会组织编制《公司章程》《董事会议事规则》《监事会议事规则》《经理层议事规则》，经股东会审议同意的《公司章程》《董事会议事规则》《监事会议事规则》作为各方行使管理权责和义务的法定规则，经董事会审议同意的《经理层议事规则》作为经理层依法行使项目公司管理职权和义务的法定规则。项目公司管理机构基本职权为：

1)股东会职权

(1)决定公司的经营方针和投资计划；
(2)选举和更换非由职工代表担任的董事、监事，决定有关董事、监事的报酬事项；
(3)审议批准董事会的报告；
(4)审议批准监事会或者监事的报告；
(5)审议批准公司的年度财务预算方案、决算方案；
(6)审议批准公司的利润分配方案和弥补亏损方案；
(7)对公司增加或者减少注册资本作出决议；

(8) 对发行公司债券作出决议；
(9) 对公司合并、分立、解散、清算或者变更公司形式作出决议；
(10) 修改公司章程；
(11) 公司章程规定的其他职权。

2) 董事会职权

(1) 召集股东会，并向股东会报告工作；
(2) 执行股东会的决议；
(3) 决定公司的年度经营计划和投资方案；
(4) 制订公司的年度财务预算方案、决算方案；
(5) 制订公司的利润分配方案和弥补亏损方案；
(6) 制订公司增加或者减少注册资本以及发行公司债券的方案；
(7) 拟定公司董事会议事规则；
(8) 拟订公司章程修改方案；
(9) 制定公司的基本管理制度；
(10) 决定公司内部管理机构的设置；
(11) 决定聘任或者解聘公司总经理及其报酬事项，并根据总经理的提名决定聘任或者解聘公司副总经理等高级管理人员；
(12) 在股东会授权范围内，行使重大事项的决策权；
(13) 听取公司总经理或受总经理委托的公司其他高级管理人员定期或不定期的工作汇报，批准总经理工作报告；
(14) 授权公司董事长决定公司的重大事项；
(15) 法律、法规或公司章程规定或股东会授予的其他职权。

3) 监事会职权

(1) 检查公司财务；
(2) 对董事、高级管理人员执行公司职务的行为进行监督，对违反法律、行政法规、公司章程或者股东决定的董事、高级管理人员提出罢免的建议；
(3) 当董事、高级管理人员的行为损害公司的利益时，要求董事、高级管理人员予以纠正；
(4) 向股东会会议提出提案；
(5) 提议召开临时股东会会议，在董事会不履行召集和主持股东会会议职责时召集和主持股东会会议；
(6) 发现公司经营情况异常，可以进行调查，必要时可以聘请会计师事务所、律师事务所等专业机构协助其工作，费用由公司承担；

(7)依照公司法的规定，对董事、高级管理人员提起诉讼；
(8)法律、行政法规和公司章程规定的其他职权。

4)经理层职权

(1)组织实施董事会决议；
(2)主持公司的生产经营管理工作；
(3)拟订公司内部管理机构设置方案；
(4)拟订公司具体管理制度；
(5)提请聘任或解聘公司副职级高级管理人员；
(6)决定聘任或解聘除应由董事会决定聘任或解聘以外的公司经营管理负责人；
(7)拟订公司年度财务预算方案、决算方案；
(8)拟订公司利润分配和弥补亏损方案；
(9)拟订公司增加或减少注册资本方案；
(10)拟订公司发行债券方案；
(11)拟订公司风险管理体系，包括风险评估、财务控制、内部审计、法律风险控制；
(12)经法定代表人授权，代表公司处理对外事宜和签订有关合同；
(13)拟订公司员工的工资、福利、奖惩及收入分配方案；
(14)提议召开董事会临时会议；
(15)公司章程和董事会授予的其他职权。

## 3.2 BOT 项目管理的目标和任务

建设工程管理涉及项目决策阶段、项目实施阶段及项目运营阶段。项目实施阶段是BOT 项目建设管理的重点。BOT 项目实施阶段管理包括项目核准阶段、设计准备阶段、设计阶段、施工阶段、运营前准备阶段、保修阶段。BOT 项目施工总承包建设是 BOT 项目实施阶段建设周期最长、管理内容最多、管理环境最为复杂的阶段，管理先进性和目标受控性对项目建设管理成果和项目运营维护都产生重要影响。建设工程项目管理涉及业主方的项目管理、设计方的项目管理、总承包方的项目管理、施工方的项目管理、供货方的项目管理等，其中业主方的项目管理贯穿于整个项目的实施阶段，业主方作为建设工程项目管理的总组织者，是项目建设管理的核心，主要负责项目建设、征拆、融资、资产运营(图 3-2)。

建设工程项目前期管理工作是指项目施工前的项目决策、项目规划的管理，主要包括项目的立项、可行性研究、行政报批、项目实施规划、组织设计、开工前的合同和采购等方面的准备工作。建设项目前期管理工作是项目建设管理的龙头，对项目的系统性、合规性、科学性管理起着决定性的作用。建设工程项目管理是通过项目策划和项目控制来实现项目费用目标、进度目标、质量目标，通过管理目标的实现来促进工程建设增值。BOT建设工程项目实施阶段的组成和项目管理各参与方的主要任务详见图3-3、图3-4。

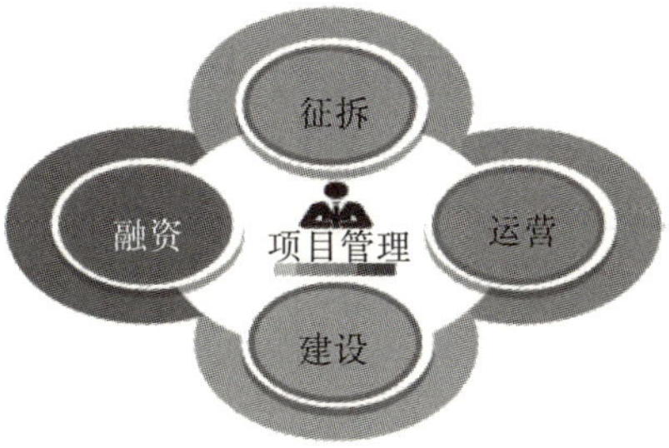


图 3-2　BOT 项目业主方建设管理关系图

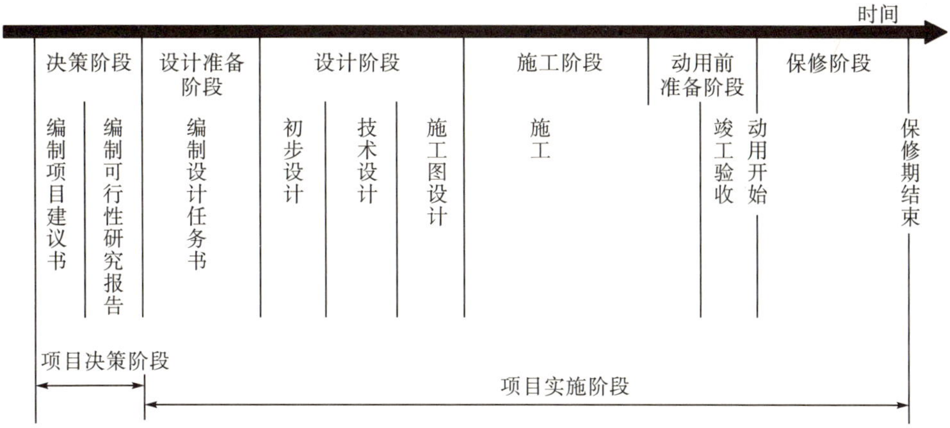


图 3-3　BOT 建设工程项目实施阶段的组成

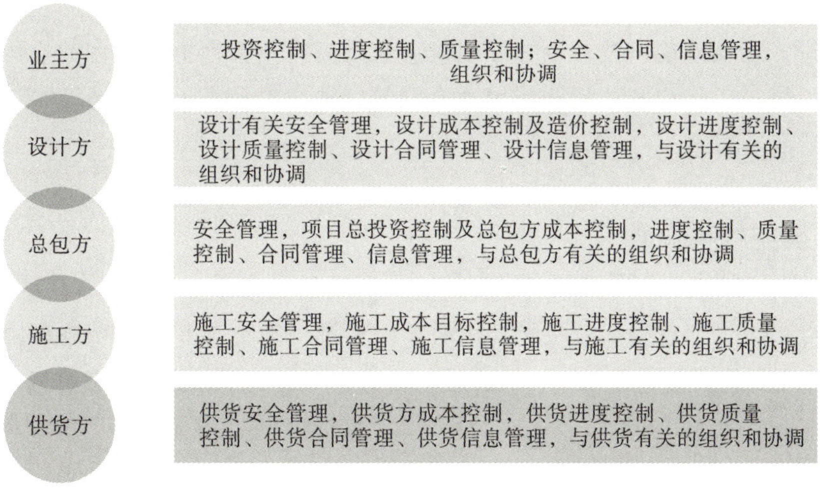


图 3-4　项目管理参与各方的主要任务

## 3.3 BOT 项目前期沟通和商洽

特许经营投资人在项目中标后，应积极与项目牵头市政府、政府授权的项目实施机构和省级行业主管部门进行有效沟通，就行业监管要求、政府前期完成的工作和后续项目开展的相关工作进行充分沟通，为投资人有效开展项目筹建工作做好铺垫。

### 3.3.1 与行业主管部门沟通

投资项目中标后，项目公司积极与政府行业主管部门就项目立项的流程和申请内容、建设方式、两阶段设计审查及审批流程、施工许可申请、行业质量监管、招标方式、招标限价报批等有关工作进行咨询沟通，为项目筹备期各项工作的有序开展做好铺垫。

### 3.3.2 与牵头政府沟通

项目中标后，项目公司主要负责人要积极与牵头市政府就有关项目公司组建、投资协议各方职责权利义务、地方政府的优惠政策、税收补贴、征地拆迁工作等进行商洽。项目公司组建重点沟通公司选址、定员、机构设置、投融资安排、公司注册、资本金到位、立项或核准等工作计划、存在问题及需要协调解决的问题等；投资协议中有关各方职权约定不明确或定义不清楚的问题，要及时沟通以备忘录的形式予以澄清或说明；地方政府的优惠政策、税收补贴等政策倾斜事项怎么实施和兑现进行事先沟通，需要进一步明确的，要予以书面明确；就政府有关征地拆迁工作的安排、机构设置、实施主体、工作内容、拆迁费用及合同签订等，以及征地拆迁协议签订涉及的主要事项进行商洽沟通。

### 3.3.3 与实施机构沟通

项目投资人、项目公司除与牵头市政府沟通外，要加强与项目实施机构的业务沟通，加大与实施机构就投资协议、特许权协议签订中有关条款的，必要时通过备忘录的形式对主要合同条款进行解读说明，对项目特许经营期限、开工准备、资本金及融资、招标工作、前期完成工作移交、两阶段设计推进计划、重点设计方案、各方职责权利义务、需要协助解决的问题、行业监管、相关关系方沟通等工作进行接头洽谈，得到实施机构的大力支持。

### 3.3.4　特许权协议商洽及经营重点

根据项目特点，高速公路项目一般跨越 2 个及 2 个以上的市区，投资人需要与项目所在市的人民政府签订投资协议，明确各方权责和牵头市人民政府的权利以及授权实施机构的权责，据此依法确定社会投资人与政府的合同关系。投资人依据投资协议组建项目公司，依据公司法选派项目公司管理层和配置机构管理人员。项目公司作为项目业主与项目所在市人民政府签订《项目特许权协议》，并依据《项目特许权协议》负责本项目的投资、建设、维养、运营、收费、移交工作。通过特许权协议的签订，明确特许经营权的期限、建设期限、运营收费期限、建设期和运营期的责任和风险、项目移交有关工作。

项目建设筹备期长短视建设项目前期工作(工可、初步设计、施工图设计等)进展情况；项目筹备期一般为 6～12 个月，建设期为下达开工令至项目交工之日止；根据运营收费立项、收费批复程序及实际批复周期，收费立项在项目通车前 6 个月可以优先报批，项目收费批复在建设项目交工通车后申请批复，在此期间开通运营属于不能收费期，即通车初期为免费运营期，待项目试运营收费批复后正式试运营及收费，竣工验收通过后正式计算运营期。

## 3.4　项目核准及融资管理

### 3.4.1　项目立项或核准

1. BOT 高速项目核准依据

依据中华人民共和国国务院令 2017 第 673 号《企业投资项目核准和备案管理条例》和中华人民共和国国家发展和改革委员会令 2017 第 2 号《企业投资项目核准和备案管理办法》规定，对关系国家安全、涉及全国重大生产力布局、战略性资源开发和重大公共利益等企业投资项目，实行核准管理，其他项目实行备案管理。根据《国务院关于发布政府核准的投资项目目录(2016 年本)的通知》(国发〔2016〕72 号)，国家高速公路网和普通国道网项目由省级政府按照国家批准的相关规划核准，地方高速公路项目由省级政府核准，其余项目由地方政府核准。因此 BOT 高速公路工程项目由省级人民政府按照批准的建设规划实行核准管理。

2. BOT高速项目核准程序

项目业主依据工可报告，委托专业咨询公司编制拟建项目申请报告，委托专业工程咨询公司对项目申请报告进行评估，评估后由项目实施机构审查后报送省级交通运输主管部门进行核准审查，根据审查意见，由项目所在地市级发展和改革委员会审核后向省发展和改革委员会申请项目核准批复。

涉及项目可行性论证的环境影响报告书批复、工程场地地震安全性评价报告批复、项目用地预审意见批复、水土保持方案报告书批复、永久性征占林地批复、跨江特大桥行洪论证与河势稳定评价报告批复、跨江特大桥涉河建设方案批复等资料作为工程可行性论证的重要依据一同上报。除勘察设计合同另有约定外，勘察设计单位应承担为实施其项目合同而进行的(含应由专项资质单位进行的)各类评估、评价、论证等，由省发展和改革委员会审查后作出项目核准批复。

### 3.4.2 融资商洽及合同签订

融资是BOT项目建设成败的关键，顺畅的资金保障可以确保BOT项目的工程进度、工程质量，是规避项目经营混乱、停工以及债务纠纷，提升投资价值和降低投资成本的关键。项目公司融资商洽关注的重点是融资方式、融资成本、资金供给、风险控制等。BOT高速公路项目一般具有车流量不可控风险、投资规模大、资金回收期长的特点。银行等金融机构的投资风险管控也比较严格，融资洽谈和审批时间需要半年以上。项目在资金保障上，大部分途径是过桥拆借资金和银团融资相结合的方式。过桥拆借资金主要用于项目前期工作开展和征地拆迁两项支出，融资资金主要用于工程建设。过桥拆借资金主要来源于三个方面，一是投资人借款，二是基金等第三方融资平台的短期借贷，三是特许经营权质押的银团贷款。银团融资渠道相对分散资金筹措，可以降低银行贷款风险。银团融资方案须经牵头行风控分析向上级银行申报评审，评审通过后与银团各方共同签订融资合同，对资金的成本、还贷方式、期限、违约责任、市场风险等进行商洽约定。

## 3.5 业主方招标管理

业主方具备招标管理能力的可以自行组织招标，不具备招标能力的，要委托招标代理机构组织招标，业主方的招标管理要依据《中华人民共和国招标投标法》、《中华人民共和国招标投标法实施条例》、《国务院关于<必须招标的工程项目规定>的批复》(国函〔2018〕56号)、项目核准单位的招标核准批复意见等，招标文件编制、审查、备案、开标、评标等程序要符合法律法规的要求。

### 3.5.1 招标代理机构比选

1.招标代理机构确定的原则和依据

根据《中华人民共和国招标投标法》第十二条：招标人有权自行选择招标代理机构，委托其办理招标事宜。任何单位和个人不得以任何方式为招标人指定招标代理机构。招标人具有编制招标文件和组织评标能力的，可以自行办理招标事宜。任何单位和个人不得强制其委托招标代理机构办理招标事宜。依法必须进行招标的项目，招标人自行办理招标事宜的，应当向有关行政监督部门备案。

虽然国家招投标法没有规定招标代理机构必须通过招标选定，但是在实际操作中，各省的相关规定也不尽相同。财政部关于印发《政府采购代理机构管理暂行办法》的通知(财库〔2018〕2 号)文件，要求采购人应当根据项目特点、代理机构专业领域和综合信用评价结果，从名录中自主择优选择代理机构。

国家投资项目和国有资本投资的基础设施建设工程项目，一般依据国家或省级发展和改革委员会批复的《项目招标核准意见》，对应当采用公开招标程序建设的项目，项目业主不具备招标能力的，一般都在工程建设行政主管部门和招投标监督机构的监督下，通过招标的方式选择招标代理机构并签订《招标代理服务合同》。依据省级建设行政主管部门制定的《基本建设工程项目招标代理机构比选办法》招标选择招标代理机构，招标代理机构比选一般为合格制和评分制，一般对大于 5000 万元以上的投资项目，招标代理机构比选采用评分制。项目业主依据省级建设行政主管部门发布的《基本建设工程项目招标代理机构比选办法》中的比选文件范本，编制招标代理机构比选文件，通过省级发展和改革委员会确定比选平台发布比选公告，抽取评标专家委员会对代理机构的比选申请文件进行评审，通过比选网平台随机对招标代理机构比选结果进行排序，由评标专家根据抽取结果推荐第一中标候选人。项目业主依据专家评标结果与第一中标候选人的招标代理机构签订《招标代理服务合同》，并委托选定的招标代理机构编制招标方案与招标文件、评审和报备招标文件、发布招标公告、组织招标开标和评标等工作。

2. 招标代理服务收费依据

招标代理服务收费的计算依据为国家计委《招标代理服务收费管理暂行办法》(计价格〔2002〕1980 号)、国家发展改革委办公厅《关于招标代理服务收费有关问题的通知》(发改办价格〔2003〕857 号)、国家发展改革委《关于降低部分建设项目收费标准规范收费行为等有关问题的通知》(发改价格〔2011〕534 号)，在国家计委计价格

〔2002〕1980 号文基础上，对 5 亿元以上工程项目的招标代理服务费下调，并进行上限封顶，限额总价为 450 万元。以上规定还明确，招标代理服务费用应由招标人支付，招标人、招标代理机构与投标人另有约定的，从其约定。也就是说，招标代理服务费的支付主体可以是招标人，也可以是中标的投标单位。

3. 招标代理机构比选办法

招标代理机构比选的办法分为合格制和评分法。总投资在 5000 万元以上的国家投资工程建设项目，应实行评分法。评分法是指实行委托招标的国家投资工程建设项目，比选人在指定媒体上发布比选公告，并组建评审委员会按照比选文件规定的评分标准对提出申请的招标代理机构的比选申请书进行评审，对达到比选公告规定分数的申请人，通过随机方式选择确定中标人。如四川省招标代理机构比选流程如图 3-5 所示。

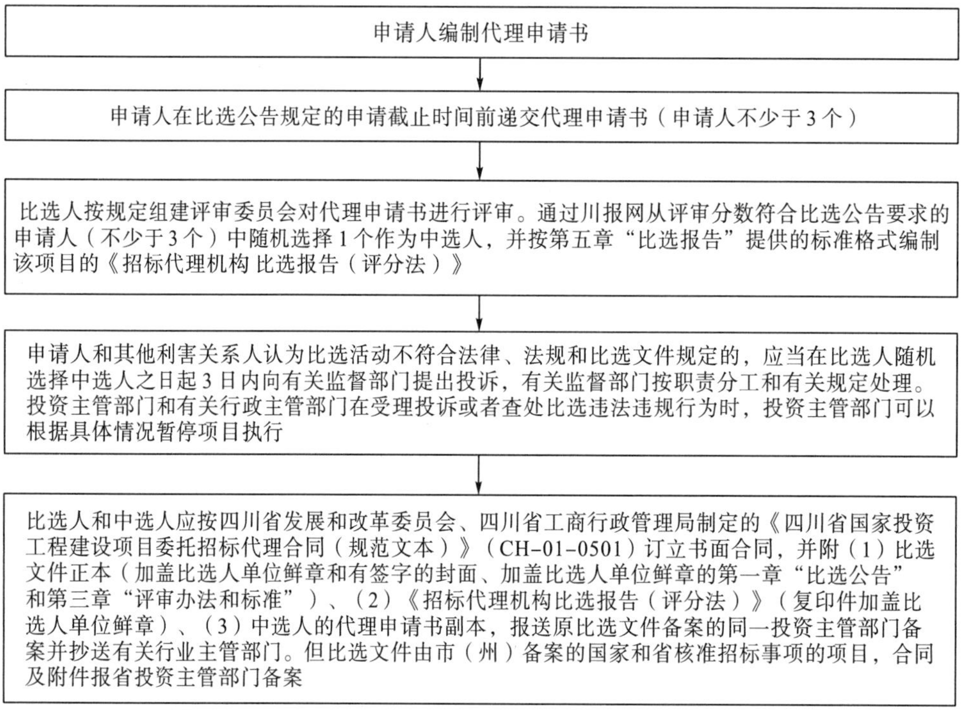


图 3-5 招标代理机构比选流程

## 3.5.2 开展设计招标工作

1. 设计方确定原则

BOT 项目投资人招标完成后，将工可等前期设计单位的设计合同转让给特许经营的项目业主，作为组织两阶段设计管理的主要设计依据。若两阶段设计单位已完成招标的，由政府转让设计合同给项目业主。若两阶段设计单位未招标的，特许经营投资人有设计资质和设计能力的，可以依据发展和改革委员会核准批复意见自行完成设计；不具备设计能力的，由项目业主另行招标。招标代理机构受项目业主委托负责两阶段设计单位的招标工作，通过招标方式确定两阶段设计单位。

### 2. 设计方确定

投资人招标完成前，政府方已完成前期勘察设计合同签订，在项目业主与政府方或授权实施机构签订《特许权协议》后，由政府或授权实施机构将设计合同转让给项目业主，由政府或实施机构、项目业主和设计单位三方签订《设计服务转让合同》；政府方只完成工可设计单位的招标采购，两阶段设计工作可由项目业主与通过招标方式确定的设计单位签订《设计服务合同》。

### 3. 设计合同主要内容

设计合同中要对设计工作内容、设计服务费用、设计后期服务、设计交竣工服务的具体内容进行约定，对设计单位的设计质量、设计审查、设计标准、设计内容完整性和设计时限等有具体要求，同时增加设置设计工作考核激励基金，提高设计单位设计服务和协作的积极性。

### 4. 两阶段设计重点审查内容

两阶段设计中，设计工作分为外业调查和内业设计两部分内容。项目业主要委托有资质的设计咨询单位，依据工预可报告、工可报告加强对两阶段设计的审查，确保设计质量。设计审查要确保设计的标准和建设规模满足可持续发展的需要，满足运营收费及效益最大化原则，合理设置收费站和互通形式，确保收费运营满足地方经济规模发展需要。设计预算要合规合理，并与设计图文件保持一致，相关取费标准、专项技术措施、软基处理设计、隐蔽工程设计的费用足额计列，同时加强材料价格的调查和询查，确保工程造价的质量，避免随意优化设计带来工程造价的粗放或不合理。在初步设计阶段，要重点审查工程数量、专项措施费(如围堰、过渡工程措施)、地质、地基处理形式和预算、临时工程预算、控制工程和重难点工程预算是否足额计列，预算与设计方案是否保持一致；认真做好设计外业调查和复核，确保外业与内业设计的衔接，尤其是土方借调方案、重难点工程、控制性工程、征拆用地类型、地表附着物、杆管线分布、产权交叉等的设计外业调查，充分考虑既有道路跨越、主干管渠、河道、军用设施、地方道路、地方料源等分布对建设投资成本的影响，做足初步设计阶段概算。

施工图设计阶段，要依据所调查掌握的项目情况和外业属性，细化施工图设计，在施工图预算控制在初步设计造价范围内的基础上，遵从逐步优化、降低投资、施工便捷、成本低廉的设计和施工工艺等原则，对重难点工程、控制性工程、软基工程、桥孔跨类型、软基处理、土方调配利用、专项安全设计等进行细化设计和适当优化。

5. 工程造价控制

按照交通运输部令 2016 年第 67 号《公路工程造价管理暂行办法》，建设单位承担公路工程造价控制的主体责任，严格履行基本建设程序，负责组织项目投资估算、设计概算、施工图预算、标底或者最高投标限价、变更费用、工程结算、竣工决算的编制。勘察设计单位应充分考虑工程质量、施工安全和运营养护需要，科学确定设计方案，合理计算工程造价，对其编制的工程造价文件的质量负责。做好前后阶段造价的对比，重点加强对设计概算超投资估算、施工图预算超设计概算等的预控。建设单位要围绕设计重点审查内容，优化设计及概预算，合理确定设计概算和施工图预算。编制的投标最高限价要控制在批复的施工图预算建安费以内，按照合同约定，控制好变更设计及费用，严格做好计量支付、交工结算和竣工决算造价的过程控制。建设程序及各阶段工程造价的确定如图 3-6 所示。

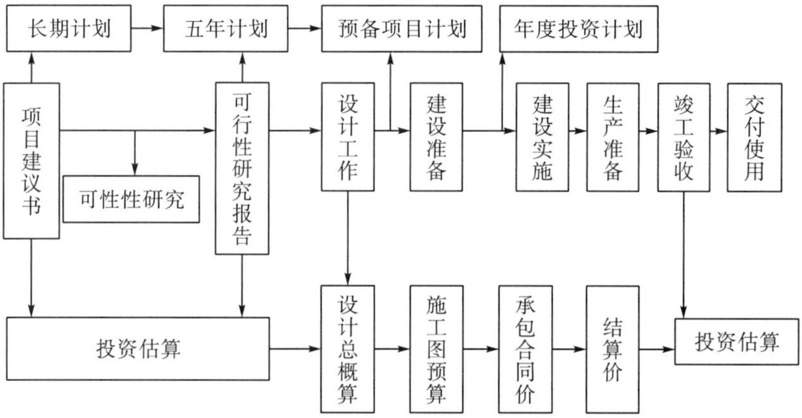


图 3-6 建设程序及各阶段工程造价的确定

### 3.5.3 设计咨询比选

为加强 BOT 建设项目工程勘察设计质量管理工作，提高项目的建设水平和投资效益，项目业主应选择有设计资质和设计咨询相关业绩的单位来负责项目设计咨询审查工作，提升设计质量和规避设计风险。依据国家有关法律、法规和规定，项目业主可自主招标或通过比选两种途径选择设计咨询单位，重点比较咨询人员实力、咨询业绩、咨询资质、咨询服务报价等内容，并建立咨询审查激励约束考核机制，激励设计咨询审查人员的责任性和实效性。选择的设计咨询单位受业主委托代表项目业主利益开展项目设计咨询审查工作，并签订《设计咨询审查服务合同》。

### 3.5.4 监理和试验检测单位招标

建设工程监理单位是建筑市场的主体之一，它提供的是一种高智能的有偿技术服务，从事工程监理活动应当遵守有关法律、法规和规范性文件。BOT 高速公路项目实行施工总承包建设的，项目业主应当结合建设管理模式，本着项目高效建设、效益最大化的原则，依法招标选择有资质、有业绩、有实力的监理单位履行监理职责。项目业主与监理单位应当在实施工程监理之前以书面形式签订监理合同。依据《公路工程建设项目招标投标管理办法》(中华人民共和国交通运输部令 2015 年第 24 号)，公路工程建设项目施工监理和监理试验室招标评标采用综合评估法。综合评估法包括技术评分最低标价法和综合评分法。

1. 监理机构设置和标段划分

BOT 高速公路项目一般规模和体量较大，监理的设置是否合理对项目工程质量控制和安全监理工作影响较大。监理工作的委托组织形式分为同一法人两级监理或不同法人两级监理。同一法人两级监理是指由招标文件中要求同一个监理单位设置总监办和驻地监理两级监理机构；不同法人两级监理指单独选定一个监理法人单位作为现场总监办监理机构，另行选择不同法人的监理单位设置二级驻地监理。根据投资人和项目业主管理意见，两种监理机构设置方式均可以选择。

BOT 项目监理标段的划分一般坚持便于监理、便于协调、结合专业及施工标段划分等原则，具有土建工程综合施工总承包资质的社会投资人有几个，担任总监办的监理标段原则上划分设定几个，同时结合专业原则考虑房建工程、机电工程是否单独划分监理标段；驻地监理机构按照线路长度、区县跨度、分包单位数量等综合设定。例如：社会投资人中具有施工总承包资质的单位有 2 个，总监理标段对应设置 2 个，若房建工程和机电工程单独施工总承包的，可以依据监理资质合并监理，也可以对应单独增加监理单位，设置驻地监理机构若干。

2. 监理招标方案编制和报批

监理和监理试验室招标方案是监理招标文件编制和审查的依据，其编制是履行行业监督备案的必要程序。依据 BOT 高速公路项目招标核准惯例，监理招标一般采用委托招标、公开招标的方式，项目业主组织招标代理机构编制监理和监理试验室招标方案，经项目业主审核同意后报项目实施机构(市级交通行业主管部门)审查转报省级交通运输主管部门建管处审批。监理招标方案的重点内容包括监理范围、监理标段的划分、监理招标限价、监理人员要求、监理工作内容、监理招标资质资格要求、评标方法、评标专家组建、监理招标合同核心条款等，监理招标方案的具体报批流程及使用表格另见各省交通运输主管部门规定执行。项目业主根据省级交通运输主管部门审批的监理招标方案，组织招标代理机构编制监理招标文件。

3. 监理招标限价审批

1) 监理招标限价编制

建设工程监理与相关服务收费根据建设项目性质不同，分别实行政府指导价和市场调节价。依法必须实行监理的建设工程施工阶段的监理收费实行政府指导价，其他建设工程的施工阶段监理收费和其他阶段的监理与相关服务收费实行市场调节价。监理服务收费一般参照国家发展改革委、建设部《建设工程监理与相关服务收费管理规定》(发改价格〔2007〕670 号)、国家发展改革委《关于降低部分建设项目收费标准规范收费行为等有关问题的通知》(发改价格〔2011〕534 号)规定计算，计费基数为概预算中建筑安装工程费，但不得超过概预算批复的监理服务造价，并通过招投标市场调节确定。监理招标限价的编制主要有两种，一种是系数法，一种是人员法。系数法计算简单，按照国家规定计算的监理服务基价，结合专业调整系数、工程复杂程度调整系数、高程调整系数综合计算，并下浮一定比例后确定为招标限价；人员法是按照监理服务需要的监理人员、设备投入，并结合监理人员的职称、监理服务工期、合理利润等综合计算，作为招标限价，但不得超过概预算批复的监理服务造价。

2) 招标限价审批

项目业主在审批的概预算费用内，依据相关政策法规编制监理招标限价，报 BOT 项目所在地市级交通运输主管部门或其授权的交通建设项目工程造价站审核后，转报省级交通运输主管部门交通工程造价站审批，经审批的监理服务费招标限价作为监理单位招标文件限价编制的依据。

4. 监理招标文件编制

项目业主委托招标代理机构编制招标文件。招标代理机构依据国家九部委《标准监理招标文件》(2017 版)示范文本，结合 BOT 项目业主委托监理服务的内容和要求，编制 BOT 项目监理招标文件。监理招标中投标文件的评标办法为综合评估法，评标分值为百分制，主要对投标人的商务、技术、报价进行评审，并按照得分高低选择第一中标候选人。监理招标文件由监理招标公告、投标人须知及附表、项目概况、合同专用条款、通用条款及投标文件格式等内容组成。示范文本中不适于 BOT 项目管理要求的内容，项目业主可委托招标代理机构修改补充，修改补充内容不得有失公平或违背国家相关法律法规。

5. 监理招标文件审查和报备

招标代理机构完成监理招标文件编制后提交项目业主审核，审核后转由招标代理机构在公共交易中心专家库中抽取专家评审，评审专家出具评审意见并作为招标代理机构和项目业主修改完善招标文件的依据。招标文件经修改审查确定后提交属地交通运输主管部门审查，报省级交通运输主管部门备案，作为法定备案的招标文件。招标文件备案后，由项目业主委托招标代理机构在招标文件指定的媒体上发布招标公告和招标文件，供投标人下载和作为编制招标文件、组织投标的依据。

6. 监理招标开标、评标

在开标前，项目业主邀请交通运输行业主管部门、监督机构相关人员，在项目招标开标日对项目招投标工作进行监督。项目业主组织招标代理机构于招标文件约定的投标文件递交截止日期，至公共交易中心组织开标，开标流程执行招标文件约定。项目业主宣读招标开标组织纪律，邀请投标人代表对投标文件的完整性进行检查，并由投标人代表、行业监管部门、项目业主签字确认投标文件的密封性和完好性。招标代理机构按照投标文件顺序和监理标段包件顺序，逐一开标，并对投标人的报价、服务期限、项目负责人、技术负责人、资格证书、投标保证金递交情况等进行开标宣读，并组织投标人代表、行业主管部门及纪律监督机构对开标情况签字确认。开标结束后宣读有关注意事项，投标文件转至评标室。开标结束后，项目业主按照专家抽取要求，准备好项目业主授权委托书、营业执照、组织代码证、招标人评标专家名单、评标专家回避名单(其中项目业主、代理机构、监督机构、项目设计和咨询单位、投标人的职工应当回避，不得参与监理项目招标评标工作)等资料，至评标专家抽取处抽取专家，专家抽取完毕后，等待评标专家至评标室后开始评标。同时按照招标文件要求，将投标人用于本项目的人员资格和业绩信息在指定媒体公布，供投标人监督。

评标专家推荐一名成员为评标委员会负责人，组织评标专家的评标工作。评标专家按照招标文件要求，对投标人的投标资格有效性进行审查，开展投标文件的形式评审和详细评审。形式评审主要针对投标文件是否满足投标资格，以及投标文件是否满足招标文件编制要求；详细评审主要针对商务、技术、报价等三个方面的有关要求进行打分，并按照得分高低对投标人进行排序，依据招标文件第一中标人的推荐原则，推荐前三名中标候选人，并编写评标报告。评标报告由评标专家委员会全体成员签字确认，作为招投标的有效文件保存。

7. 监理定标、备案及合同签订

监理服务招标评标工作完成后，项目业主依据评标委员会评标报告和推荐的监理标段前三名中标候选人名单，依据招标文件确定中标人，并在指定媒体发布中标结果。中标人信息发布后，项目业主与中标人在中标通知书约定的合同签订期限内，办理监理服务合同签订手续。项目业主将完整的评标报告、中标人投标文件、中标通知书、监理服务合同一同抄送项目实施机构和省级交通运输主管部门备案。

### 3.5.5 施工总承包单位选择

1. 施工总承包单位的确定

依据招投标相关法规，社会投资人依法能够自行组织施工的项目，在项目核准申请阶段提出投资人自行组织施工的意见，由项目立项或核准部门依据投资人资质许可范围，批准 BOT 项目招标核准意见，在 BOT 项目核准批复时明确项目施工可以不招标，由特许经营项目投资人依法自行建设。省级交通运输主管部门依据项目招标核准意见，就项目建设管理模式以及招标等进行进一步明确。项目业主根据省级投资主管部门(省发展和改革委)和省级交通运输主管部门批复意见，依据社会投资人施工资质许可范围，将涉及项目的路基、桥梁、隧道、路面、房建及交安设施等全部或部分工程依法直接发包给社会投资人进行施工总承包施工。

2. 施工总承包合同签订

项目业主根据省级投资主管部门(省发展和改革委)和省级交通运输主管部门批复意见，依据交通运输部《标准施工招标文件》(2017 年版)合同标准文本及项目建设管理需要和有关规定编制施工总承包合同。标准施工招标文件中示范文本有不适宜于项目建设管理的责权条款，项目业主与施工总承包人协商后修改或补充完善，经合同双方评审商洽并确定 BOT 项目施工总承包合同条款。施工总承包合同价款依据批复的施工图设计及其预算，结合省级交通运输主管部门有关合同限价规定，编制施工总承包合同工程量清单以及项目技术规范，明确合同清单造价内容和计量规范。确定后的施工总承包合同包括施工总承包协议书、合同条款(含项目专项条款、公路工程合同专业条款、国家九部委标准招标文件通用条款)、技术规范、施工图纸、工程量清单以及补充纪要等，项目业主收集完备后抄送项目实施机构和省级交通运输主管部门备案。

### 3.5.6　征地拆迁协议组成及商洽

1. 征拆协议签订

《中华人民共和国土地管理法》第四十六条规定："国家征收土地的，依照法定程序批准后，由县级以上地方人民政府予以公告并组织实施。被征收土地的所有权人、使用权人应当在公告规定期限内，持土地权属证书到当地人民政府土地行政主管部门办理征地补偿登记。"这一法律条款明确规定征地拆迁工作的实施主体，只能是被征用土地所在地的县级以上地方人民政府。项目业主依据与市级人民政府商洽确定的土地拆迁内容、费用组成、实施方案、支付方式等有关拆迁工作内容的基础上，在 BOT 项目政府授权实施机构协调下，项目业主与项目所在地市或县人民政府签订《征拆协议》，由市级征拆协调机构牵头，县级人民政府授权的拆迁实施主体负责项目红线用地、地表附着物及杆管线等设施的拆迁和赔偿。

2. 征拆费用组成

征地拆迁指县级及以上人民政府对国家所有和集体所有土地上被拆迁人的土地、地表附着物等进行征用和拆迁的管理活动。BOT 项目高速公路建设用地涉及的征地拆迁内容主要包括临时用地、永久性用地、地表附着物、杆管线等设施拆除，征地拆迁费用组成分为土地征用补偿、征拆安置费、地表附着物和青苗补偿、失地农民社会保险等。征地拆迁补偿方式分为货币补偿和产权置换两种形式，货币补偿分为市场评估价、商品房交易均价(涉及市区和城镇的房屋拆迁补偿适用)、重置价三种；产权置换分为异地安置和回迁安置。BOT 项目高速公路征地拆迁补偿费是依据省级人民政府批准的土地补偿标准和附着物估价等有关费用计算确定的，列入建设项目初步设计概算和预算中，作为项目建设投资的组成部分。

3. 拆迁费用结算方式

BOT 高速公路工程征地拆迁费用的结算方式主要为总价包干、综合单价包干、土地类别政策价及附着物估价分类结算等三种方式。为了有效控制投资和工程造价，调动地方政府拆迁的积极性，BOT 高速公路项目一般采用不同地类综合单价包干和概预算总价包干两种方式，具体结算方式由项目业主与地方政府商洽确定，并与地方政府签订征地拆迁协议，明确拆迁时限、拆迁职责及拆迁费用包干风险和范围。为了避免双方对拆迁范围、拆迁数量误解存在的拆迁风险，拆迁协议就拆迁范围须明确如下：

(1) 土地征用范围包括且不限于：本项目依法批准的国有土地、集体土地上建设永久性用地(含变更设计增加用地)等。

(2)征收土地的数量：以批准的本项目施工设计图(含变更设计增加)的实际用地面积计算。

(3)拆迁数量：以本项目征地红线内、线外工程用地和临时用地的地面建筑物、构筑物、各类杆管线设施和地下管网线设施，以及受本项目影响涉及的征地红线外经甲、乙双方现场踏勘后确认无法居住和使用的房屋或对其安全使用等有影响的构筑物计算。

#### 4. 商洽要点

拆迁工作具有政策性强、实施面广、涉及权益人多的特点，前期有关拆迁工作的商洽和沟通是拆迁风险控制的重要环节，商洽内容的系统性和工作职责清晰性是项目用地拆迁成败的重要前提。BOT 高速公路项目的征地拆迁工作，要本着政策性和风险控制性进行商洽，对征地拆迁的实施主体、拆迁时限、拆迁内容，以及边角地和夹心地、变更设计用地、征地拆迁价格、土地勘测和组卷、征地拆迁协调、拆迁考核、资金监管、土地权属登记报批、征地拆迁经费等进行商洽，就有关责任和风险管控的责任进行明确，减少征拆职责不清、组织不力对拆迁工作的影响，维护被拆迁人权益以及维护建设稳定环境，为项目建设创造和谐平安的施工环境。

## 3.6 施工总承包方招标管理

施工总承包单位委托招标代理机构或其自行组织的招标工作，包括招标文件编制、评审、招标公告的发布、抽取专家、开标、评标工作。施工总承包单位组织的招标内容主要有施工分包招标、工程检测单位招标、工程保险招标、法律咨询招标等。施工分包标段招标可以在施工总承包单位所属系统内招标，也可以采用社会公开招标选定优质施工分包方，也可以自行组织施工。工程实体检测单位采用公开招标选择。工程保险单位采用社会公开招标或比选方式选定。

### 3.6.1 施工分包方招标选择

公路工程建设项目施工招标评标采用综合评估法或者经评审的最低投标价法。综合评估法包括合理低价法、技术评分最低标价法和综合评分法。施工总承包单位开展施工分包招标时，一般采用综合评估法来选择综合实力强的施工单位，拟招标项目中涉及以暂估价形式包括在招标项目范围内的工程、货物、服务，属于依法必须进行招标的项目范围且达到国家规定规模标准的，应当依法进行招标。对于依法必须招标的暂估价项目，可以采取以下两种招标方式确定中标人，一是由施工分包方组织招标，并按规定的程序将招标方案、招标文件、最高限价报施工总承包人审批，施工总承包人与分包人共同确定中标人，由施工分包方和中标人签订合同；二是由施工总承包人与分包人共同组织招标，分包人与施工总承包人应按照本细则规定的程序组织招标确定中标人后，由施工总承包人、分包人与中标人共同签订暂估价合同。

1. 招标方案报批

施工总承包人拟对部分工程采用分包模式组织施工的，应编制分包实施方案。方案中包括拟分包范围、标段划分原则、资格条件设定、工期、质量标准、施工招标限价、评标方法、履约条款、责权义务等内容，报请项目业主审批同意后实施。

2. 招标文件备案

施工总承包人依据施工总承包合同的责权义务，依据国家九部委标准施工招标文件编制施工分包招标文件，编制的施工招标文件经施工总承包法人本级审查批准后，抄送项目业主备案，并在招标文件指定的媒体发布招标公告，出售招标文件。

3. 开标、评标、定标

施工总承包人按照招投标法推荐招标人代表组成评标专家组成员，与专家库中抽取的评标专家组成评标委员会。项目业主根据招标文件指定的投标文件递交地址组织开标、评标工作，组织评标专家编写评标报告并确定前三名中标候选人。评标期间，项目业主对潜在投标人提出的疑问进行答疑并公布。根据评标专家委员会编写的评标报告，书面请示施工总承包人法人审批。施工总承包现场管理机构依据施工总承包人审批意见向第一中标候选人发布书面中标通知书，并签订书面合同，书面施工分包合同抄送项目业主备案。

### 3.6.2　检测单位比选

为加强工程建设过程质量控制，达到施工总承包合同约定质量要求，实现质量控制目标，体现公平、公正原则，施工总承包人招标选择工程检测单位，委托其对本项目自行组织实施和施工分包方组织实施的工程实体质量进行检测。

1. 工程检测的内容

施工总承包人委托检测的内容主要为实体工程和隐蔽工程，路基工程中主要为桩基础软基处理和抗滑桩桩基完整性及强度检测，桥涵工程主要为桩基基础工程的完整性和强度检测内容以及桥梁支座的剪切变形和脱空，隧道工程主要为锚杆、初支厚度和空洞、衬砌厚度和空洞，路面工程主要为平整度和路面层厚度。根据检测内容划定招标的包件数量。

2. 质量检测招标

施工总承包人根据检测招标工作内容、公路工程质量验收标准以及工程检测指导价格，确定招标工程的检测频率，编制招标文件及招标限价，采取公开招标方式，在中国采购与招标网(http://www.chinabidding.com.cn/)等媒体上发布招标公告。依据招标文件规定的开标、评标程序及评标办法组织评标，编写评标报告并推荐中标候选人。施工总承包人向第一中标候选人发放中标通知书，并在中标通知书规定的期限签订质量检测合同，在本级及时开展合同学习和交底，与各施工标段建立联系并有序开展质量检测工作，出具质量检测报告，确保工程质量受控。

### 3.6.3 保险单位比选

基于 BOT 项目工程风险状况及施工期限长的特点，为充分保障工程财产安全，降低不可抗力引发的自然灾害风险，通过购买工程险来转移和化解风险。工程一切险和第三方责任险由施工总承包人和施工分包人联合体名义购买，共同作为理赔主体，择优选择信誉好、保费低、赔付快、承担风险能力强的保险公司承保。

1. 工程项目涉及险种

BOT 工程项目涉及险种主要包括建设期的建筑(安装)工程一切险、第三者责任险、团体意外伤害险等三种。项目进入运营以后，路巡单位、养护单位等在营业线作业的各工种及管理类人员均须购买人身意外伤害险，其投保额度由购买保险的单位根据风险等级自行决定。

2. 工程项目险种费率

(1)建筑安装工程一切险。高速公路建筑工程一切险的费率为 2.5‰～5‰。高速公路工程的建筑安装工程保险费率要根据施工总承包合同包括的高速公路各专业工程构成及专业工程风险高低综合计算确定。招标预算清单中建筑工程一切险费率一般以 4‰暂计列为宜。

(2)建筑安装工程第三者责任险。该项保险是指由于施工的原因导致项目法人和承包人以外的第三人受到财产损失或人身伤害的赔偿。第三者责任险的被保险人也应是项目法人和承包人，该险种一般附加在建筑工程(安装工程)一切险中，保险期为生效之日到工程保修期结束。在发生这种涉及第三方损失的责任时，保险公司将对承包商由此遭到的赔款和发生诉讼等费用进行赔偿。但是应当注意，属于承包商或业主在工地的财产损失，或其本公司和其他承包商在现场从事与工作相关的职工的伤亡不属于第三方责任险的赔偿范围，而属于工程一切险和人身意外险的范围。

在 FIDIC 合同条件中，明确规定承包商应当以承包商和业主的联合名义进行“第三者责任保险”，而且还规定了这种保险金额的最低限额，即此保险金额至少应为投标书附件中所规定的数额。承包商可以按 FIDIC 合同条件的规定，与“工程一切险”合并在一起向保险公司投保。第三方责任险的赔偿限额由双方商定，费率为 2.5‰～3.5‰。

(3) 团体意外伤害险。团体人身意外伤害保险是与意外伤害保险具有同样性质的一种保险。团体人身意外伤害保险是以机关、团体、企事业单位在职的、身体健康能正常工作或正常劳动的职工为保险对象，单位为投保人的意外伤害保险。团体人身意外伤害保险的保险费率根据被保险人所从事的行业、工种的危险程度分为三个档次，分别确定：机关、团体、事业单位、一般工商企业单位的职工为第一档，费率为 2‰；建筑、冶金、勘探、航海、伐木、搬运、装卸、地面采矿、汽车驾驶、高空作业人员为第二档，费率为 4‰；井下采矿、海上钻探、海上捕鱼、航空执勤人员为第三档，费率为 7‰。

### 3. 工程保险单位招标程序

团体意外伤害险可以采取议标程序采购，对于工程规模较大且保险额度达到法定招标要求的，采取公开招标程序。建筑工程险一切险和第三者责任险采取公开招标方式确定，投保范围可以是施工总承包合同范围内全部工程项目，也可以是选择性投保的部分工程项目。保险招标实施时以施工总承包单位为招标主体，全线作为一个标段进行工程保险投保，采取公开招标方式选择保险承保单位。施工总承包单位可以自行编制工程保险招标文件，若施工总承包人不具备工程保险招标能力的，可以委托保险经纪公司编制招标方案和招标文件。保险经纪公司受施工总承包人委托依据中国保险行业协会发布的《建筑工程一切险》《建筑工程一切险扩展条款》及《建筑工程一切险补充条款》等保险条款示范文本，结合项目风险、气候、工程内容组成、项目工期等，合理划定风险转移范围，编制 BOT 项目的工程保险招标文件。保险合同条款分为通用条款、扩展条款、补充条款三部分，合理对项目的重大风险通过合同扩展条款和补充条款约定保险范围及保险风险。施工总承包人完成招标文件审查后，经组织评审专家委员会评审后在中国采购与招标网(http://www.chinabidding.com.cn/)和保险经纪公司指定的媒体上公示。施工总承包人依据评标报告和推荐的中标候选人确定中标人，并发布中标通知书，签订工程保险合同。

### 3.6.4 法律顾问的比选聘用

BOT 项目建设规模大，项目建设管理活动依据项目基本建设程序开展，涉及的政策、法规较多，法律风险不确定性因素较多，建设项目实施法律风险咨询有助于项目风险控制，降低和规避企业违法建设管理风险，保障企业安稳运营。项目业主编制法律顾问咨询服务比选招标文件，将法律顾问工作内容和风险控制主要内容及法律顾问咨询服务费限价作为比选招标文件的重点内容，通过招标比选方式选择实力强、业绩多、资深专业的法律咨询事务所担任施工总承包人的项目法律顾问。法律顾问作为企业风险控制的代理人，要参与合同风险梳理、控制及法律纠纷的调解、仲裁或诉讼活动，维护企业的合法权益。

1. 法律风险控制主要内容

(1) 指导企业依法获得相关工程业务，合法合规运营。由于建筑行业的业务来源的特殊性，BOT 项目获得涉及政策法律业务较多，为确保其是通过合法渠道获得，项目选择期间的各项论证、分析要依据企业法律风险咨询顾问监督审查，确保项目运作的合法性。

(2) 严格审查各类经济合同，排除合同签订阶段的风险隐患，参与合同实施期间的风险管理。建筑行业是一个多组织作业的行业，也就是说很多工程大多依靠不同公司协同完成，这其中便会涉及众多合同的签署。企业法律顾问的存在，将会严格审查合作合同的条款细节，及时发现法律漏洞并纠正，维护企业的权益。

(3) 加强流程再造，规避企业运作程序和流程管理风险。施工总承包人在制定各类管理制度、签订各类经济合同等需要设定审核批准的相关流程时，通过流程规范，健全审批风险控制程序，使法律顾问咨询审查作为领导人审批的前置程序，为企业单位的法律行为和法律事实出具律师意见书，规避企业运行中可能存在的制度风险。同时完善的风险控制流程，可以促使员工团队具有较强的工作能力与专业精神，更好地为企业创造更大价值。

2. 法律顾问的主要工作

(1) 提供建筑行业法律法规、政策依据，解答法律咨询，依法提供建议或者出具律师意见书，为管理层经营决策提供法律帮助。

(2) 协助草拟、制订、审查或者修改合同、章程等法律文书，确保合同性文件无法律漏洞，并尽量在条款中为企业争取有利条款。

(3) 指导企业协调与政府部门、合作企业的合作关系，处理临时出现的合作纠纷，确保企业合规合法运营。

(4)协助企业依法合规获得政府工程，扩大经济效益。

(5)制度梳理：主要包括公司制度(公司制度应与劳动合同及商务合同相匹配，否则员工关系很难协调融洽)、行政制度(行政制度中会涉及诸多员工切身利益，行政制度不合法同样会影响到制度的实施及公司绩效)、人力资源制度(薪酬制度、绩效计算方法、绩效发放方式不但应合理而且应合法处理)等。

(6)对顾问企业有关业务上涉及的法律问题提供法律咨询，实时跟踪企业动态并给出专业意见。

(7)法律培训：有针对性地举办法律知识讲座及培训，提高部门主管领导以及业务人员的法律意识和风险防范意识，及时讲解国家和地方新颁布的有关法律法规。

(8)诉讼事务：负责协助施工总承包人参与诉讼，提供法律援助，积极搜索利于企业的相关证据并尽最大努力为企业争取权益。

### 3.6.5 技术专家聘用

BOT 模式施工总承包项目包含路基、桥涵、隧道、互通、路面等，线路往往需要跨越江河、铁路、公路等以及复杂地质情况。桥梁施工和隧道施工受地质、线型等影响，存在技术难度大的重难点工程。BOT 模式施工总承包项目聘用技术专家，一是按照现行行业法规，危险性较大分部分项工程需要履行专家论证分析会，企业自有专家不能满足行业论证要求时，需要施工总承包方聘任部分技术专家组成项目专家评审委员会，负责项目重大难工程的技术方案的论证；二是施工总承包企业为加强总承包项目技术及质量安全风险管理，需要补充和加强技术专家，组成专属的技术专家评审委员会，负责项目重难点工程技术方案审查、分析和控制。技术专家评审委员会一般由高等院校相关专业教授专家、公路交通行业专业技术专家、设计院专业技术专家、监理咨询单位专业技术专家、施工总承包企业技术负责人、项目技术负责人等组成，外聘专家按照专家收费标准采用按次或按月付费制，签订专家聘用合同。

## 3.7 建设相关方管理

### 3.7.1 总承包单位管理

1. 范围管理

根据建设工程项目核准意见、投资人要求，在施工总承包合同中合理确定项目公司、施工总承包单位的项目管理范围及双方权责。施工总承包单位作为建设工程施工总承包人，对 BOT 项目的整体进度、质量、安全、建安投资控制、环水保、合同风险及农民工权益维护等内容负有主要管理责任，协同配合项目业主的征地拆迁并对施工总承包合同内容事项负总责。按照专业划分及标段划分，施工总承包单位统筹负责建设项目临时工程选址及规划，以及路基、桥梁、隧道、路面、房建、机电、交安、绿化及环保等专业工程的施工管理，对重难点工程的技术方案进行审核和组织专家论证，对控制性工程及重难点工程的安全进度进行管理控制，对项目重要物资分类别采购，主要负责钢材、水泥、燃油、沥青、火工品、支座、锚具等重要物资的集中采购管理。

2. 责任主体

施工总承包方作为 BOT 项目招标核准和省级交通运输主管部门核准的施工总承包人，按照资质许可和管理职责，对总承包工程的建设质量、安全、进度、环水保、成本等担负主体责任。采用平行标段施工或分包施工的，分包单位就分包工程与施工总承包人共同承担连带责任。

3. 组织机构

项目业主督促施工总承包方规范组织机构设置、规范临时工程建设标准、规范作业标准，对总承包管理机构设置、职责义务履行、物资采购保障管理等，确保项目建设高效推进。施工总承包单位按照专业属性和资质许可范围，采用平行标段模式组织施工管理，合理划分施工标段的规模和跨度，坚持“项目一家人”理念，用文化引领团队、引领参建各方，坚持“安全第一、质量为先、进度受控、节约投资”的管理思路，合理设置和定员施工总承包单位现场管理机构，健全管理机构，配强施工总承包指挥部专业技术管理人员，各专业技术人员要全面覆盖 BOT 高速公路专业，做到专业齐全、实力过硬。从 BOT 项目特性出发，施工总承包方派出现场管理机构，即施工总承包指挥部，机构设置坚持机构精简、管理高效的原则，本级设五部二室，分别为工程管理部、计划合同部、财税部、物资设备部、征拆协调部、综合办公室和中心试验室，总定员 30～50 人；下设现场组，现场组由分管领导和标段工程师组成，现场组设置数量与监理标段划分和施工标段划分相结合，健全管理制度，明确现场组管理权责和工作职责。

4. 计划管理

计划管理实行业主总控、总包实施、监理督查的管理思路，项目业主负责总体投资计划及年度计划的制定和下达，施工总承包单位负责年度计划的组织实施。为加强建设项目投资计划管理，项目业主和施工总承包单位两级均要设立一定额度的专项考核激励基金，用于激励和调动参建各方的进度管理责任意识和积极性。根据项目业主的建设项目实施管理规划及项目投资计划，总承包单位应编制建设项目年度施工计划报项目业主审批。项目业主应督促检查施工总承包单位年度建安投资计划实施情况，督促施工总承包单位依据项目工程特性、气候、规模、资金、工期等因素，细化分解实施性年度投资计划，并通过设立组织措施、经济措施、技术措施、合同措施及计算机辅助进度软件来加强项目投资计划的统计、分析、调整、考核、通报、奖励等环节管理，重点盯控和细化控制性工程及重难点工程的形象进度计划，制定激励考核措施，设立专项激励基金，科学合理使用激励基金，调动参建主体完成投资计划的积极性。

5. 资金监管

加强施工总承包单位大额资金的使用监管，规范施工总承包单位资金支付和管理行为，防止资金转移支付和资金监管失控风险，切实保障建设资金安全，确保工程进度目标实现。项目业主一要通过计算机软件系统监控资金支付，借助银行系统 U 盾控制平台，对 100 万元以上的大额资金使用进行监管；二要对应建立违规资金使用违约处罚程序，从资金监管的制度保障、技术保障、合同保障三个方面来明确监管手段和违约责任，规范施工总承包单位的资金使用；三要建立建设项目过程定期项目资金使用专项审计，每年 1 次，确保资金支付的跟踪检查审计全覆盖，保证资金安全和合规使用。通过以上措施来规范和监控建设资金安全，保障项目安全高效建设。

6. 信用管理

加强施工总承包单位本级人员履约管理，把施工总承包单位的质量责任、安全事故、进度目标、资金使用等方面纳入信用评价管理体系，进一步规范施工总承包单位的组织管理、行为管理、目标管理，使得施工总承包人的管理成果与信用评价机制相挂钩，以提升行业评价手段来促进施工管理水平提高。

7. 约束与激励

BOT 项目跨度长、规模大，全面加强施工总承包单位的管理考核，建立科学长效的激励约束考核机制，对提振施工总承包单位管理人员的创造力、创新力、战斗力有着重要作用。项目业主一般按照施工总承包合同建安费的 0.5%～1%计提施工总承包激励基金，用于对施工总承包单位现场组织管理、行为管理、目标管理、信用管理的考核，即对管理人员、管理行为、质量安全目标、履约信用等进行考核激励，考核每季度一次，年度兑现。

### 3.7.2 设计管理

设计文件质量是关系项目建设期增值的重要影响因素。项目建设中，因设计错误、设计漏项、设计标准变化、设计保守、图纸提供不及时以及概预算完整性不足等会给建设进度、施工成本、投资控制、质量管理等带来直接或间接的影响，因此，设计管理是项目业主建设项目前期的最重要工作。加强勘察设计管理，要求勘察设计单位严格执行有关设计标准、规范、规程、定额、办法等有关规定，根据批复的初步设计文件开展施工图设计，完成勘察设计工作，对工程勘察设计质量负责。设计总体单位对全线勘察设计质量负总责，各设计成员单位对各自范围内勘察设计质量负直接责任；设计总体单位负责对各设计成员单位的技术管理和协调工作，并对因总体协调原因引起的成员单位的勘察设计质量问题承担连带责任。

1. 设计质量控制

(1) 委托设计咨询单位对两阶段设计开展同步审查，及时提出设计存在的差错问题。

(2) 设计单位应严格按照省级交通运输主管部门工可研批复，组织设计人员开展初步设计。项目业主要依据初步设计审查批复意见开展施工图设计审查，每阶段设计审查时重点复核相关设计批复意见是否得到落实，建立自查自纠制度，对设计文件和图纸中的错误或遗漏及时进行修改或补充。

(3) 在施工图设计中，有关结构设计或施工方案要充分考虑当前国内的工装水平和能力、工程实施的可操作性；要对方案的实施工序提出相应的技术要求，特别是关键工序，应明确提出工艺、质量、安全和环保等要求。

(4) 应积极利用工程试验、补充勘探、科研等成果，以及设计审核和咨询意见进行设计优化，最大限度地提高设计质量。

2. 勘察设计成果的审查

(1) 勘察设计单位应接受设计咨询意见，积极配合，认真落实、回复各阶段设计咨询意见及审查意见。

(2) 项目业主及其委托的设计咨询审查单位、投资人主管部门按规定对勘察设计文件进行审查，对不符合强制性规定或设计错误要及时督促设计单位进行修改。

3. 设计投资控制

(1) 设计投资控制坚持初步设计概算小于工可估算，施工图预算小于初步设计概算的原则进行，重点对互通规模、隐蔽工程、重难点工程、软基处理、征地拆迁费用、产权交叉补偿费用、临时工程费用、专项措施费的预算进行审查，对预算与设计图一致性审查，确保投资可控。

(2)勘察设计单位应根据相关科研成果，积极开展施工图优化设计工作，配合总承包单位的设计优化工作，在满足功能要求和质量安全的前提下，支持设计优化，降低工程投资。

4. 设计工作考核

设计优化和投资控制、设计质量、设计后期服务、设计人员责任心等因素是项目建设管理的重要影响因素，对项目业主的投资管控、建设质量管理、后期技术保障都有较大影响。为确保设计在项目管理中的引领作用，充分发挥设计的保障优势，项目业主要制定设计工作专项激励约束考核机制，强化设计人员的责任意识，确保设计质量和设计进度，为项目的顺利建设提供技术支撑。建立专项考核基金，加强设计单位全合同期的考核管理，采取按月考核、季度兑现的激励约束措施，从设计团队和设计履约双重考核，提高设计人员服务意识，提升设计单位履约责任，重点从工程造价、设计投资控制、设计优化、设计后期服务、设计进度、设计质量、团队实力等进行考核。

### 3.7.3 咨询管理

交通运输部《公路建设市场管理办法》(中华人民共和国交通运输部令 2011 年第 11 号)第十七条规定：公路建设项目法人负责组织有关专家或者委托有相应工程咨询或者设计资质的单位，对施工图设计文件进行审查。施工图设计文件审查的主要内容包括：

(1)是否采纳工程可行性研究报告、初步设计批复意见；

(2)是否符合公路工程强制性标准、有关技术规范和规程要求；

(3)施工图设计文件是否齐全，是否达到规定的技术深度要求；

(4)工程结构设计是否符合安全和稳定性要求。

为加强 BOT 建设项目工程勘察设计质量管理工作，提高项目的建设水平和投资效益，依据国家有关法律、法规和规定，项目业主应委托设计咨询单位开展设计审查工作。项目业主通过招标或比选方式选定设计咨询单位，签订《设计咨询审查服务合同》。

项目业主加强咨询管理，从咨询成员组成、技术实力、咨询内容进行审查，确保咨询质量，同时要对设计咨询单位的咨询成果、咨询责任进行考核。设计咨询单位要坚持“依法咨询、履行合同、专业咨询”的原则，对项目的初步设计、施工图设计、设计工程量和预算进行审查，对勘察设计过程中的勘察设计大纲、方案研究、外业勘测、地质勘察、外业验收、内业设计等各个阶段进行全过程咨询，形成阶段性咨询报告。重点核查技术标准和建设内容、范围、规模等是否高于或超出工可文件、初步设计文件及其批复，重点核查设计图纸对地勘采用的各项技术指标是否符合国家强制性标准和勘察设计规范的有关规定，是否达到施工图设计的深度要求。对施工图预算所采用的费用标准、定额、专项措施费、工料机单价、费率等进行核查，对施工图预算所采用的施工组织方案、施工工艺合理性进行核查，并编制《施工图预算设计咨询报告》。

### 3.7.4 监理管理

结合 BOT 高速公路项目本身的特点，合理、科学划定委托监理的范围和职责。监理的主要职责为项目现场的质量监理、安全监理、进度控制，并由项目业主赋予工程量签证的权力，确保权责对等，重点履行施工现场工程质量和安全的监理职责。

(1) 机构管理。按照项目管理实施规划，依据招标文件确定的监理模式组建监理现场管理机构，按照招标文件要求的监理机构设置层级、人员资格、监理人员数量组建总监办、驻地监理机构，合理划分监理人员监理范围、权限和职责，确保监理工作高效。总监办设置计划合同部、工程技术部，人员控制在 5 人以内；下设驻地办，监理工程师主要编制在驻地监理机构，强化对现场质量安全的监理工作。BOT 项目监理工程师配备数量按照 1 人/5000 万标准参考配置，具体根据需要适当增减，据此人员配置标准计算监理服务费招标限价，并控制在批复的监理服务费预算内。

(2) 设施管理。监理工作包含监理试验检测，主要对监理试验检测器具、监理车辆、管理设施等进行考核，确保按投标文件承诺配备到位。

(3) 行为管理。在业主同意的条件下，BOT 项目施工总承包单位采用平行标段模式建设管理的，项目业主应委托监理单位重点对平行标段实施方现场工程质量进行全程旁站控制和安全监理，避免监理单位在履行监理服务合同时出现项目建设管理程序烦琐、效率低下的现象，着重对工序旁站监理、材料验收监理、重大方案审批等监理行为进行考核，确保监理工作扎实、有效。项目业主要建立工序旁站监理行为考核，对监理人员的出勤情况、工序验收、材料质量、安全措施、履行职责等进行考核，监理旁站行为与监理单位的信用评价相挂钩。将监理单位审核控制性工程、重难点工程、高风险工程的施工方案情况纳入信用评价和日常督查，未经审批准许工程开工的按照有关规定追责。

(4) 信用管理。加强监理行为、监理履约、工程质量、安全监理等与信用评价挂钩，督促监理单位兑现合同承诺、履行监理责任。

(5) 激励考核。在监理合同中设立激励约束考核条款，设置专项激励基金用于监理单位的考核，对监理人员设施到位情况、监理人员出勤情况、监理程序执行情况、监理旁站制度情况、监理材料验收检测等进行考核，确保监理单位人员严格履职、尽职尽责。

## 3.7.5　拆迁协调管理

### 1. 机构设置

BOT 高速公路项目各级管理机构按照征地拆迁工作需要，建立专职征地拆迁协调部门，专职负责征地拆迁的管理、勘测、结算、组卷及协调等工作。按照合同职责定位，理顺职责，协同推进。项目业主、施工总承包单位、分包单位均应建立征地拆迁管理部门；项目业主和施工总承包单位征拆管理部门负责与市区(县)两级征拆部门的沟通、协调；分包单位征拆部门按照属地原则，加强与乡镇村组的沟通协调，协助政府征拆部门对拟征用土地和拆迁附着物进行丈量和清理，配合完善相关拆除确认手续。征拆各方关系及职责见图 3-7 和图 3-8。

图 3-7　征地拆迁关系

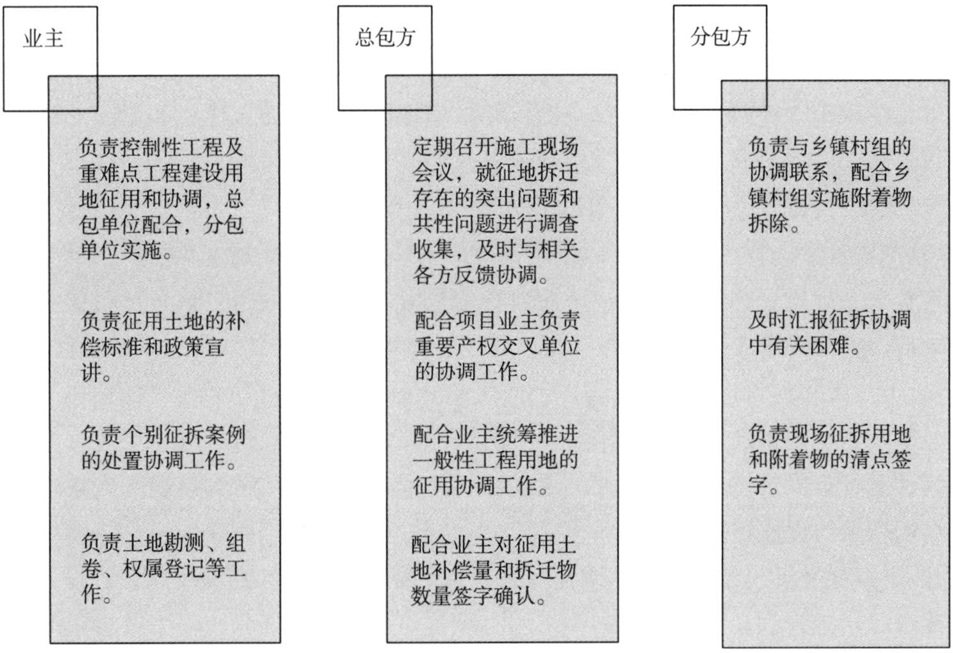


图 3-8　征地拆迁相关方职责

2. 管理措施

为有序高效推动征地拆迁工作，项目业主方、总承包方应组建项目征拆协调机构，负责区县征地拆迁协调工作，主要领导分管此项业务工作，加强与市县两级政府授权部门沟通协调，因地制宜，综合运用管理措施，营造和谐征拆环境，依法征拆补偿。

(1) 补偿政策合理。BOT 项目隶属多个市区，征地拆迁受地方经济发展水平差异影响，其对应补偿政策和标准也有差异。两阶段设计概预算中，有关征地拆迁补偿的标准应严格按照省级人民政府批复的标准和规定足额计列，确保征地拆迁费用计费标准符合政策规定；在征拆实施阶段，有关征拆的拆迁范围、土地类别认定、测量方法、确权原则、补偿标准、支付方式应严格按政策规定执行，合理处理区域经济水平差异而引发的补偿标准差异，避免征地拆迁矛盾。

(2) 权责界定清晰。BOT 项目征地拆迁工作由项目业主委托县级以上人民政府负责实施，但征地拆迁工作涉及的范围较大、协调管理人员较多，项目征地拆迁没有建立权责清晰、相互协作的自上而下的征拆体制和机制，拆迁效率和拆迁成果会受到很大的阻力和影响。项目业主牵头建立由项目业主、施工总承包单位、分包单位(或施工主体单位)、政府授权拆迁机构、乡镇人民政府、村组等组成的拆迁工作体系。项目业主负责控制性工程和重难点工程首期用地的征地拆迁工作，确保控制性工程用地，另做好征地拆迁的统筹协调管理工作；施工总承包单位组织分包单位或施工主体单位按照设计交底的红线界桩，与乡镇人民政府沟通，落实其余建设用地的征地拆迁谈判和实施工作，并对征地拆迁存在的问题及时与政府授权机构和项目业主沟通，促进征拆问题的高效解决。分包单位或施工主体单位主要负责本区段项目用地的征拆沟通工作，加强与乡镇人民政府和村委会的沟通洽商，确保建设用地提供及时，保证征拆用地供给与工程进度匹配，对影响工程进度的拆迁问题及时向施工总承包单位联系反馈。

(3) 定期督导机制。项目业主应根据 BOT 项目投资协议中所在地市级人民政府或授权机构有关征地拆迁的有关职责，请命所在地政府，开展定期督导机制，对重难点工程用地、征拆突出问题进行现场督导，通过现场督导协调机制，解决征拆中棘手问题。

(4) 考核激励机制。项目业主与区县人民政府签订征地拆迁协议时，应明确有关激励考核机制，将征地拆迁的时效、进度与征拆经费挂钩，并对征拆相关人员建立奖励激励机制，调动征拆人员工作的积极性，通过征拆经费与征拆成效挂钩，提高区县政府或实施机构征拆履约责任和支持力度。

(5) 重点保障机制。项目业主或施工总承包单位应按照 BOT 项目建设进度计划，编制建设项目用地计划，尤其是控制性工程、重难点工程用地计划应作为首批用地指标，保障建设工程中控制性工程和重难点工程以及互通、服务区建设用地，为项目的整体顺利建设做好建设用地保障。

(6)联席会议制度。业主方牵头，组织施工总承包方、分包方(或施工主体单位)定期召开征地拆迁碰头会议，对建设用地的征拆进度、征拆问题、征拆责任落实、征拆协同机制进行通报，并对后续征地拆迁工作进行部署安排，落实责任和征拆阶段性时限目标，定期考核通报征拆成果。

3. 费用控制

征地拆迁范围大，征拆工作量的确认是征拆费用控制的重点。征拆工作量的丈量严格按照红线用地边界测定，征拆工作量应由施工方、监理方、征拆单位、业主方四方签字确认，以此界定征拆边界的正确性，发挥施工、监理各方建设用地边界的联合监督机制，以此控制建设用地的数量和用地边界与施工图设计的相符性，做实征拆用地数量及用地边界的过程控制。

4. 权属登记

项目业主应督促政府授权的征拆机构按照施工图设计及建设用地勘测资料编制 BOT 项目用地的组卷工作，按照建设用地权属登记有关规定逐级申请办理土地权属登记。

## 3.8 质量监督及施工许可

### 3.8.1 质量监督备案

1. 质量监督管理的程序和要求

依据交通运输部《公路水运工程质量监督管理规定》(交通运输部令 2017 年第 28 号)规定，建设单位在领取施工许可证或者开工报告前，应当按照国家有关规定办理工程质量监督手续，公路水运工程实行质量监督管理制度。交通运输主管部门或者其委托的建设工程质量监督机构依法要求建设单位按规定办理质量监督手续。

因此，BOT 项目应当依法依规办理工程质量监督手续，在领取施工许可证和办理开工报告之前，由项目业主依法到 BOT 项目所属地方政府交通运输主管部门或其授权委托的交通建设工程质量监督机构办理工程质量监督手续，接受政府行业主管部门的工程质量监督。未办理质量监督手续的，不予颁发施工许可证，工程不得开工。

2. 建设工程项目质量监督备案要件

建设单位应当按照国家规定向交通运输主管部门或者其委托的建设工程质量监督机

构提交以下材料，办理工程质量监督手续：

(1)公路水运工程质量监督管理登记表；

(2)交通运输主管部门批复的施工图设计文件；

(3)施工、监理合同及招投标文件；

(4)建设单位现场管理机构、人员、质量保证体系等文件；

(5)本单位以及勘察、设计、施工、监理、试验检测等单位对其项目负责人、质量负责人的书面授权委托书、质量保证体系等文件；

(6)依法要求提供的其他相关材料。

以上材料报送原件、复印件各一套，原件审查后退还，复印件存档。

建设单位提交的材料符合规定的，交通运输主管部门或者其委托的建设工程质量监督机构应当在 15 个工作日内为其办理工程质量监督手续，出具公路水运工程质量监督管理受理通知书。公路水运工程质量监督管理受理通知书中应当明确监督人员、内容和方式等。交通运输主管部门或者其委托的建设工程质量监督机构应当自建设单位办理完成施工许可或者开工备案手续之日起，至工程竣工验收完成之日止，依法开展公路水运工程建设的质量监督管理工作。

3. 建设工程项目质量监督备案手续办理流程

(1)持相关材料向属地交通运输质量监督站提出办理建设工程质量监督手续申请，由工作人员进行材料审核；

(2)审核合格的予以办理备案手续，并出具质量监督备案通知。

### 3.8.2 施工许可办理

依据交通运输部《公路建设市场管理办法》第二十四条规定，公路建设项目依法实行施工许可制度。国家和国务院交通运输主管部门确定的重点公路建设项目的施工许可由国务院交通运输主管部门实施，其他公路建设项目的施工许可按照项目管理权限由县级以上地方人民政府交通运输主管部门实施。因此，项目业主应根据 BOT 高速公路项目立项或核准的管理权限，报由同级交通运输主管部门办理审批项目施工许可。

1. 项目施工许可应当具备的条件

(1)项目已列入公路建设年度计划；

(2)施工图设计文件已经完成并经审批同意；

(3)建设资金已经落实，并经交通运输主管部门审计；

(4)征地手续已办理，拆迁基本完成；

(5)施工、监理单位已依法确定；

(6)已办理质量监督手续，已落实保证质量和安全的措施。

2. 申请施工许可应当提交的材料

(1)施工图设计文件批复；

(2)交通运输主管部门对建设资金落实情况的审计意见；

(3)国土资源部门关于征地的批复或者控制性用地的批复；

(4)建设项目各合同段的施工单位和监理单位名单、合同价情况；

(5)应当报备的资格预审报告、招标文件和评标报告；

(6)已办理的质量监督手续材料；

(7)保证工程质量和安全措施的材料。

交通运输主管部门应当自收到完整齐备的申请材料之日起 20 日内作出行政许可决定。予以许可的，应当将许可决定及时通知申请人；不予许可的，应当书面通知申请人并说明理由。

# 第四章　建设项目施工准备

项目施工准备一般需要 3 个月左右。合理的施工准备能够确保项目开工建设顺利推进，也是项目开工前相关方开工组织、管理计划编制、管理目标确立、建章立制的重要时段。工程项目开工准备包括业主方开工准备、施工总承包单位开工准备和施工分包方开工准备。业主方开工准备工作内容分别有项目管理规划编制、外出经营税务报备、总体投资计划编制、总体资金需求及年度需求计划编制、启动应急资金筹备、项目管理制度汇编、项目红线交桩、项目用地拆迁开展、组织设计交底、相关方协调、组织甲供材料的招标采购；施工总承包方开工准备工作内容有项目管理规划编制、税务管理、总体施工计划及分年度计划编制、总体施工组织设计编制、临时工程建设、甲控物资招标、管理制度编制、标准化管理策划、合同学习和交底、中心试验室建设、总体施工方案及开工报告报批、作业指导书编写、信息化管理策划、计量支付系统管理策划、重难点工程质量安全管理视频信息化策划、项目综合管理信息化策划；施工分包方开工准备工作内容有配合征地拆迁、大小临建、机构设立、物资设备进场、劳务队伍选择、实施性施工组织设计编制、施工方案报批、开工报告报批等。

## 4.1　业主方施工准备

### 4.1.1　项目管理规划编制

项目管理规划编制的依据有法律法规、行业法规、行业技术标准、项目核准意见、项目投资协议、项目特许权协议、项目管理规划大纲、项目设计文件、项目资源和条件、团队管理能力、公司股东管理规定及要求等。项目管理规划主要包括以下内容：

(1)项目概况：包括项目背景、项目概况(含项目基本情况、项目设计标准、项目特点、项目工程重难点分析、项目工期要求)、项目施工及监理标段划分等。

(2)项目总体工作安排：项目准备阶段、实施阶段、运营阶段等工作开展的总体工作计划。

(3)项目组织方案：包括项目公司、施工总承包单位、监理单位项目管理模式及项目组织机构编制(含)。

(4)项目投融资规划(含资本金筹措方案、资本金应急方案及融资方案)、项目资金使用计划。

(5)项目管理理念、思路和策略。

(6)项目管理目标计划：包括项目进度计划、质量计划、成本计划、安全生产计划等管理目标(含工期目标、质量目标、安全目标、环境管理目标、建设期投资控制目标、运营期目标)及项目征地拆迁管理。

(7)项目质量管理规划(含质量目标和控制原则、质量管理体系架构、质量管理程序、质量阶段控制、质量责任划分、质量监督、质量事故处理与质量缺陷处理)、项目安全管理规划(含安全管理、现场管理)、项目职业健康管理规划、项目节能环保管理规划。

(8)项目经济管理规划：包括项目投资控制(含项目投资控制总目标、项目投资控制步骤及工程价款拨付流程、里程碑工程成本控制、投资控制措施制定)、项目造价合同管理(含合同管理的目标和任务、合同管理的方法和措施)、项目变更管理、项目成本控制、项目效率策划、项目结算收尾、项目审计管理、项目招标采购管理(含物资采购办法、物资或设备供应商的管控)。

(9)项目资源配置管理规划。

(10)项目运营管理：包括运营期管理原则、运营管理制度及实施、运营期收益与成本控制(含运营收益、运营成本控制)。

(11)项目风险管理规划：包括项目风险的特点、项目风险管理的目标和思路、项目主要风险分析及防范措施(含政策风险、项目建设的融资风险、项目建设用地的征拆风险、建设期价格风险、建设期设计风险、建设期合同风险、建设期管理风险、工程款支付风险、不可预控风险)。

(12)项目移交管理：包括移交范围、移交内容、移交计划。

(13)项目信息管理：包括项目网络建设(含构建项目计算机网络、信息系统的选择、项目监控)、视频会议系统(含建立视频会议系统、实施信息化管理)。

(14)项目交竣工管理计划：包括项目收尾结算、项目审计管理、项目竣工资料归档(含项目验收、竣工结算管理)。

### 4.1.2 外出经营税务报备

从事生产、经营的纳税人应当自领取税务登记证件之日起十五日内，将其财务、会计制度或者财务、会计处理办法报送主管国家税务机关备案。财务报备一般是指财务制度的报备，包括财务会计制度(包括核算方法等)和财务核算软件等在税务机关的报备。让税务局对企业核算方法等的知晓有助于企业未来与税务局的沟通及办理相关事宜。

业主方编制的财务、会计制度，盖章后报送主管国家税务机关备案。同时将计算机记账会计电算化系统的会计核算软件、使用说明书及有关资料报送主管税务机关备案。同时业主方向税务部门说明报备与本项目有合同的企业单位，并协助指导督促有合同关系的各单位与相关税务部门进行税务报备。

### 4.1.3 项目投资计划编制

(1)总体投资计划编制原则：总体均衡、适度超前、节约利息。

(2)总体投资计划包含的主要内容：依据省级行业主管部门批复的施工图预算，从建安投资、征地拆迁费用、融资利息、建设项目前期工作费、建设管理费以及预备费等方面编制。

(3)报批：报项目公司董事会审议同意后报项目公司股东(审批)备案，作为资本金配套到位的依据。

### 4.1.4 项目资金需求计划编制

总体资金需求及年度需求计划依据投资计划和合同文件编制，合理控制融资规模，有序调控资金。依据年度投资计划及合同支付约定编制全年资金需求计划，每月资金需求按月度计划及月度完工进度预估算，加强与银行沟通，预留资金额度，协调银行批复计量后融资及时到账，在保证工程顺利开展的前提下，减少银行融资占用时间和囤积。建设项目前期工作费和征地拆迁占用资金较大，在项目特许权抵押融资贷款获得审批通过前，应启动应急资金筹备。施工准备阶段应急资金筹措主要有以下方式：一是向股东借款；二是向银行申请过桥资金，待项目融资方案获批后，融资资金到位时予以偿还置换。

### 4.1.5 项目管理制度汇编

业主方项目管理制度汇编作为项目合同管理的重要补充，是规范项目管理和规范建设行为的重要制度体系。业主方依据公司法、责任目标及股东要求，在项目开工准备期，确立项目建设管理目标。通过建立健全业主方的项目建设管理制度，强化内控体系运行质量，确保项目建设目标的实现。主要内容包括：①公司法人治理结构中董事会、监事会、经理层议事规则；②组织模式及职能分工；③建设管理制度。项目业主方的管理制度分为公司内控制度和项目建设管理制度。根据项目业主的管理职能和管理任务，业主方涉及的管理制度清单包括工程管理办法、工程进度管理办法、设计管理办法、物资设备管理办法、建设资金管理实施细则、财务管理办法、合同管理办法、计量与支付管理办法、计划统计管理办法、工程设计变更管理办法、征拆协调工作管理办法、安全生产管理办法、环境保护管理办法、参建单位信用评价管理办法、工程质量管理办法。

### 4.1.6　项目红线界面交桩

项目业主方作为建设项目的实施单位，要认真做好用地红线的交底，有效控制征地拆迁边界，固化建设用地范围和边界。业主方组织设计单位依据公路设计图中线里程桩、边界桩等进行红线界面交桩；施工单位按照界面交桩划定项目用地红线边界，依据红线用地边界办理建设用地的征用申请和地表附着物拆迁。县级人民政府征地拆迁管理部门按照红线用地申请，负责拟征用土地的丈量和勘测定界工作。

### 4.1.7　项目用地拆迁开展

1. 明确组织职能和任务分工

项目用地拆迁工作要遵守国家的法律、法规，依法拆迁，以征拆政策和征拆协议办理建设用地的征拆工作。开工准备阶段，施工总承包单位按照年度建设计划和控制性工程分布情况，编制建设用地计划递交项目业主和地方人民政府授权的征拆主管部门。项目业主按照项目业主、施工总承包单位、项目部三方征拆职责，组织、督促、协调地方人民政府按照建设用地计划做好征地拆迁工作开展。项目部主要负责与乡镇人民政府和村组沟通工作，依据建设用地计划加强征地拆迁协调。施工总承包方主要负责与区县征拆主管部门沟通，协调重点施工领域、优先用地工点及控制性工程用地的协调沟通工作。项目业主主要负责与市区人民政府的沟通协调工作，确保项目各级管理机构与市区人民政府、授权拆迁部门及乡镇人民政府的有效沟通和协调机制。项目公司成立征迁协调部，参与负责有关征地拆迁协议内容的拟定及有关征地拆迁相关工作。各市、区、县(市)应成立征地拆迁协调指挥部并配备专业人员，负责本辖区的征地拆迁及协调工作。各施工单位应成立相应组织机构并配备专职业务人员，负责本单位的征地拆迁及协调工作。

2. 沟通、协调

项目业主牵头组织市区人民政府领导、政府授权征拆协调管理机构、区县乡镇负责人、施工总承包单位征拆主管部门、项目部征拆主管部门等召开征地拆迁协调工作专题会议，落实各方职责和任务分工，明确征拆考核、征拆纪律、协调机制和协调处理程序，确定征拆协调机制专题会议时间周期、会议组织牵头单位等，定期组织召开征地拆迁协调工作会议，解决征地拆迁有关问题；确定区县乡镇的征地拆迁标准和政策贯彻执行要求，并对政策实施情况进行监督；明确征地拆迁资金财务管理，做到征地拆迁资金专款专用，定期向业主方函告专项资金使用情况，不得挪用，自觉接受和配合征地拆迁费用审计工作；明确征地拆迁资料的收集、整理、归档工作职责，以及征拆计量签证各方职责。

项目业主、政府征拆主管部门联络协调征拆产权单位和涉及产权行业监管的部门，并与产权单位沟通协调，就高速公路建设相交叉的产权设施拆迁和补偿事宜进行商洽。提早与用地红线内企事业单位及供电设施、灌溉水渠、国防通信光缆、广播电视设施、道路(包括公路、铁路)、供(排)水设施、供油(气)管道等各类杆、管、网、线的产权单位进行沟通，本着能采用工程措施的采用工程设计措施迁改完善，能采用功能补偿措施的按补偿处理，其余涉产权设施按照一次性拆除赔偿处理。

3. 宣传、动员

区县人民政府应组织其授权的征拆机构和乡镇人民政府加大对征地拆迁工作的宣传和动员，对高速公路的项目性质、征拆法规、征拆标准、征拆违法处理等进行广泛宣传。严禁违法私自突击搭设房屋设施和临时补插青苗等行为，对蓄意阻挠、破坏建设和在用地红线内违规建设等违法行为进行严肃查处；施工总承包方和项目部征拆部门全力配合市、区、县(市)政府征地拆迁宣传教育、协调等工作，加强信访沟通协调工作，积极解决工程建设对地方原有道路、水系等迁改、恢复工作，积极协调解决，尽量避免涉及工程建设的群体性上访事件发生；乡镇人民政府应加强与辖区内项目部的联系沟通，做好施工期间协调和服务工作，协调处理建设期间干扰阻工事件，会同公安部门制止和打击建设期间强行运输、强买强卖等各种违法行为，确保征地拆迁环境和谐。

4. 勘测定界

政府授权的拆迁机构负责建设用地所涉及的土地征用补偿、地表附着物拆迁、青苗补偿、拆迁安置、拆迁过渡安置、产权设施迁改或拆除赔偿及协调服务工作。根据提交的用地申请，组织完成对用地范围内的土地、地面构筑物、附着物等清点、丈量，并按相关拆迁补偿政策标准确定拆迁补偿费用，作为与被拆迁所有人的商洽补偿的依据。临时租用地依照项目业主与各区、县(市)政府签订征地拆迁协议相关条款结合当地区、县(市)政府有关高速公路临时租地标准及办法协商确定。各项目部临时租用部分土地，用于施工生产、生活设施、便道等临时工程，由临时租用地单位按照法定程序和规定向乡镇人民政府和村组协商办理，到期按照原有土地性质和地貌恢复移交。

### 4.1.8 设计技术交底

1. 设计交底

施工合同签订后 15 天内，由业主方组织设计单位向监理单位、施工总承包方、施工分包方项目部及其他相关单位进行设计交底，具体说明设计方案原则、设计意图、设计的质量标准，明确说明所有设计文件的内容。其中对重大、复杂或采用新技术、新标准、新结构、新工艺的工程，由业主方组织有关专业设计人员及相关单位进行专题交底，以便掌握该项工程施工的具体方法、特殊要求和技术措施。交底中设计单位要根据施工安全和防护需要，对涉及施工安全的重点部分和环节提出防范生产安全事故的指导意见。

施工总承包单位收到设计图纸后，组织专业工程师和标段技术负责人及分包方项目部共同进行图纸会审，了解设计意图，熟悉图纸内容与要求，核查设计中的差、错、漏项，核对工程数量，确定施工方案。图纸复核的具体内容有：复核图纸是否齐全，相关说明是否明确，结构尺寸、平面坐标、标高、道路交叉是否清楚，图纸中是否有明显错误；核对设计图纸是否符合国家政策、法规、行业技术标准、施工规范的要求；结构设计、施工机械、施工方案之间是否矛盾，技术上有无困难，方案是否可行；核查图纸中是否有疑点、难点需要设计代表在技术交底中进行解答；核对工程地质、水文、气象资料是否清楚齐备；核算工程数量是否准确。会审中还需结合图纸进行现场核对，核对设计与实际情况是否相符。现场核对的主要内容有：路线走向，主要结构物控制点、交点、转点；地形、地貌和地物变化情况，实际的地质、水文情况；进行断面和坐标复测，核对工程数量等。图纸会审核对完成后，施工总承包单位将图纸复核和现场核对的意见及时形成书面资料，由监理单位审核后报业主方，由业主方汇总反馈给设计单位，设计单位进行图纸会审问题的澄清、解答。

2. 测量控制网交接

工程开工前，业主方组织设计单位、施工单位、监理单位进行导线点位与高程点位的交接桩工作。交接桩工作分为书面形式的资料交接和现场点位移交。由设计单位向监理单位、施工主体单位(总工、测量主管均要参加)将路线勘测时所设置的导线控制点、水准控制点及其他重要点位的桩位及相关技术资料逐一交接。施工主体单位接桩后及时对测量控制点进行复测、加密以及与相邻标段进行桩位联测，并将复测、联测成果报告报监理单位审批同意后方可使用。在开工报告中要提供重大工程的测量控制方案，在分项工程开工报告中也要提供分项工程的测量控制方案。

### 4.1.9 路产占用及界面协调

高速公路项目往往会与既有高速公路、铁路、航道、灌溉渠、电力铁塔等发生交叉跨域。按照《中华人民共和国公路法》第三十一条规定，因建设公路影响铁路、水利、电力、邮电设施和其他设施正常使用时，公路建设单位应当事先征得有关部门的同意；因公路建设对有关设施造成损坏的，公路建设单位应当按照不低于该设施原有的技术标准予以修复，或者给予相应的经济补偿。

项目业主应根据设计文件梳理线路所有交叉跨域点，在满足道路交通运输有关法规要求的基础上，依据设计文件标准，加强与产权单位的协调。施工总承包方应积极配合项目业主开展产权设施迁改协调工作。涉及拆迁、拆除等产权设施的，由项目属地人民政府协调解决，有关费用列入相关征拆预算；涉及功能补偿、功能保护的产权设施，由设计单位完善工程设计措施进行补救；涉及功能型服务补偿的，按照施工影响的时限、影响程度、影响范围综合确定补偿标准。对涉及高速公路、航道等设施的，项目业主方应加强与省级或市级交通运输主管部门的沟通协调，由交通运输主管部门协调与产权单位的道路互通工程并入施工及功能影响补偿标准；涉及水利、电力、灌溉设施的，委托属地人民政府建设协调机构会同行业主管部门与产权单位协商迁改或采取功能型工程措施加固处理；其他产权设施根据功能影响程度确定迁改方案和补偿费用。例如：简蒲高速项目涉路交叉涉及高速公路、航道、铁路等产权设施，涉及高速公路产权设施的协调，项目业主与施工总承包方积极主动与省级交通运输主管部门汇报、沟通，在省级交通运输主管部门牵头协调下，依据省级交通运输主管部门有关上跨高速公路工程永久占地土地补偿费标准进行赔偿，顺利完成互通道路工程的接口施工，为创造和谐施工环境和提交施工作业面争取了时间和空间的主动权。

### 4.1.10 甲供物资和设备的采购

业主方根据招标核准意见和质量目标控制要求，会确定部分材料质量使用寿命影响较大的关键材料作为甲供物资，将构成运营服务设施的永久性设备列为甲供设备，包括污水处理设备、净水设备及监控、通信、电力、消防、收费系统的主要设备设施。业主方一般会将桥梁支座、路面用沥青、隧道用防水材料等列为甲供物资，控制材料质量。根据甲供材料范围和内容，业主方根据需要组织调查项目工程所在地的材料来源、价格、运距、产量、质量，按照地方发改委批复的项目核准意见，委托招标代理机构组织公开招标进行采购。机电工程采购内容包含全线的通信、监控、收费与隧道通风、消防、照明等机电系统工程设备及软件系统的供货、运输、交付、安装、测试、开通、调试、试运行、培训、验收(完工和交工)和缺陷责任期的服务。机电设备的型号、规格、技术指标应完全满足国家技术规范和项目所属省交通运输主管部门有关文件要求，同时为国内公路机电系统工程中已实际应用的成熟节能产品。机电收费系统与项目所属省级高速公路的收费系统相兼容。

重要物资和重要设备安装列入项目核准招标范围的，按照公开招标方式在属地交易中心组织开标、评标工作，其余未列入项目核准招标范围的，由项目业主方或施工总承包方组织招标。招标计划编制时要综合考虑设备的性能、技术参数、招标限价、售后服务保障等内容，并将其作为招标评标的重要内容。机电工程甲供设备采购安装采用招标控制价(最高投标限价)公开招标选定。机电工程甲供设备投标人具备住房与城乡建设部颁发的公路交通工程专业承包通信、监控、收费综合工程分项资质或公路机电工程分项资质，且不得处于项目所属地禁止投标期内。评标采用资格后审、综合评标法(双信封形式)。

## 4.2 施工总承包方施工准备

### 4.2.1 项目管理实施规划编制

施工总承包合同签订后，开工前由施工总承包方派出的现场总承包指挥部负责人主持编制项目管理实施规划。项目管理实施规划以项目管理规划大纲为指导，根据项目条件和资料、工程合同及相关法规文件、同类项目的相关资料及施工总承包方企业要求等内容，细化分解本项目各项管理目标及要求、职责分工和管理办法，把履行合同和落实项目管理目标责任书的任务贯彻在实施规划中，是项目管理的行为指南。项目管理实施规划包括项目概况、总体工作计划、组织方案、技术方案、各种管理计划、项目现场平面布置图、项目目标控制措施、技术经济指标等内容。总承包单位项目管理实施规划目标控制内容主要为四大目标，分别是生产目标、经济目标、成果目标、创优目标等，按照目标值的确定、分解、控制、考核、分析、评价等程序强化四项目标的过程控制。各项目标细化如下：

1. 生产目标

生产目标细分为工期目标、安全目标、质量目标、环水保目标。

工期目标：除明确总工期目标外，对关系工序转段的大事件工期目标也要明确，如土建工程、控制性桥隧工程、路面工程、交安及附属设施工程等。

安全目标：对安全等级事故的目标和相关预案、演练频次等目标进行明确。

质量目标：依据公路工程质量检验评定标准，编制项目交竣工质量目标，以交工验收合格、竣工验收优良为标准，并确定评定分值。如：交竣工验收标准分项工程合格率100%，主要工程评分不低于 90 分，一般工程评分不低于 85 分；分部工程中间验收合格率 100%；单位工程合格率 100%。

环水保目标：项目建设期不得出现因施工造成的环水保污染事件，无较大及以上预警等级的突发环境污染事件。

### 2. 经济目标

经济目标包括产值目标、投资目标、成本目标，施工总承包方要围绕三项控制目标制定控制管理体系。

产值目标：按照业主方的投资计划和施工总承包指挥部的进度计划安排，编制总体产值目标和阶段性产值目标，如年、季、月等产值进度计划。

投资目标：以 0#清单控制工程量，不得超计量和超支付。工程量差投资列入不可预见费控制指标内考核。工程投资控制目标为合同清单投资与不可预见费之和，专业工程不可预见费不超过投资额的 2.4%，不可预见费总额按不得超过总承包合同清单不可预见费总额的 80%进行预控，过程强化设计变更控制、设计优化、价格控制、价差控制，力争实现目标。

成本目标：管理成本控制在施工总承包方审批的预算内。确保年度利润指标、上交款指标完成。

### 3. 科技成果目标

按照项目特点和结构工程组成，编制项目科学技术创新和工法、工艺创新计划，确定项目的科技成果目标。科技成果分为国家级、省部级、企业级等，分别确定总的科技成果，也要细化科技成果的等级或技术含量高低目标。

### 4. 创优创誉目标

创优目标分为工程质量创优和项目管理创誉两部分。工程质量创优分为国优工程和省部级优质工程，将项目部分技术含量高、施工难度大、高精尖技术工程纳入国优计划，部分项目纳入省部优质工程计划，力争国优，确保省部优。并按照创优目标，落实相关的组织机构、任务分工、保障措施、考核奖惩等配套资源措施。创誉管理要将信用评价、劳动竞赛、绿色施工等纳入各类评优项目。明确省部级、地市创誉目标，实现干一项工程、树一面丰碑，展示企业施工总承包建设管理的综合实力。

### 4.2.2　税务管理

营业税改征增值税后，公路工程项目施工企业所涉及的税种主要有经营项目增值税、资源税(费)、印花税、个人所得税、环境保护税等。税务筹划是项目成本目标控制的主要内容之一，对项目的合同结构、合同模式、成本管理、效益管理有着重要影响。

1. 外出经营税务手续管理

国家税务总局《关于明确跨区域涉税事项报验管理相关问题的公告》(国家税务总局公告 2018 年第 38 号)规定：纳税人跨省(自治区、直辖市和计划单列市)临时从事生产经营活动的，向机构所在地的税务机关填报《跨区域涉税事项报告表》。

《中华人民共和国税收征收管理法实施细则》第二十一条规定："从事生产、经营的纳税人到外县(市)临时从事生产、经营活动的，应当持税务登记证副本和所在地税务机关填开的外出经营活动税收管理证明，向营业地税务机关报验登记，接受税务管理。从事生产、经营活动的纳税人外出经营的，在同一地累计超过 180 天的，应当在营业地办理税务登记手续。"

《中华人民共和国税收征收管理法实施细则》第三十四条第(四)项规定："纳税人办理纳税申报时，应当如实填写纳税申报表，并相应报送外出经营活动税收管理证明和异地完税凭证。"这里的从事生产、经营纳税人是指企业、企业在外地设立的分支机构和从事生产、经营的场所，个体工商业户和从事生产、经营的事业单位。纳税人外出经营活动结束后，纳税人应当向营业地税务机关填报《外出经营活动情况申报表》，并按规定结清税款、缴销未使用完的发票。

项目施工总承包单位应依据《中华人民共和国税收征收管理法实施细则》上述条款在项目所在地税务机关办理税务登记手续和填报《外出经营活动税收管理证明》《跨区域涉税事项报告表》，填写报送纳税申报表等相关资料。

2. 增值税管理

高速公路施工总承包企业为一般纳税人，要结合分包模式、施工组织模式、资源配置计划、合同模式等编制增值税进项税规划，围绕劳务费、材料费、机械费、运输费、租赁费、咨询费、管理费等成本要素，测算可抵扣增值税进项税的税额，编制进项税抵扣计划。作为社会投资人投资建设的项目，要争取税收优惠政策和税收减免、返还政策，降低税费支出。

施工总承包企业要健全施工总承包项目税务管理组织，固化税务管理人员和岗位职责，坚持依法纳税，科学统筹优化增值税目标管理。全面策划项目税务管理的范围、内容、风险等要素，编制增值税可抵扣进项税项目、税额的控制计划，通过可抵扣进项增值税计划目标来优化分包模式、采购方式、管理模式、资源配置方式等管理内容。

### 4.2.3 项目总体施工计划编制

施工总承包单位的总体施工进度计划和分年度施工计划是根据业主方的进度安排和投资计划要求，结合项目特点、气候等因素编制的。施工总承包方要按照“控制规模、适度超前”的原则，坚持“狠抓两条主线，统筹一般”的进度管理思路，认真编制总体施工计划和年度施工计划，并明确主要控制性工程进度节点目标。两条主线指制架梁主线和路面施工主线，坚持问题导向，按照主线贯通的要求，倒逼统筹结构物和路基的施工进度。总体施工进度计划包括各节点工期的安排和阶段性工期的安排，主要以形象进度为主。各节点工期安排内容主要有：临时工程、路基工程、路面工程、桥梁工程、隧道工程、交叉工程、交通工程(含机电工程)、绿化环水保工程和管理、养护及服务设施(含房建工程)等。阶段性工期安排主要内容有：特殊路基处理、高填深路堑、涵洞工程、桥梁桩基基础、制架梁施工、隧道洞身开挖、路面底基层及基层施工、缺陷整改、交工验收、通车运营准备等。分年度施工计划是在总体施工进度计划的基础上按照年、月、旬的时间周期对应进行细化分解编制的进度计划，主要是以产值计划为主。

### 4.2.4 施工组织设计编制

施工组织设计是用来指导项目施工全过程各项活动的技术、经济和组织的综合性文件，它是工程开工后施工活动能有序、高效、科学、合理地进行的保障。具体由业主方组织编制指导性施工组织设计，施工总承包单位负责编制总体施工组织设计，各施工分包方在施工总承包方的总体部署下，负责编制各自项目的实施性施工组织设计。

施工总承包方要依据与建设工程有关的法律法规、国家现行技术标准、设计文件、合同文件、企业的生产能力、资源保障、项目环境和实施条件等编制施工总承包项目的总体性施工组织设计，并由总承包单位技术负责人审批。施工总承包单位对部分专业工程进行分包的，施工组织总设计作为各分包单位编制项目实施性施工组织设计的指导性文件。

依据交通运输部《公路工程标准施工招标文件合同示范文本》9.2 规定，对影响安全的重要工序和下列危险性较大的工程应编制专项施工方案，并附安全验算结果，经承包人项目总工签字并报监理人和发包人批准后实施，由专职安全生产管理人员进行现场监督。

高速公路项目需要编制专项施工方案的工程包括但不限于以下内容：

(1) 不良地质条件下有潜在危险性的土方、石方开挖；

(2) 滑坡和高边坡处理；

(3) 桩基础、挡墙基础、深水基础及围堰工程；

(4) 桥梁工程中的梁、拱、柱等构件施工等；

(5) 隧道工程中的不良地质隧道、高瓦斯隧道等；

(6) 水上工程中的打桩船作业、施工船作业、外海孤岛作业、边通航边施工作业等；

(7) 水下工程中的水下焊接、混凝土浇筑、爆破工程等；

(8) 爆破工程；

(9) 大型临时工程中的大型支架、模板、便桥的架设与拆除及桥梁、码头的加固与拆除；

(10) 其他危险性较大的工程。

总体施工组织设计编制完成后，总承包方同各主体施工单位一起会审及优化。通过对主要施工方案的经济、技术比较，选择最优的施工方案，满足施工进度，保证施工质量和施工安全。通过对物资采购与供应计划、机械需要计划的改进进行资源优化利用。

### 4.2.5　总体施工方案及开工报告报批

总体施工方案由施工总承包单位项目技术负责人牵头组织各专业技术人员来编制。内容包括：编制依据、原则、范围，工程概况，组织机构，进度安排，关键施工技术方案，安全方案，人员、机械设备、物资材料计划，季节性施工保证措施，环境保护措施，文明施工等。

总体施工方案编制完成，经施工总承包单位技术负责人审批后，报送监理单位审批。根据监理单位的反馈意见进行修改完善后，经监理单位同意，即开始编制总体开工报告。施工总承包单位开工报告由工程技术部门进行编写。开工报告编写完成、现场各项施工准备工作同时完成后向监理单位进行报批。

各标段项目部的总体施工方案、开工报告由各单位技术负责人先后组织编制，经总承包单位项目技术负责人审核完善后，报送监理单位审批。

### 4.2.6　临时工程建设

总体临时工程建设是根据业主方或施工总承包方项目标准化要求以及结合项目自身实际情况来进行规划实施。临时工程本着节约土地、减少环境破坏的原则，可以在服务区、互通区或非关键线路上的路基工程区域选址建设。临时工程建设要简单、适用，满足功能和质量时限要求，对各标段项目部涉及重大安全风险的临建方案要报施工总承包方项目技术负责人审批(如拌和站、塔吊、钢栈桥等)，审批后再报监理单位批准实施。

### 4.2.7 甲控物资联采招标

为控制采购物资质量和物资采购价格，高速公路项目材料物资可以分为集采物资、联采物资、自购物资等三部分。集采物资是属于业主方控制采购环节的主要物资；联采物资是施工总承包方监督、指导采购环节的主要物资；集采物资和联采物资以外的物资属于分包方自行采购的物资。施工总承包方物资主管部门与分包方物资主管部门对项目所在地分地域进行前期物资市场调查，调查内容包括原材料资源分布、厂商地点、产能规模、运距与运输条件、产品质量、价格、厂商保供能力等，为顺利开工做好物资保障基础工作。施工总承包方牵头组织集采联采物资招标采购工作，检查指导分包方自购物资招标采购，同时加强对集采、联采供应商的有效管理和监控；对分包方自购物资招标请示、招标文件、招标审批程序、招评标过程等环节进行检查监督，做到招标程序规范、依法合规。招标文件设置合理的生产能力、财务能力、质量保证能力、供货业绩要求、履约信用要求，做到合同条款责任范围清晰，规避潜在风险。

联采物资是指对工期、质量、安全和造价有直接影响的大宗通用物资。业主方根据自身项目特点决定物资材料的采供类型，组织采购对工程质量影响较大的集采物资。对工程质量有重要影响的联采物资一般包括钢材、钢绞线、水泥、沥青、土工布、土工格栅、房建装饰装修材料等。在项目业主方的监督下，联采物资一般由施工总承包方组织各项目部公开招标联合采购，发挥物资联采的降本效应。各分包方(项目部)是实际的物资采购人和使用人，对甲控联采物资的质量负责。各项目部与甲控联采物资供货方签订书面供货协议，对供货方直接办理货款结算支付。

甲控物资招标的优点：一是集中招标，以量换价，为施工单位降本增效；二是在中国采购招标网上公开招标，保证了采购的依法合规性；三是甲控物资招标要防止恶意竞争，优化评标办法，选择保供实力强的物资供应商。如在招标文件中设置“报价低于有效报价算术平均值5%以上的收取一定比例的现金保证金”，从而限制投标人恶意低价中标，保证价格的可执行性；在招标文件中设置“投标人的投标报价高于所有投标有效报价的算术平均值的150%，认定为明显高于市场价，投标被否决”；“投标人的投标报价低于所有有效投标报价算术平均值的90%，认定为低于成本价，投标被否决”，从而落实合理的“最低价原则”。甲控物资招标工作流程如图4-1所示。

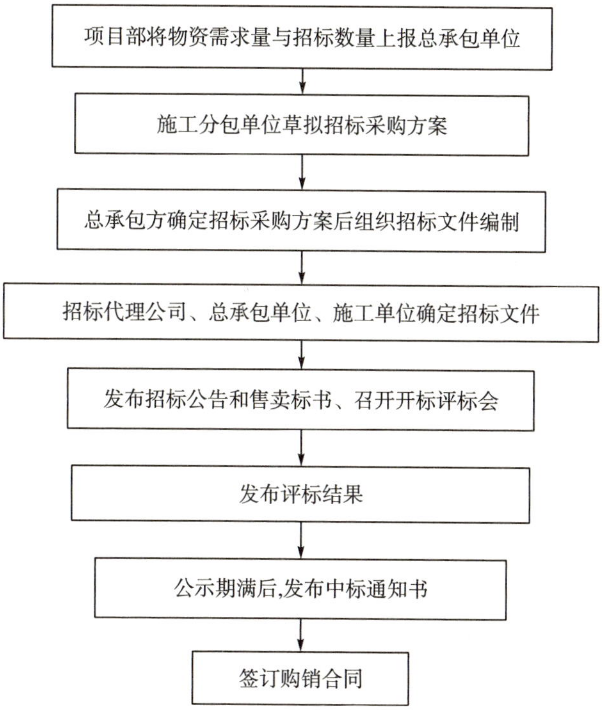


图 4-1 甲控物资招标工作流程

### 4.2.8 管理制度编制

施工总承包指挥部是施工总承包方的派出机构，其主要职能是代表施工总承包方履行施工总承包合同的实施，主要建设管理任务是项目实施阶段的施工建设管理。所有管理制度必须依据这个工作任务、合同文件和项目四大目标来编写。结合 BOT 项目模式的特点，总承包方要依据工作任务合理划分组织结构模式和岗位工作职能及工作流程等组织制度体系，依据确定的控制目标和任务职能分工编写项目管理制度。管理制度内容主要是项目建设管理制度、行政管理制度和项目党建管理制度。

行政管理制度：属于综合管理，包括×××日常管理办法、管理岗位设置及职责说明、信息化管理办法、信息管理制度、网络办公（OA）系统管理制度、印章管理与使用办法、职业卫生健康管理制度、劳保用品管理制度、办公用品管理制度、办公区管理制度、管理岗位绩效考核实施细则等。

项目建设管理制度：包括工程管理（工程管理办法、工程调度管理办法、工程进度管理办法、激励考评管理办法、瓦斯隧道施工管理制度等）、安全质量管理（工程质量管理办法、火工品管理办法、应急预案管理办法、消防安全管理办法、工程试验检测管理办法、突发事件总体应急预案、环境保护管理办法、安全生产管理办法等）、物资设备管理（物资设备管理办法、物资设备实施细则、物资管理检查考核细则、物资应急采购管理办法、物资供应商管理暂行规定等)、计划合同管理(计划统计管理办法、经济合同管理办法、计量与支付管理办法、交竣工结算管理办法、风险控制管理办法等)、征拆协调管理(征地拆迁管理办法、对外综合协调管理办法等)、财务管理(间接费管理办法、财务管理办法、资金管理办法、差旅费管理办法、业务招待费管理办法、发票审核管理办法、劳务工工资管理办法等)。

党建管理制度：依据项目建设目标、工作任务及职能分工，落实党建促管理的作用，重在加强党组织的建设，发挥战斗堡垒作用、党组织先锋模范作用等。项目党建管理制度包括党建工作联席会议制度、党建工作责任制、重大事项集体决策制度、“三重一大”决策制度、党组织会议制度、“三会一课”制度、党组织学习制度、民主生活会制度、党务公开制度、维稳工作制度、突发事件舆情处置应急预案制度、新闻舆情应急处置制度、联系群众服务群众制度、民主评议党员制度、党员日常教育培训制度、党员党风廉政建设和监督制度、廉政建设责任制度等。通过系列党建制度的建设，使党组织与现场施工生产紧密结合，永葆党员先进性、唤起党员模范性、发挥组织战斗力，充分使党组织建设与项目建设管理相契合，创新项目文化的落地生根。

### 4.2.9 标准化管理策划

建设项目标准化是规范项目建设、提升项目质量管理的重要手段，落实标准化管理策划是抓好标准化工作的先决条件。为了规范项目建设标准化管理，推进“平安工地”建设和工程质量通病治理，提高工程质量、安全管理及文明施工水平，依据《XX省高速公路工地标准化建设指导意见》《高速公路施工标准化技术指南》《公路工程工地试验室标准化指南》和有关公路工程质量安全管理办法与技术规范规程的规定、建设单位标准化工地建设实施细则，结合高速公路项目建设的具体情况来制订标准化管理策划。

标准化管理策划的主要内容有：项目经理部驻地建设(选址要求、住房标准、场地硬化要求、安全消防设施配备)、工地试验室建设(选址、布局规划、房屋建设标准、各功能设施建设细节要求等)、拌和站建设(选址、场地面积、拌和机型号要求、料仓要求等)、预制梁场地建设及小型构件预制场建设(选址、场地面积布局要求、场内各功能分区细节要求等)、施工便道(宽度、路面结构形式、便桥、编号及日常维护要求等)、标识标牌管理(含公告牌、标志牌、指路牌、警示牌、管理图表、安全帽样式颜色等)、施工作业管理(路基工程、路面工程、桥梁工程、隧道工程等相关作业标准要求)、档案管理、绿色施工、文明施工等。

在合同中尽量明确实施工地建设标准化的相关经费，并纳入《合同专用条款》和招标文件《补充修改技术规范》中。施工单位在管理机构中相应增加工地建设标准化管理的职责，落实管理责任，制定工作措施，推动工地标准化建设活动顺利开展。

### 4.2.10　合同学习和交底

建筑工程施工合同是建设项目管理的重要组成部分，加强合同学习是确保项目参与方正确履行合同义务的必要条件。施工总承包合同交底和学习包括施工总承包方法人组织的经营合同交底和施工总承包指挥部组织的职能部门合同交底。施工总承包方法人组织的合同交底由其经济管理部门组织，施工总承包指挥部的合同交底由其计划合同部门组织，全体工作人员参加。交底范围包括所有与本项目有关的、签订的合同，具体有《目标责任承诺书》《目标责任合同》《施工总承包合同》《施工分包合同》《保险合同》《保险经纪服务合同》《质量检测合同》以及各类补充合同等。

合同交底要让全体成员必须首先熟悉合同的全部内容，并对合同条款有一个统一的理解和认识，以避免不了解或对合同理解不一致带来工作上的失误。由于每个成员知识结构和水平的差异，加之合同条款繁多，条款之间的联系复杂，合同语言难以理解，因此难以保证每个成员都能吃透整个合同内容和合同关系，这样势必影响其在遇到实际问题时处理办法的有效性和正确性，影响合同的全面顺利实施。因此，在合同签订后，施工总承包方要组织合同管理人员对项目参建全体成员进行合同交底、组织合同学习，特别是要对合同工作范围、各职能部门的主要任务、合同条款的交叉点、合同管理风险点等学通吃透。

合同交底就是合同管理人员向全体成员介绍合同意图、合同关系、合同基本内容、与职能有关的业务工作等的合同约定和要求，包括合同分析、合同交底、交底的对象提出问题、再分析、再交底的过程。合同学习和交底有利于集思广益，思考并发现合同中的问题(如合同中可能隐藏着的各类风险、合同中的矛盾条款、用词含糊及界限不清条款等)，可以避免因在工作过程中才发现问题带来的措手不及和失控，同时也有利于调动全体项目成员完善合同风险防范措施，提高合同风险防范意识。

合同交底是提醒全体成员注意执行各项工程活动的依据和管理所承担的法律后果，规范各项工程活动。由于各个成员的职责分工要求不尽一致，工作习惯和组织管理方法也不尽相同，面对特定的项目，其工作都必须符合合同的基本要求和合同的特殊要求，必须用合同规范自己的工作。通过交底，可以让内部成员进一步了解自己权利的界限和义务的范围、工作的程序和法律后果，摆正自己在合同中的地位，有效防止由于权利义务的界限不清引起的内部职责争议和外部合同责任争议的发生，提高合同管理的效率。

合同交底是让全体成员提高合同意识，掌握合同权利义务，使合同管理的程序、制度及保证体系落到实处。合同管理工作包括建立合同管理组织、保证体系、管理工作程序、工作制度等内容，其中比较重要的是建立诸如合同文档管理、合同跟踪管理、合同变更管理、合同争议处理等工作制度，其执行过程是一个随实施情况变化的动态过程，也是全体项目成员有序参与项目实施的过程。每个人的工作都与合同能否按计划执行完成密切相关，因此项目管理人员都必须有较强的合同意识，在工作中自觉地执行合同管理的程序和制度，并采取积极的措施防止和减少工作失误和偏差。

### 4.2.11 中心试验室建设

中心试验室是施工总承包方试验检测机构在工程现场设立的工地试验室，是建设过程履行施工质量控制、材料抽检等质量管理行为的检测机构。中心试验室组建布局按照项目业主方《标准化工地建设实施细则》等相关规定建设，依据国家有关法律、法规以及业主方《工程试验检测管理办法》，结合项目工程建设实际情况进行管理。中心试验室隶属于施工总承包指挥部安质环保部管理，业务上独立行使职责，负责管段范围内试验检测工作的监督检查管理。

1. 中心试验室检测管理依据

(1)国家有关试验检测的法律、法规和交通运输部有关规章、制度及有关试验检测方面的技术标准、验收标准、检验评定标准；

(2)《公路水运工程试验检测管理办法》(交通部令2005年第12号)；

(3)《公路工程工地试验室标准化指南》(交通部质监局)；

(4)《×××公路水运工程工地试验室管理办法》；

(5)设计文件中有关试验检测的相关要求；

(6)项目公司《工程试验检测管理办法》；

(7)有关合同文件。

2. 中心试验室管理职责

(1)负责对工地试验室试验检测工作进行监督、日常检查，并对其工作质量进行不定期抽查。不定期检查工地试验室的仪器设备管理情况(包括设备检定/校准计划、检定/校准证书、自校准记录、设备标识情况、使用与维护保养记录)、人员在岗情况(包括与备案登记时人员的一致性、人员的资格)。不定期检查工地试验室执行的标准规范的有效性(是否最新有效版本)，实施试验检测时执行的标准规范的正确性，自检频率是否满足频率要求(检查材料进场统计情况)。不定期检查各项试验检测台账是否齐全，试验原始记录是否规范，字迹是否清晰，报告数据与原始记录数据的一致性，报告结论的准确性，签名是否齐全，有无代签现象，资料是否及时整理归档。检查工地试验室有无超出授权范围检测的现象。检查各标段外委检测项目的频率是否符合要求，外委检测项目是否齐全。通过资料数据与现场抽查数据进行比对的方式，检查各标段现场自检试验(如压实度、强度等)结果的真实性，是否经现场监理工程师签字认可。

(2)协助项目公司和监理单位对工地试验室检查验收，对其资质和主要试验检测人员资格及试验检测设备、检测环境进行审查，对其授权的试验检测参数等内容进行审核。

(3)通过随机抽检方式监督全线工程实体及所用原材料、构件、成品、半成品质量及使用情况。

(4)工程实体抽检，委托工地试验室配合检测。

### 3. 施工分包方的工地试验室主要职责

(1)严格按国家和交通运输部等有关试验检测技术标准、规程开展试验检测工作。

(2)按要求配备合格的试验检测人员，并持证上岗。

(3)按要求配备合格的试验检测设备，并定期检定/校准。

(4)进行配合比选定及土工标准试验，提交监理试验室进行平行试验并审批。

(5)对重点工程部位和关键工序进行全过程跟踪检查，配合监理及监理试验室完成现场抽检及试验检测工作。

(6)参加工程质量的检查、评定和验收工作，参与工程质量事故的调查和处理。

### 4. 试验室负责人主要职责

工地试验室按要求实行授权负责人责任制。授权负责人对工地试验室运行管理和试验检测活动全面负责，并承担相应的法律责任。

(1)审定和管理工地试验室资源配置，确保工地试验室人员、设备、环境等满足试验检测工作需要，保持质量保证体系有效运行；签发工地试验室出具的试验检测报告，确保公正、客观、规范、科学地开展试验检测工作，对试验检测数据及报告的真实性、有效性负责。

(2)负责建立完善的工地试验室质量保证体系及人员、设备、环境、试验检测、不合格品处理等各项管理制度，确保质量体系有效运转及各项制度的严格执行。

(3)负责对试验检测人员进行培训并考核。

### 5. 试验检测人员岗位职责管理

试验检测人员持专业检测证上岗，数量配置合理，能涵盖项目工程涉及的专业范围。岗位职责如下：

(1)授权负责人：掌握一定的管理知识，有较丰富的管理经验，能够合理、有效地利用工地试验室配备的各种资源；熟悉质量管理体系，具有较好的组织协调、沟通以及解决和处理问题的能力。

(2) 试验检测工程师：具有审核报告的能力，能够正确使用标准、规范、规程等对试验检测结果进行分析、判断和评价，具备异常数据的分析判断和质量事故处理能力。

(3) 试验检测员：熟练掌握专业基础知识、试验检测方法和工作程序，能够熟练操作仪器设备，规范准确地填写各种试验检测记录和报告。

### 6. 试验检测人员资格管理

(1) 试验检测人员必须与母体试验检测机构签订劳动合同，并在母体机构注册。

(2) 建立完善试验检测人员档案资料。档案资料包括资格证书、毕业证书、培训考核记录、劳动合同及“三险”缴交资料等。

(3) 建立试验检测人员培训考核记录，试验检测培训每年累计不少于 72 学时。施工分包单位试验人员上岗前应通过监理试验室组织的考核，考核合格人员方可上岗。考核合格人员及档案资料报总承包指挥部中心试验室备案。

### 7. 试验室人员数量配备管理

试验室人员配备一般情况要求持有交通行业试验检测资格证书人数不低于 4 人，检测工程师不少于 2 人。合同文件如对工地试验室试验检测人员数量高于上述要求的应按合同文件要求执行。

### 8. 试验检测人员行为管理

全线所有试验检测人员严格实行“试验人员违纪、违规、失职警示”制度。

(1) 凡发现有下列情况之一的，全线通报批评、发红牌违约处罚并清退出场，上报行业交通建设质量监督主管部门：

①伪造使用试验人员证件；

②签署的试验检测报告与实际明显不符合；

③不进行现场检验签署试验检测报告；

④委托他人代签试验检测报告。

(2) 凡发现下列情况之一的，将予以黄牌警告：

①执行和掌握试验检测标准不严格，情节较轻的；

②不认真填写试验记录及试验检测，经提醒不纠正的；

③其他一般违纪、违规、失职行为经核查属实的；

④对工程重点部位、关键工序各项试验检测无记录，应平行检测而不到场的；

⑤擅离职守，给工程建设造成损失或影响的。

### 9. 试验检测仪器设备管理

工地试验室应严格按照投标承诺、项目规模及试验检测工作需要配齐试验检测设备。

1) 设备配置

(1) 按照合同要求，配齐母体所授权检测参数需要的仪器和设备。

(2) 仪器设备的功能、精度和技术指标均应符合相关规范规程要求。

(3) 水泥胶砂、砂浆、净浆及混凝土压力试验机、万能试验机必须按照《XXX 交通运输厅关于印发高速公路工程质量检测信息监控的工作实施意见的通知》要求，利用加装数字电磁阀和数字采集控制器等成熟技术，满足自动采集上传要求。

2) 设备管理

(1) 仪器设备实施管理状态标识和使用状态标识管理。

管理状态标识包括设备名称、编号、生产厂商、型号、操作人员和保管人员等信息；使用状态标识分为“合格”“准用”“停用”三种，分别用“绿”“黄”“红”三色标签进行标识。

(2) 试验检测设备应建立仪器设备档案，关键试验检测设备做到“一机一档”。

(3) 仪器设备的检定/校准符合《公路工程试验检测仪器设备检定/校准指导手册》(质监综字〔2013〕5 号) 有关规定。

### 10. 中心试验室管理要求

(1) 工地试验室必须公正、科学地开展试验检测工作。试验检测工作不受来自行政的、经济的以及其他方面的任何干预。

(2) 设立工地试验室的母体试验检测机构必须取得交通运输部乙级及以上《公路水运试验检测机构等级证书》(以下简称《等级证书》)，并在其《等级证书》或等级核定的项目和参数范围内授权工地试验室检测参数，检测机构对工地试验室检测结果承担责任。

①各工地试验室必须经母体有效授权，试验检测参数都在授权范围之内，不得超授权范围进行试验检测；

②对授权范围以外的试验检测项目及参数应经项目公司认可后委托具有公路水运工程乙级及以上的试验检测等级，并通过计量认证的试验检测机构进行。

(3) 工地试验室必须高度重视试验检测环境管理。试验检测设备应设置在结构牢固的房间内，并根据需要安装牢固平整的试验操作台，试验室面积的大小应和申请的检测项目数量及项目相匹配，仪器设备布局合理、便于试验操作，试验室应干净整洁。

①试验室环境温度、湿度控制应符合规程规范；

②试验室内通风、采光良好，化学室、沥青及沥青混凝土室应配置通风设备；

③试验室要综合考虑供电、排水等设施，有完善的防火、防盗等安全措施；

④试验室遗弃的废渣废液等有害物质的处理应符合环保要求；

⑤养护室的温度、湿度等满足标准养护的要求，并有相应的应急保障措施。

(4)工地试验室严格实行不合格品报告制度。

施工单位工地试验室检测出现试验检测项目不合格时，由施工单位工地试验室授权负责人立即向施工单位项目技术负责人报告；对于涉及结构安全的检测项目不合格时，各工地试验室授权负责人有权直接报告总承包指挥部安质环保部。

不合格品处理必须坚持“四不放过”原则，严格执行项目《工程质量管理办法》，对所有不合格品各工地试验室必须建立《不合格试验检测结果报告》，同时附有不合格品产生的原因、处理人及处理结果等相关资料。

(5)试验检测工作实行信息化管理，统一采用经认可的专业化管理软件进行信息采集、处理、汇总及上报。

工地试验室有下列行为的，根据情节轻重，将责令限期整改或者暂停其试验检测活动，情节严重者将追究母体检测机构的责任：

①工地试验室检测工作超出母体授权检测范围的；

②核准的试验检测仪器设备未经批准挪作他用的；

③转包、违规分包试验检测任务的；

④采用无效的技术标准、规程、规范的；

⑤弄虚作假、捏造数据，伪造试验检测报告的；

⑥玩忽职守，营私舞弊，造成试验检测工作差错影响工程质量，并造成严重损失的。

(6)工地试验室环境温度、湿度控制要求、试验检测项目、施工检验频率、依据标准、检验程序、试验检测项目/参数取样要求、试验检测引用标准(规范、规程)、各种管理用表及体系文化建设等按照《公路工程工地试验室标准化指南》执行。

### 4.2.12 专业工程作业指导书编写

作业指导书是施工总承包方为了控制工程质量、规范作业行为、标准化施工、标准化工序工艺的指导性技术文件，旨在对工程质量卡控的要点进行行为规范。作业指导书按照工程专业分类和特点，分别对路基工程、防护工程、桥梁工程、隧道工程、路面工程、交安工程等涉及的不同分部分项工程的作业工序和工艺流程进行简明扼要的编写，让技术管理层、施工作业层都能够简明易懂，操作方法直观可行。

#### 1. 作业指导书编制组织

作业指导书由总承包单位工程项目技术部负责人牵头，组织各施工分包单位项目技术负责人一起编制。参编人员要熟悉设计文件、技术规范、质量标准、安全规定、环水保政策，按照专业分工，分别负责某一专业工程的作业指导书的编写。编制完成后由施工总承包方项目技术负责人审批签字后发布实施，同时报送监理单位、项目业主方工程管理部备案。作业指导书内容有所变化或与工程实际情况不相符时，重新修改审批。

施工作业指导书的发放范围：项目部总工程师、生产部经理、工程部、安质环保部、计划合同部、物资设备部以及相关技术、质检、生产、安全、现场技术负责人、内业技术人员、有关队长及工班长、资料员、自留存档等。

2. 作业指导书内容

(1) 适用范围：明确施工作业指导适用工程类别、地质、环境等作业条件。对特殊地质等条件有不合适情况时，应予说明。

(2) 作业准备：说明作业开始应具备的条件和应完成的工作，包括技术准备、人员配备、机械设备及工器具配备、材料、试验等。

(3) 技术要求：明确工程类别和项目应达到技术指标、相应的技术标准。

(4) 施工程序与作业流程：说明分部工程、分项工程的内部施工段划分，各组成部分的作业程序和先后顺序。

(5) 施工要求：说明作业方法、采取的相关措施，需要控制的内容和参数。

(6) 质量控制及检验：明确施工项目的质量标准、控制要点、检查方法、验收程序及指标。

(7) 安全及环保要求：对危险源进行识别并按照级别进行分级管理，明确施工项目安全方面的注意事项和卡控措施；按照文明施工要求，对施工现场和作业环节进行分析，提出控制要点，制定具体的环境保护措施和要求；对涉及既有线、公路、航道、高空作业等安全重点工程，根据具体情况制定专项施工方案并经相关专家评审论证，并附相应的安全措施。

如某高速项目重难点工程有深水基础施工、高墩施工、主梁悬臂挂篮施工、瓦斯隧道施工、软基处理(换填、抛填片石、砂砾石盲沟、水泥搅拌桩、塑料排水板、强夯等质量控制)、高路堤填筑、上跨高速公路互通等重点控制内容，施工难度较大、安全风险高、技术复杂，通过编写施工作业指导书，制定施工工艺和质量控制要点等作业流程，方便有效地指导了现场施工。

### 4.2.13 信息化管理策划

为了高效进行项目建设中信息的传输和控制，高速公路项目应高度重视信息化管理工作。施工总承包方信息化管理是依据业主方、BOT 项目结构组织特点、上级单位互联网项目建设管理平台以及自身管理需要来策划信息化管理工作，组织相关参建方共同实施，达到项目控制要素的信息集成化管理。信息化管理主要内容包括：计量支付系统、视频监控系统、项目综合管理系统(项目管理平台、项目进展各项报表、工程资料管理)等。施工总承包方签订施工承包合同后，要组织信息化管理人员和技术人员共同梳理项目特点，确定项目信息化管理的范围和管理流程及管理所要求达到的目的等，综合设计项目信息化管理系统的软硬件设施，达到适用、高效、流畅、集成的功能，为项目管理和目标控制提供信息化管理支撑。

### 1. 计量支付系统管理信息化策划

根据管理模式，总承包单位策划计量支付系统需要实现总包计量功能和对标段计量功能的统一。主要内容有：工程量计量方面，实现对上对下统一工程量，审批手续一致；实现总承包单位、施工单位工程量清单的分别汇总；实现清单工程量总额控制；实现总承包单位、施工单位有关质保金、农民工工资、预付款、激励基金、考核奖罚的功能；实现变更及新增清单项目的审批；实现材料调差功能等。

### 2. 项目综合管理信息化策划

施工总承包方根据项目风险管理、要素管理、目标管理的需要，委托专业公司完成综合管理信息的集成系统的设计策划，使其达到对项目进度数据采集、相关方合同要素采集、质量检测数据采集、安全风险监测数据采集、劳务工权益管理数据采集等功能。通过对这些数据信息的集成，使管理者提升项目目标控制、风险控制、效率管理。进度数据采集主要包括形象进度采集、不同周期的产值数据采集；合同要素采集包括相关合同方的资格信息、履约评价信息；质量检测数据包括试验室检测数据、实体工程抽检数据、委外检测数据；安全风险检测数据包括深挖高填边坡路基的沉降观测数据、隧道拱顶收敛沉降数据、瓦斯隧道检测数据等；劳务工权益数据采集包括劳务工的劳动用工合同、个人信息、劳务工资标准、劳务工资结算额及社保费用等。通过以上各个职能部门录入的信息集成，可以帮助施工总承包方管理层对项目运行质量的掌控。

例如：某高速公路项目非常重视工地试验室和拌和站质量数据信息化自动上传控制工作，在全线所有拌和站与试验室安装信息化管理系统，实现了混凝土生产全过程的动态监管和试验数据实时上传，达到监控混凝土生产过程及质量追溯的目的，及时掌控和解决施工中存在的质量问题。

### 3. 重难点工程视频监控信息化策划

为确保重难点工程项目建设中安全、质量工作得到良好过程控制，通常对重难点工程加强信息化管理，采取视频监控和数据远程实时监控方式。视频监控信息化策划以设计文件、专家安全风险评估确定的安全风险工点、重大结构物施工以及大型场站施工作业点为策划目标，主要包括跨路施工、跨江施工、隧道施工、瓦斯监测、连续梁施工等。

4. 信息化系统的比选和合同签订

如业主方有信息化系统的统一管理要求，则按项目业主方信息化系统要求实施，同时要考虑施工总承包方信息化工作要求进行集成设计。若项目业主方无相关要求，则由施工总承包方选择具备一定实力的、有丰富 BOT 项目信息化经验的服务公司进行初步商洽，并根据信息化系统的数据结构、逻辑关系、功能要求拟定比选招标文件，通过邀请招标的方式选择信息化系统服务单位。

例如，某高速公路项目通过现场调研，组织项目安全风险点辨识评估，根据工程风险等级，为控制重大安全质量风险，在跨江特大桥施工现场及连续梁悬臂浇筑点设置远程视频监控，在低瓦斯隧道设置门禁系统和瓦斯自动检测报警系统，通过视频系统能够随时随地掌控施工作业现场安全生产情况。

## 4.3 分包方施工准备

### 4.3.1 组织结构设置

施工分包单位设立项目部，项目部下设五部二室，包含工程技术部、安质环保部、计划合同部、财务部、设备物资部、工地试验室、综合办公室，分别负责本合同段工程项目的施工技术、安全、质量、环保、计划、财务、设备物资、材料试验与检验、行政管理等工作。

项目部根据施工组织设计和劳务使用计划，按专业组织一定数量的劳务作业队完成施工生产工作，具体专业劳务选择由项目部按照施工组织确定。

### 4.3.2 临时工程建设

项目部住房采用就近线路租用地方办公楼和自建两种选择；各作业队、施工班组本着方便作业的需要，驻地选择在工点附近临时租用当地村民用房或搭建活动板房、新建砖混住房相结合的方式建设。预制场、拌和站尽量使用红线内用地，利用路基、互通匝道、枢纽互通加宽段、隧道进出口、服务区等位置修建；所有临建工程的规模标准、技术标准参照标准化工地建设要求实施。施工现场用电可与施工总承包方或业主方积极沟通协商后采取永临结合方式，在发电机机型选择和变电箱选择方面要按永久性设计进行配置，施工完成后，高压电力线路作为后期运营供电的主要供电线路。

例如，某高速公路项目临时房屋面积参照住房 6.0m$^2$/人、办公房 8m$^2$/人的标准进行确定。混凝土集中拌和站 14 座、稳定碎石拌和站 8 座、沥青混凝土拌和站 4 座均是使用红线内用地，利用路基、河堤、互通匝道、枢纽互通加宽段、隧道进出口、服务区、桥头段路基、既有道路修建。项目施工用电制梁场、砼拌和站、路面施工冷拌站、沥青拌和站临时用电选在收费区、服务区和互通区，采用永久变压器。隧道进出口优先考虑永临结合方案，永久性用电设备安装到位，永久用电不能满足施工用电的，可临时增加一台变压器。

### 4.3.3 配合征地拆迁

项目部作为施工作业的基层管理者，直接与乡镇村组接触较多。按照 BOT 高速公路项目征地拆迁组织结构模式，项目部是配合征地拆迁工作基层主要力量，也是征地拆迁工作的直接参与者和配合者。项目管理目标能否得以实现，征地拆迁是重要的影响因素。项目部要实现项目建设管理各项目标和指标，要积极做好业主方的征地拆迁配合工作，甚至是主体工作。项目部征拆主管部门要会同技术部门，认真研读设计用地图，结合测量控制网和红线用地交桩界面，依据工程特点，优先组织控制性工程和重难点工程的建设用地的拆迁工作，划定高速公路征地拆迁红线范围，对征迁范围内的实物指标进行丈量、清点、核实、登记、签认，为开展征迁补偿提供精确的数据。具体有以下内容：

(1) 协助地方人民政府授权的征迁机构、被征户(单位)确定红线边沟开挖线。

(2) 根据设计用地图划定红线范围进行放样，地方征迁机构、项目征拆负责人、被征户(单位)等共同参与，确定中线和边线、打桩、开挖边沟和边界保护。

(3) 勘测界定：协助土地勘测单位以施工图为依据，对项目征地进行勘测核对、绘制勘测界图、编制市县勘测定界报告书，正式确定公路用地范围。

(4) 实物指标调查：在划定公路用地红线范围的同时，配合地方征迁机构、国土部门、林业部门、被征户(单位)共同对红线内土地、建筑物、地面附着物等进行现场实地丈量、清点、登记、多方共同签认工作，调查登记结束后及时统计、核算、汇总并上报确认。征地拆迁调查资料应永久存档保存。

(5) 签订协议：各地征迁部门以确认的实际核实面积和实物为依据，以村为单位分解到农户，对被征地单位和个人的土地及房屋、类别、面积、补偿资金进行张榜公布。在公布期间若无争议和举报，各地征迁部门、村组分别与被占地的单位、个人签订征地和房屋征迁补偿协议；与沿线电力、通信、水利等部门及其他设施的权属单位按实物指标调查结果签订拆迁补偿协议。

(6) 协助征迁对象及时足额得到补偿。

(7) 按照征地拆迁实施办法，协助拆除征地红线范围内的各类构筑物、地面附着物等，满足交地和施工条件。

### 4.3.4　制度建设和资源准备

各项目部在驻地建设的同时，根据业主方、施工总承包方相关管理制度要求以及结合自身企业管理特点进行各项管理制度的编写，主要包括：工程管理办法、工程调度管理办法、工程进度管理办法、工程质量管理办法、火工品管理办法、应急预案管理办法、消防安全管理办法、环境保护管理办法、工程试验检测管理办法、安全生产管理办法、物资设备管理办法、经济合同管理办法、计量与支付管理办法、征地拆迁管理办法、财务管理办法、资金管理办法、劳务工资管理办法、职业卫生健康管理制度、激励考评管理办法等各项管理制度。

资源准备是各施工分包单位实施年度建设计划所需要的资源保障。项目部应根据施工总承包方的施工总体进度计划和下达本项目部范围内的进度计划，编写资源准备计划。资源准备计划分为劳务资源、主要物资消耗、施工机械、周转材料等，工程技术部门提供物资技术规格、物资设备数量清单、需求计划、物资设备进场时间等基础资料。

物资设备、施工队伍进场由各项目部根据施工进度计划和现场实际情况有序安排，劳动力按施工组织设计配置，对重难点工程和关键线路上的控制性工程要满足要求并按略有富足的原则配置。

### 4.3.5　实施性施工组织设计及方案审批

1. 施工组织设计的组成

施工组织设计是指以施工项目为对象编制的，用以指导施工的技术、经济和管理的综合性文件。根据《建筑施工组织设计规范》(GB/T 50502-2009)、《建设工程安全生产管理条例》(国务院第 393 号令)以及住房和城乡建设部《危险性较大的分部分项工程安全管理规定》(中华人民共和国住房和城乡建设部令第 37 号)，施工组织设计包括施工组织总设计、施工组织设计、单位工程施工组织设计、(专项)施工方案等，所针对的编制对象、内容和深度不同，施工组织设计编制方法也不相同。BOT 高速公路工程施工总承包单位应当编制施工组织总设计，各施工分包单位编制其实施项目的施工组织设计、单位工程施工组织设计、施工方案等。各施工分包单位应依据施工总承包单位编制的“施工组织总设计”，编制其实施项目的实施性施工组织设计、单位工程施工组织设计、施工方案。实施性施工组织设计主要内容包括工程概况、施工部署、施工进度计划、总体施工准备及资源配置计划、主要施工方法、施工总平面布置等。

2.施工组织设计的编制和审批程序

(1)施工组织设计应由项目负责人(项目经理)组织编制，可根据需要分阶段编制和审批。

(2)施工组织总设计应由总承包单位技术负责人审批；单位工程施工组织设计应由分包单位技术负责人或技术负责人授权的技术人员审批；施工方案(措施)应由项目技术负责人审批，报分包单位的技术部门备案。

(3)重点、难点分部(分项)工程和专项工程施工方案应由施工分包单位技术部门组织相关专家评审，施工分包单位技术负责人审批。

(4)由专业承包单位施工的分部(分项)工程或专项工程的施工方案，应由专业承包单位技术负责人或技术负责人授权的技术人员审批；有总承包单位时，应由总承包单位项目技术负责人核准备案。

(5)规模较大的分部(分项)工程和专项工程在施工前应编制专项施工方案，实行施工总承包的，专项施工方案应当由施工总承包单位组织编制。危险性较大工程实行分包的，专项施工方案可以由相关专业分包单位组织编制。专项施工方案应当由施工单位技术负责人审核签字，并由总监理工程师审查签字后方可实施。危险性较大工程实行分包并由分包单位编制专项施工方案的，专项施工方案应当由总承包单位技术负责人及分包单位技术负责人共同审核签字并加盖单位公章。对于超过一定规模的危险性较大工程，施工单位应当组织召开专家论证会对专项施工方案进行论证。实行施工总承包的，由施工总承包单位组织召开专家论证会，专家论证前专项施工方案应当通过施工单位审核和总监理工程师审查。专项施工方案经论证需修改后通过的，施工单位应当根据论证报告修改完善后，重新履行论证程序并报项目总监理工程师批准后执行。

(6)需要编制专项施工方案的分部分项工程以及需要组织专家进行论证的范围和内容，由施工总承包单位在施工合同中约定。

### 3.施工组织设计动态管理

施工组织设计动态调整应符合下列规定：

(1)项目施工过程中，发生以下情况之一时，施工组织设计应及时进行修改或补充：

①工程设计有重大修改；

②有关法律、法规、规范和标准实施、修订和废止；

③主要施工方法有重大调整；

④主要施工资源配置有重大调整；

⑤施工环境有重大改变。

⑥施工工期发生重大偏差。

(2)经修改或补充的施工组织设计应重新审批后实施。

(3)项目施工前，应进行施工组织设计逐级交底；项目施工过程中，应对施工组织设计的执行情况进行检查、分析并适时调整。

# 第三篇

# 项目施工阶段建设管理

高速公路工程建设项目施工管理包括建设方、总承包方、分包方的施工建设管理，管理主要内容为建设项目施工要素管理、目标管理和总承包风险管理。BOT 模式下的高速公路工程施工管理的重心是施工总承包管理及总承包风险管理，总承包风险管理的好坏决定总承包项目目标控制和要素管理的成效。风险可控的项目管理铸就管理成功的项目，总承包风险管理要自始至终围绕要素管理和目标管理，抓住风险管理的重点和关键，充分运用合同手段，有效控制工程总承包风险，实现工程总承包建设项目目标增值。

# 第五章　建设项目施工建设管理

依据《中华人民共和国公路法》，公路工程基本建设项目推行项目法人制。公路工程项目业主作为建设工程项目法人管理机构，依法合规规范交通设施工程建设项目管理程序对确保工程建设顺利推进具有重要意义。规范建设管理程序有利于促进项目业主方、施工总承包方、分包方、监理方及设计方等参建单位规范建设行为，自觉按照政策、法规、规范及合同来履行建设职责，化解和规避政策、制度、市场、管理等建设风险，保障 BOT 高速公路基础设施工程优质高效、合规建设。

## 5.1　业主方建设管理

### 5.1.1　工程进度管理

项目业主建设工程进度管理指在项目建设期内对项目建设全要素的进度管理，包括项目两阶段施工图设计进度管理、招投标工作进度管理、征地拆迁进度管理、建安工程进度管理、交竣工验收进度管理、试运营准备进度管理等。项目业主应根据建设工程进度管理内容，从管理组织机构或部门、影响因素识别、管理措施制定等方面进行规范管理和预案管理。依据 BOT 项目特许权协议，政府实施机构一般对 BOT 项目特许经营期中建设总期限有明确约定，因此项目业主应加强建设项目实施期进度管理，不得因项目筹备期延长占用建设期，不得因建设期延长而超出特许权协议约定的总建设期。

1. 投资计划管理

BOT 高速公路工程项目作为社会投资人投资项目，投资计划安排在既定建设合同工期内，建设工程进度控制与投资计划、建设期融资成本息息相关。项目业主应合理使用工程建设期间投资资金，保障工程顺利推进，规范投资计划管理，有效控制建设期资金成本。项目业主应编制 BOT 高速公路总体投资计划及分年度投资计划，根据工程建设安排合理安排投资计划及资金使用规划，通过建设工程各类合同约定资金支付管理。根据 BOT 项目投资组成，项目投资计划内容主要包括建安工程、设备及工器具购置、征地拆迁及工作经费、建设项目前期工作费、建设项目管理费、预备费等，项目资金计划包括以上投资内容按合同规定及实际工作进展应支付使用的资金安排。编制项目总体投资计划及分年度投资计划要结合工程建设工期、建设期资金占用时间及建设融资资金成本等三个要素，合理控制工程建设进度和年度建设规模，有助于实现项目投资成本最小化及投资收益最大化的目的。建设工程作为项目投资组成中占比最大的项目，合理安排建安工程分年度建设计划及资金支付计划，通过适度降低开工年度投资计划额和减少工程款支付比例、延长工程款支付时限等方式来降低资金占用时间，减少融资资金使用成本，确保项目投资成本可控和进度目标实现。

BOT 项目全投资计划的管理主体是项目业主，施工组织和施工进度的管理主体是施工总承包指挥单位。施工总承包单位编制建安工程的年度投资进度计划，报监理单位和项目业主审批。项目业主下达总体投资计划和分年度投资计划，作为施工总承包单位总体投资计划控制实施的依据。施工总承包单位依据批复的年度进度投资计划，编制下达季度和月度进度投资计划，结合年度投资计划阶段性完成情况，每月、每季动态调整并下达，并建立进度报表报备制度，每周末报项目业主和监理单位，作为项目业主年中和年底进度资投计划完成情况的考核依据。

项目业主监督投资计划实施完成情况，主要通过项目每周报表、监理计量签证和施工总承包单位汇报等情况综合核定，计划完成情况主要从投资完成、实物形象进度、控制性工程进度等综合指标考核和监督。

### 2. 工程进度控制

项目业主应按照项目总体建设期限，将项目分为筹备阶段、建设阶段、营运阶段等三个阶段分段管理控制项目实施进度，落实组织措施，固化责任，逐阶段控制项目实施进度，以确保项目实施进度满足项目管理实施规划。项目筹备阶段应以设计管理为主，抓好两阶段设计质量审查和设计进度管理，确保项目招投标工作按计划推进，力争项目早日开工建设。项目业主应编制进度风险管理计划，依据设计文件，在设计阶段梳理进度风险控制工点，按风险等级对影响项目进度的风险因素进行识别，按风险等级进行管控，确保项目进度风险源和风险要素识别到位、响应到位、控制措施到位，保障项目建设顺利推进。表 5-1 为工程项目进度控制及风险识别表。

**表 5-1 工程进度控制及风险识别表**

| 管理主体 | 进度管理内容 | 组织管理 | 影响因素 | 管理措施 | 风险程度 |
|---|---|---|---|---|---|
| 业主方 | 设计进度 | 设计部 | 技术设计、造价编制、咨询审批 | 落实责任、做实咨询、明确时限 | AAA |
| | 征拆进度 | 征拆部 | 补偿标准、人文环境、政府支持、协调 | 熟悉政策、分片管理、协调有度 | AA |

续表

| 管理主体 | 进度管理内容 | 组织管理 | 影响因素 | 管理措施 | 风险程度 |
|---|---|---|---|---|---|
| | 招投标进度 | 合同部 | 设计进度、招标文件编制 | 捋顺程序、专业审查、规范实施 | AA |
| | 施工进度 | 建管部 | 天气、资源、方案、地质、组织 | 资源保障、施组科学、动态调整、考核实施 | AA |
| | 交竣工进度 | 安质部 | 组织、验收 | 提前筹划、掌握验标、限定时限、实体外业同交验、组织措施 | A |
| | 试运营准备 | 运营部 | 收费立项及批复 | 提早谋划收费立项、理顺开通试运营程序，加大协调 | A |
| 施工总包方 | 临时工程 | 工程部 | 用地、设备 | 施组为纲，统筹规划，经济使用 | AA |
| | 资源配备 | 合同部 | 组织 | 调查、采购、组织资源、合理配置 | AAA |
| | 控制性工程 | 工程部 | 组织、工料机保障 | 优先保障、重点管理、组织考核 | AAA |
| | 一般工程 | 工程部 | 组织、考核 | 控制规模、合理安排、综合考评 | A |
| | 征拆进度 | 协调部 | 沟通、协调 | 分工协调、重点突破、现场督导 | AA |

注：AAA 等级表示进度风险等级最高，A 级为一般进度风险，AA 级为重要进度风险。

1) 建设工程项目进度计划组成

建设工程项目进度计划系统是由多个相互关联的进度计划组成的系统，是项目进度控制的依据。根据项目进度控制不同的需要和不同的用途，业主方和项目各参与方可以构建多个不同的建设工程项目进度计划系统。由不同深度的进度计划构成的计划系统包括总进度计划、项目子系统进度计划、项目子系统中的单项工程进度计划等；由不同功能的进度计划构成的计划系统包括控制性进度计划、指导性进度计划、实施性进度计划；由不同项目参与方的进度计划构成的计划系统包括业主方编制的整个项目实施的进度计划、设计进度计划、施工和设备安装进度计划、采购和供货进度计划；由不同周期的季度计划构成的计划系统包括年度、季度、月度和旬计划等。

2) 建设工程项目进度计划编制方法

进度计划编制方法主要有横道图法、曲线法、工程网络法等，分别有不同的功能，对进度控制的作用不同。横道图是一种最简单、运用最广泛的传统进度计划方法。横道图的表头为工作及其简要说明，项目进展表示在时间表格上。工程网络计划按工作持续时间的特点划分为肯定型问题的网络计划、非肯定型问题的网络计划、随机网络计划；工程网络计划按工作和事件在网络图中的表示方法划分为事件网络和工作网络。工程网络计划分为单代号网络计划和双代号网络计划，编制方法有间接法绘制和直接法绘制。

在计划执行过程中，由于组织、管理、经济、技术、资源、环境和自然条件等因素的影响，往往会造成实际进度与计划进度产生偏差，如果偏差不能及时纠正，必将影响进度目标的实现。

3）建设工程项目进度控制措施

⑴项目进度控制的组织措施。项目管理组织是目标能否实现的决定性因素，为实现项目的进度目标，应充分重视健全完善项目管理的组织体系，在项目组织结构中应有专门的工作部门和符合进度控制岗位管理能力的专人负责进度控制工作。进度控制的主要环节工作包括进度目标的分析和论证、编制进度计划、定期跟踪进度计划的执行情况、采取纠偏措施以及调整进度计划。进度控制工作包含大量的组织和协调工作，而会议是组织和协调的重要手段，应进行有关进度控制会议的组织设计。

⑵项目进度控制的管理措施。建设工程项目进度控制的管理措施涉及管理思路、管理方法、管理手段、承发包模式、合同管理和风险管理等。尤其是承发包模式的选择直接关系到工程实施的组织和协调。为了实现进度目标，应选择合理的合同结构，以避免过多的合同界面而影响工程进度。工程物资的采购模式对进度也有直接的影响。为实现进度目标，不但应进行进度控制，还应注意分析影响工程进度的风险，并在分析的基础上采取风险管理措施，以减少进度失控的风险量。常见的风险有组织风险、管理风险、合同风险、资源风险和技术风险。从这五个风险方面排查和分析影响进度控制的具体要素和措施，是否落实专职部门和人员对进度进行管理、分析和考核，是否对影响进度的要素进行识别和梳理，是否从合同角度明确进度风险的处置措施、责任、违约罚款，影响资源保障的要素是否有相关应对机制、生产要素供应渠道是否可靠，技术方案是否得到保障和落实等。

⑶项目进度控制的经济措施。建设工程项目进度控制经济措施涉及资金需求计划、资金供应条件、资金支付时效、经济激励措施等。为有效控制进度目标，项目业主应编制与进度计划相匹配的投资计划、资源需求计划，以反映工程实施各时段所需的资源，通过资源需求分析，可分析进度计划实现的可能性，若资源条件不具备，则应调整进度计划，从而合理确定资金需求计划。资金供应条件优劣对建设工程进度管理影响较大。项目受宏观市场经济影响，可能引发资金市场紧缩，资金成本随之增加，对资金供应条件限制影响程度增大，甚至出现市场钱荒，融资资金中断或额度减少，直接影响工程进度，所以应采用多渠道的融资措施，改善资金供应条件，确保项目进度控制目标实现。对于 BOT 施工总承包项目，资金支付时效对项目建设进度控制影响较大。计量支付周期、支付限额、审批签字周期长短对项目资金支付的时效都存在一定的影响，缩短计量周期、推行计算机计量软件、及时办理计量支付可以提升项目资金支付的时效性，为项目进度控制提供资金保障。借助经济激励考核措施，进一步提升各参建方的进度控制责

任意识，确保进度控制有关措施得到快速有效落实，从而实现进度控制目标。

(4)项目进度控制的技术措施。建设工程项目进度控制的技术措施涉及对实现进度目标有利的设计技术和施工技术的选用。不同的设计理念、设计技术路线、设计方案、技术措施均会对工程进度产生不同的影响。在两阶段设计时，对于控制性工程和重难点工程的设计技术与工程进度的关系作分析比较，合理选用和确定技术安全、技术先进、工效较高的技术设计方案；项目在施工建设期间，工程进度受阻时，施工总承包单位应分析是否存在设计技术的影响因素，综合考虑工效成本、技术成本，进一步优化设计技术方案和施工技术方案，分析是否存在为实现进度目标有无设计变更的可能性，有无改进施工技术、施工方法、施工材料和施工机械的可能性，从而确保建设工程项目进度目标的实现。

(5)计算机辅助控制技术。计算机进度计划软件都是在工程网络计划原理的基础上编制的，应用这些软件可以实现计算机辅助建设工程项目进度计划的编制和调整，以确定网络计划的时间参数。计算机辅助工程网络计划编制可以解决工程网络计划计算量大且手工计算难以承担的困难，可以确保工程网络计划计算的准确性，有利于工程网络计划及时调整，有利于编制资源需求计划。进度控制是一个动态编制和调整计划的过程，初始的进度计划与项目实施过程中不断调整的计划，以及与进度控制有关的信息应尽可能对项目参与各方透明，以便于各方为实现项目的进度目标协同工作。基于此，项目业主和施工总承包单位要利用互联网的信息处理平台辅助建设工程项目进度控制，并使得项目参建各方通过计算机进度控制平台便捷地获取进度信息，促进项目进度控制目标按计划推进。

### 5.1.2 安全质量管理

BOT 高速公路施工总承包项目的工程承包人一般是项目特许经营投资人。项目安全质量不仅影响投资人的企业投资信誉，也对施工承包人的市场信誉有着重要的影响。安全质量管理是 BOT 项目管理控制的重点要素之一，对项目建设、运营养护及项目运营寿命有着深远的影响。项目业主作为 BOT 项目法人，要坚持质量安全管理第一的管理理念，贯彻落实质量安全为本的管理思路，系统抓好两阶段设计的质量安全管理，从设计源头做好质量安全风险评估，对工程质量通病和易发的分部分项工程要优化设计，适度提高设计质量的安全系数，切实抓好质量管理体系建设，强化过程监管体系建设和违法违规施工行为的违约处罚和责任追究力度，认真组织好交竣工验收的范围、程序、方法，从制度威慑、体系保证、设计优化、严格控制等方面做实 BOT 项目质量安全管理工作。依据交通运输部现行的《公路工程施工安全技术规范》(2015 版)，规范工艺标准和安全措施，坚持标准引路、信用评价、计量支付挂钩、经济处罚、约谈法人、更换项目负责人等综合管理手段，夯实管理责任体系，确保工程质量创优目标实现。

1. 质量控制风险

质量风险主要有自然风险、技术风险、管理风险、环境风险等四大类。影响质量的因素有人的因素、机械的因素、材料设备的因素、方法的因素、环境的因素(简称人、机、料、法、环)，其中环境因素包括自然环境因素、社会环境因素、管理环境因素、作业环境因素。为确保工程质量，住房和城乡建设部依据《建设工程质量管理条例》制定了《建筑工程五方责任主体项目负责人质量终身责任追究暂行办法》(建质〔2014〕124号)，该办法规定：建筑工程五方责任主体项目负责人是指承担建筑工程项目建设管理的建设单位项目负责人、勘察单位项目负责人、设计单位项目负责人、施工单位项目经理、监理单位总监理工程师。因此，高速公路施工总承包项目质量责任人为六方主体项目负责人，分别为建设单位项目负责人、勘察单位项目负责人、设计单位项目负责人、施工总承包单位项目负责人、分包单位项目经理、监理单位总监理工程师。工程项目的质量风险来源主要是这六方主体责任单位的质量管理和控制。

1)建设单位或业主方的风险

业主方在项目实施阶段决策的失误，设计、施工总承包、监理单位选择的错误，项目实施过程中参建方关系的协调不当，建设管理环境不和谐或不廉洁，项目竣工验收时间预留不充分和验收程序及验收方式的疏忽等，都会对项目质量造成潜在的严重隐患和风险。

2)勘察设计单位的风险

勘察设计单位对水文地质勘察深度不够、勘察钻芯选样频次较少造成的地质勘察疏漏，给设计工作的准确度和针对性带来影响；设计错误和遗漏造成项目的结构安全和主要功能方面不满足要求；设计单位出于设计投资控制的考虑，对路基防护的形式和强度降低设计安全等级、隧道的设计支护方式与地质岩层不匹配或不适用等引起建设期、运营期潜在质量隐患或质量事故。

3)施工总承包单位的风险

施工总承包单位质量管理手段不全、好人思想的岗位责任弱化、质量问题处理力度不大、工程质量通病过程监控不严、交竣工自检验收标准不高等都会造成项目质量管理和控制能力弱化，造成各分包方的质量意识淡化，导致发生安全事故、质量事故风险。

4)分包单位的风险

分包方在项目实施过程中，由于施工组织和管理松懈、混乱，图纸理解有误、标准未吃透、施工技术错误、方案把控不严、工序质量自检控制程序不严、材料和设备不合格等都是造成项目质量隐患和事故的主要风险。

5) 监理单位的风险

监理方未能按照合同配备满足监理资格要求的合格监理人员和有效数量的监理人员，未能依法履行合同对工程质量和安全方面实施全过程的旁站监理验收制度，留下工程质量隐患，或发生质量安全事故。

### 2. 质量管理措施

工程质量是建设工程项目管理的主要控制目标之一。项目业主的质量目标不仅涉及施工质量，还包括设计质量、材料质量、设备质量和影响项目运营的环境质量，质量目标应满足相应的技术规范和技术标准。项目业主要实现质量控制目标应建立工程项目质量控制体系，落实项目各参建单位的质量责任，特别是监理和施工总承包方的控制责任。通过质量策划、质量控制、质量检查、质量考核和质量改进等手段来实施和实现全部质量管理职能。在项目实施过程中，指挥和创造项目参建方加强质量控制相互协调的氛围和环境，调动各参建单位项目质量有关的所有人员的积极性，协同做好质量管理工作，实现建设工程项目的质量目标。

(1) 健全质量自控体系。为保证公路工程项目建设工程质量，规范各参建单位质量管理行为，明确质量管理责任，实现质量目标，项目业主应坚持“诚信守约、严格标准、科学管理、铸造品牌”的质量管理方针，根据国家、部委及地方有关法律法规和标准，结合投资人《质量监督管理办法》和工程管理实际，督促参建各方建立健全工程质量管理体系。项目业主按照参建单位职责责任督查勘察设计单位、施工总承包单位、监理单位、试验检测单位等落实质量控制责任，通过合同规定参建单位质量行为和人员配置，落实各级质量责任制度，确保投资建设项目工程质量符合合同验收标准。

(2) 规范质量控制行为。项目业主应编制简明适用的质量管理办法和质量管理红线，对重要工程质量控制要点要明确红线，让各级管理行为带上高压电，严厉违规责任的处理。设计单位要从两阶段设计时考虑技术复杂工程目前国内现有的技术水平、工艺、工法可能对工程质量的影响，从设计阶段完善质量控制的设计措施，确保建设工程设计质量。监理单位要严格落实设计图审核、方案审批、过程质量旁站监理。施工总承包单位要落实质量自控体系健全检查，严肃触碰质量红线行为的责任追究，重要工序和重点部位落实领导带班制度，强化现场管控。

(3) 自觉接受行业监督。严格贯彻落实工程质量终身制及质量责任追溯制度，落实质量管理实名登记备案制，主动接受质量监督部门对建设工程质量的监督管理。

(4) 坚持工程首件验收制度。推行单位工程、分部分项工程首件验收制度，是建设工程作业标准化管理的重要手段。通过首件工程验收制，可以总结和确定工程质量的工序控制、工艺标准、操作流程、工作时效、质量参数等内容，为平行化规模施工树立技术样板和标准典型，对建设工程质量控制有着至关重要的作用。

(5)正反面质量观摩强化荣辱感。项目业主应建立质量观摩制度，纳入优质达标要求的观摩点与奖励考核挂钩，不合格的反面观摩点与处罚考核挂钩，通过经济考核挂钩机制，调动各单位推荐优质观摩点的积极性，遏制项目质量控制责任意识退化的现象。根据建设工程推进情况，项目业主应择时开展现场质量观摩，按专业类别在不同的时段选择观摩点，观摩内容按照专业属性以正反面两类推荐和选择，通过先进引领、反面鞭策的现场质量观摩机制，调动参建各方质量控制的责任意识和规范作业标准的自觉意识，全面提升BOT项目质量管理水平。

(6)质量管理与信用评价挂钩。信用评价作为政府行业监督部门对从业单位市场信用评价的重要行政管理手段，对规范建设从业单位行为和履约意识发挥了积极的重要作用，有效促进了建筑市场公平，规范了从业单位管理行为，提升了建设项目质量管控水平。BOT项目采用施工总承包建设的，信用评价仍然是加强质量控制行为评价的重要法宝，对参建各方的市场经营影响较大。建设单位按照行业主管部门信用评价管理规定，开展信用评价工作，信用评价结果抄报省级交通运输主管部门，作为行业信用和从业评价的重要依据。信用评价与招投标挂钩机制有效促进了从业各方自觉履约、规范从业的意识，提升了从业单位质量管理责任和管理能力。

(7)抓好六方主体责任项目负责人的质量追责管理。根据质量风险承担的主体责任划分，质量风险来源于六方主体责任，抓好质量风险管理就得从六方主体责任的激励约束和追责上下功夫，做实项目设计阶段、实施建设阶段、交竣工验收阶段、试运营阶段的常态化质量追责管理，以追责倒逼制度体系健全、以追责倒逼制度落实、以追责倒逼责任落实、以追责倒逼质量管理程序规范，从而筑牢项目全过程的质量风险控制体系。

(8)抓好缺陷责任期质量管理。施工总承包项目在通车运营后进入缺陷责任期和工程质量保修期，保修期内的工程质量管理是总承包方项目质量目标管理和企业信誉管理的末端环节。施工总承包方要坚持合同精神，全面兑现合同承诺，要抓好缺陷责任期和质量保修期的工程质量管理。公路工程通车运营后，要组建项目质量缺陷专职管理机构，派驻熟悉本项目的专业工程师负责缺陷期工程质量的隐患排查和维护管理，坚持季节性隐患排查常态化和非季节性定期隐患排查的方式，加强工程项目的全合同期质量责任管理，打造施工总承包项目精品工程。

### 3. 安全管理

为了加强建设工程安全生产监督管理，保障人民群众生命和财产安全，根据《中华人民共和国建筑法》《中华人民共和国安全生产法》，BOT项目业主必须牢固树立“安全第一、预防为主、综合治理”的方针，筑牢安全生产防线，保证建设工程安全生产，按照合同落实各方安全生产主体责任。

(1) 健全安全生产管理制度体系。为加强 BOT 项目安全生产管理工作，明确安全生产责任，有效预防安全事故，保障建设过程中人身及财产安全，根据国家、行业、地方有关安全生产管理的法律、法规、条例、标准、办法等文件，结合本项目工程施工安全生产的特点，制定安全管理办法。

(2) 落实安全生产管理责任。各参建单位应全面贯彻“安全第一，预防为主，综合治理”的十二字安全管理方针，建立健全安全生产管理体系，落实全员安全生产责任制。按照工程需要配备专职安全管理人员，坚持安全管理横向到边、纵向到底，根据岗位职责逐级签订安全生产包保责任书。坚持“以人文本，安全发展”的理念，保证安全生产管理投入，确保安全生产管理体系有效运行。各参建单位要按照“企业负责、行业管理、国家监察、群众监督”的原则，建立健全安全生产责任制，全面深化安全生产“一岗双责”，遵守有关安全生产法律、法规和办法，保证本项目工程施工安全，各参建单位在各自的职责范围内对本项目的安全生产负责，依法承担安全生产责任。

(3) 明确安全生产目标。①消除重大事故隐患。深入开展安全隐患排查治理工作，做到隐患排查治理方法得当、措施得力、整治到位、效果明显，及时消除危害较大、整改难度较大可能导致群伤群亡事故的潜在风险。②遏制险性事件。无较大生产安全险性事件发生，主要包括：隧道塌方，模板、支架垮塌，支立钢筋结构倒塌，大型机械、起重设备倾覆，在施边坡滑塌，生产、生活区火灾，交通事故，危爆物品丢失、爆炸等。③杜绝死亡事故。无各类死亡事故(包括与生产有关的生活、交通、消防等)。④危险源清单责任落实。根据设计文件设计安全风险等级梳理和施工安全风险点识别，建立安全风险危险源清单，按照专业类别和危险源位置，对危险源的风险识别、防范措施、应急预案、控制程序等进行细化，落实责任包保和专人监控的管理措施，确保风险管控有序、严密、无死角。⑤多措并举，以检查促提升。坚持安全生产实行合同责任制，对各参建单位严格按照合同管理，强化合同履约管理和参建单位安全生产主体责任，严肃安全生产事故处理力度，震慑违法生产和促进安全生产责任落实。采取履约检查、现场安全巡查、实施安全标准化、信用评价、安全施工红黄牌考评奖惩等多种方式进行安全管理；对现场重大施工风险点实行重点风险监控和领导包保负责，确保安全生产形势稳定可控。

### 4. 信用评价管理

公路施工企业信用评价是指省级及以上交通运输主管部门或其委托机构依据有关法律法规、标准规范、合同文件等，通过量化方式对具有公路施工资质的企业在公路建设市场从业行为的评价。公路工程建设市场信用评价管理是推进建筑从业单位诚信体系建设，规范从业单位和从业人员从业行为的重要管理手段，对净化公路建设市场违规施工、违规监理、违规设计等不良风气的重要举措。根据《公路建设市场信用信息管理办法(试行)》(交公路发〔2009〕731 号)和《公路设计企业信用评价规则(试行)》(交公路发〔2013〕636 号)、《公路施工企业信用评价规则(试行)》(交公路发〔2009〕733 号)、《公路水运工程监理信用评价办法》(交质监发〔2012〕774 号)以及省级交通运输主管部门有关公路工程信用评价管理办法，项目业主应加强企业从业行为与企业市场经营相挂钩的信用考核制度体系建设，提升企业自觉遵守建设市场管理规定的诚信履约意识，促进项目业主、行业主管部门对公路行业从业行为的有效管理，确保建设工程项目建设质量、施工安全。项目业主按照省级交通运输主管部门规定的有关信用评价管理办法，制定适合于建设项目管理要求的信用评价实施细则，认真开展建设项目的信用评价工作，分别从从业单位人员履约、违规分包、建设质量、安全管理、资金管理、农民工权益等综合考评，考评结果与企业公路市场经营相挂钩，充分发挥信用评价结果对从业单位规范从业行为的激励约束奖惩机制，有效促进建设项目各项管理可持续健康推进。

### 5.1.3 施工技术管理

1. 设计交底

设计单位应将施工图设计技术交底材料以书面形式向监理单位、施工总承包单位及各施工主体标段交底。施工合同签订后 15 天内，由项目业主组织设计单位向监理单位、施工总承包单位、主体施工标段及其他相关单位进行设计交底，具体说明设计方案原则、设计意图、设计质量标准等设计文件的重要内容。对重大、复杂或采用新技术、新标准、新结构、新工艺的工程，在施工前或施工中，由项目业主组织有关专业设计人员及相关单位进行专题交底，以便掌握该项工程施工的具体方法、特殊要求和技术措施。设计单位应对涉及施工安全的重点部分和环节在设计交底中进行说明，并对防范生产安全事故提出设计意见。

2. 图纸会审

施工图设计完成后，项目业主委托设计咨询单位对施工图设计进行咨询审查，并组织现场踏勘，由设计咨询单位提出咨询审查意见。施工总承包指挥部收到设计图纸后，及时组织专业工程师和标段技术负责人进行施工图纸会审核对，了解设计意图，熟悉图纸内容与要求，核查设计中的差、错、漏，核对设计方案及工程数量。图纸会审分为设计文件会审和外业查勘会审。设计文件会审的重点内容包括复核图纸是否齐全，相关说明是否明确，结构尺寸、平面坐标、标高、道路交叉是否清楚，图纸中是否有明显错误；核对设计图纸是否符合国家政策、法规、行业技术标准、施工规范的要求；结构设计、施工机械、施工方案之间是否矛盾，技术上有无困难，方案是否可行；核查图纸中是否有疑点、难点需要设计代表在技术交底中进行解答；核对工程地质、水文、气象资料是否清楚齐备；核算工程数量是否准确。外业查勘会审应结合设计图纸进行现场符合性查勘核对，核对设计文件与实际情况是否相符。现场查勘会审的主要内容有：路线走向，主要结构物控制点、交点、转点，地形、地貌和地物变化情况，实际的地质、水文情况，断面和复测坐标，工程数量等。

图纸会审完成后，施工总承包指挥部及时将设计图纸会审和现场查勘符合性会审意见形成书面资料，由监理单位审核后报项目业主，由项目业主组织设计单位对设计图纸会审提出的问题进行澄清、解答。

3. 红线交桩

工程开工前，项目业主组织设计单位向施工总承包单位、监理单位进行导线点位与高程点位的交接桩工作，各主体施工标段的项目总工程师、测量主管和监理工程师参加。交接桩工作分为书面形式的资料交接和现场点位移交，交接桩工作一次性完成。设计单位向监理单位、施工单位将路线勘测时所设置的导线控制点、水准控制点及其他重要点位的桩位及相关技术资料逐一交接。接桩后监理单位、施工总承包单位及时对测量控制点进行复测、加密以及与相邻标段联测，将复测、联测成果报告报监理单位审批同意后使用。工程施工方案报批时，在开工报告中要提供重大工程的测量控制方案，在分项工程开工报告中也要提供分项工程的测量控制方案。

4. 方案审查

项目业主作为建设工程项目实施阶段质量管理的总负责人，要按照职能定位履行建设项目重大技术方案的设计审查、施工方案论证和设计相符性检查，重点对技术重难点工程、安全高风险工程的设计方案和施工方案的审查程序进行检查，组织专家对技术方案的可靠性进行论证，对施工过程与设计内容的相符性进行检查，确保工程在技术上是安全可靠的。

### 5.1.4　征地拆迁管理

BOT 项目征地拆迁和控制性工程征地拆迁是项目能否顺利建设的重要因素。项目业主要依据整体投资计划安排和施工总承包单位编制的年度投资建设计划，将用地分为临时工程用地、控制性工程用地、重难点工程用地、一般工程用地等四种类别，结合年度建设计划安排，优先将用地计划提交县级及以上人民政府和项目实施机构，确保建设安排和用地计划一致，供地进度与项目建设进度匹配，并对总体供地时限控制在 6～9 个月以内完成。

细化征地拆迁责任，加强协调和征拆调度机制，对控制性工程、重难点工程的用地要优先确保、优先协调、优先组织。加强定期会议协调机制，工程征拆用地主要依靠乡镇人民政府和村组负责办理；重难点工程和控制性工程征拆用地要通过县级人民政府或其授权的实施机构协调会议督导解决；征拆突出问题或个案问题要通过市级人民政府或其授权的实施机构协调会议督导解决。项目业主要通过业主征拆部门、施工总承包单位、分包单位或现场施工标段等三级管理机构自上而下的协调机制，并综合运用征拆考核措施对政府授权的征拆机构人员进行激励，调动各级征拆人员协调积极性。

### 5.1.5 项目投资控制

建设工程项目投资控制是项目业主建设工程项目管理的重点内容，是项目业主方三大控制目标之一。建设项目投资控制目标能否实现或控制好坏，对项目的全寿命周期投资价值有重大影响，对项目后期投资回收、投资收益、投资风险产生重大影响。建设工程项目投资控制涉及多个环节，控制方式方法也不尽相同。投资控制贯穿于项目的工可投资估算、两阶段设计概预算管理、技术设计阶段、招投标阶段、项目建设实施阶段、交竣工验收阶段。本节重点讲述 BOT 高速公路工程项目在建设期间建安工程投资控制的重点和方法。

#### 1. 分包合同内容优化

项目业主在行业主管部门批复的施工图预算基础上，委托设计单位编制工程量清单预算，并组织施工招标工作确定合同造价清单。由于 BOT 高速公路工程施工总承包项目涉及的专业工程类别较多，平行作业标段数量较大，不同的专业工程之间又存在专业交叉和衔接问题，所以项目业主或施工总承包单位要做好专业衔接的指导、沟通、协调工作。枢纽互通和分离式落地互通是产权交叉、专业交叉最密集的地方。互通工程的土建施工对既有公路工程交通运输安全可能会产生较大影响。安全作业的前提是增加技术安全措施、交通分流措施；必要时采取高速公路的临时道路改移，在桥梁工程上部结构施工完毕后开放既有公路工程的交通流；改道工程会涉及路面、交安工程的施工组织。根据项目建设需要，项目业主和施工总承包单位要从项目投资控制和项目收益最大化原则，优化合同内容，对路面、交安等专业工程的施工内容通过合同变更委托对应的土建单位实施，减少协调、二次投资等费用，实现投资造价的合理控制。互通内景观工程施工也往往受制于土建施工的影响，根据项目建设需要灵活运用合同内容变更方式来调整施工主体，减少投资造价和施工协调，规避工程质量风险。

## 2. 计量支付管理

### 1) 计算机软件的设计和应用

BOT 高速公路工程投资规模大，实际施工主体单位较多，计量支付数据信息量又非常庞杂，如果不借助计算机计量支付软件辅助管理，对工程计量支付的时效性影响较大。研究建立适合于 BOT 高速公路施工总承包项目的计量支付系统，对改善和提升项目业主和施工总承包单位计量支付管理工作具有重要意义。由于 BOT 项目成本核算和经济管理的需要，计量支付涉及的主体一般包括项目业主、施工总承包单位、监理单位、分包单位或自行施工平行标段四个层级，其中施工总承包单位与项目业主是合同关系，分包方与施工总承包单位是合同关系，两个合同关系必然产生两种类别的工程量清单，即施工总承包合同工程量清单、分包合同工程量清单。所以，BOT 项目计量支付系统一般由业主组织编制，其对应的计量支付系统有两种类型，一种是施工总承包单位与项目业主充分沟通，建立基于一套工程量计量数据的两级清单计量支付软件系统，顾名思义，就是施工总承包合同工程量清单与分包合同工程量清单对应的工作内容和清单编号保持一致原则，施工总承包清单要覆盖分包方清单且保证清单的特征属性及清单编号一致，这样的计量支付系统就满足了基于同一计量基础的签证功能，而工程量清单按照合同关系分别以两个结构单元存在，按照管理权限，项目业主负责施工总承包方清单的结算支付工作，施工总承包方负责分包方的清单结算支付工作(图 5-1、图 5-2)。

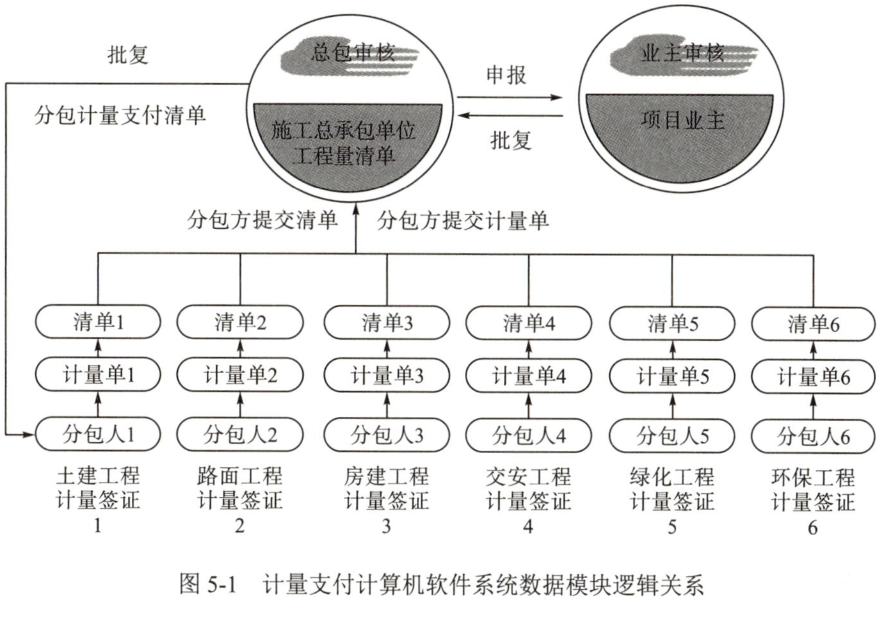


图 5-1　计量支付计算机软件系统数据模块逻辑关系

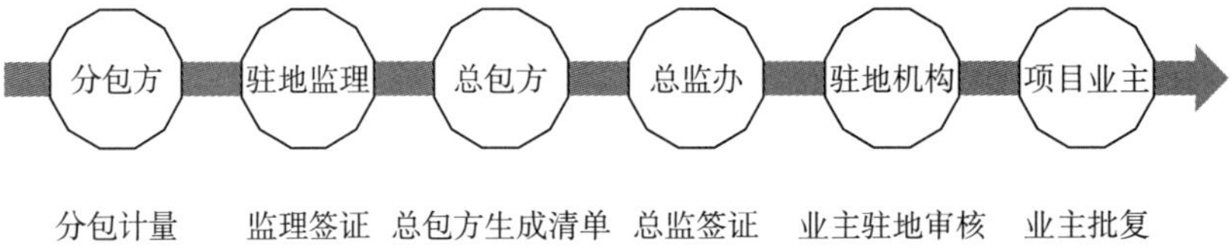


图 5-2 计算机软件系统计量支付结构单元

另一种是施工总承包方牵头负责，以施工总承包合同清单为基准，编制分包方工程量清单，分包方依据监理签证工程量生成分包方的计量支付清单。分包方的计量支付清单通过计算机软件辅助功能将其计量数据汇总于施工总承包方的工程量清单中，但施工总承包方清单要覆盖分包方清单且保证清单的特征属性及清单编号一致，从而实现单一型工程量计量数据的计量支付软件系统，这样的软件系统不受制于项目业主对造价清单的管理。

2) 计量支付的内容和原则

BOT 高速公路工程项目计量支付以合同技术规范计量支付条款的计量规则、合同工程量清单及设计图纸为依据并遵循下列原则：

(1) 工程计量应坚持实事求是、客观公正的原则。

(2) 工程计量应与合同文件和计量支付的规定完全相符。计量的方法、范围、内容、单位、单价等应与合同文件和技术规范(含补充技术规范)的规定一致。

(3) 工程计量应以施工设计图纸(含变更设计图)所标尺寸以理论净值为准，超过图纸所标尺寸的数量(技术规范另有规定的除外)，不予计量。

(4) 计量工程应质量合格，各种试验、检查、检测、验收资料签证手续完善。

坚持计量支付依据和原则的基础上，计量支付的内容范围包括以下内容：

(1) 工程量清单(或修正工程量清单)所列示的各项内容。

(2) 批复手续完备的变更设计工程。

(3) 材料价差。

(4) 新增加的工程项目。

(5) 合同文件中规定的其他各项应计量细目。

3) 计量支付的流程

计量支付按照合同关系办理涉及工程量的签证、清单支付文件编制、支付审批等环节。BOT 项目计量支付由分包方或平行施工标段在计量支付系统中录入计量签证单，报驻地监理机构审核，将驻地监理审核的计量清单导入分包方的计量支付工程量清单中，生成分包方的当期计量支付申请，并将计量支付申请和签证的工程计量单及计量单数据包一并提交施工总承包单位现场管理机构。施工总承包单位按照合同、计量规则及设计图纸签批分包方的计量支付证书；施工总承包单位同时将驻地监理机构审定的各分包方的计量数据包导入施工总承包方的计量支付工程量清单中，系统自动汇总生成施工总承包方的当期计量支付申请，经施工总承包单位审核无误后报项目总监办审核，并报项目业主审批，然后签发施工总承包方当期的计量支付证书。项目业主财务部门依据签批的计量支付证书办理工程款的支付。

#### 4) 计量支付的控制

严格工程计量支付审批程序和规范计量支付申请凭证资料，对控制工程造价和规避超计量支付风险起着重要的作用，主要通过工程计量和计量凭证两个手段控制。

(1) 工程计量的主要资料应包括分项工程开工申请批复、监理方签证的质检资料、《工程质量检验评定表》及有关质量评定资料、涉及变更的工程变更令、《中间交工证书》、《工程量签证单》及附表、附图、中间计量明细表、计量的设计图纸复印件等。

(2) 工程量确认单应清楚真实地填写，并附简图、计算式和说明，隐蔽工程还应附影像资料。一次计量完成的项目，应提供《中间交工证书》和试验检测、质量检验等资料。分次计量的项目，中间各次计量时，应提供阶段自检、监理检查或影像(必要时)资料，在最后一次计量时，应提供《中间交工证书》和试验检测、质量检验等资料。

### 3. 变更设计管理

#### 1) 变更设计分类

根据交通运输部《公路工程设计变更管理办法》规定，部颁变更设计管理办法适用于交通运输部批准初步设计的新建、改建公路工程的设计变更。设计变更指自公路工程初步设计批准之日起至通过竣工验收正式交付使用之日止，对已批准的初步设计文件、技术设计文件或施工图设计文件进行的修改、完善等活动。按照交通运输部《公路工程设计变更管理办法》规定，变更设计分为重大设计变更、较大设计变更和一般设计变更。交通运输部负责重大设计变更的审批；省级交通运输主管部门负责较大设计变更的审批；项目业主负责一般设计变更的审批。各地方交通运输主管部门依据交通运输部《公路工程设计变更管理办法》制定省级公路工程设计变更管理办法；省级交通运输主管部门制定的公路工程设计变更管理办法适用于由其批准初步设计的公路工程，具体按各省交通运输主管部门制定的公路工程设计变更管理办法执行。

#### 2) 变更设计的审批权限

按照政府行业主管部门制定的公路工程变更设计管理办法，项目业主获有一般设计变更的审批权和所有变更设计的审核权。BOT 项目投资人在 2 家以上时，项目法人的公司属性为股份制合作企业，按照公司法以及股东授权，确立董事会、监事会、经理层的职权，对变更设计审批权限进行明确规定，以便于项目建设快速高效推进。一般设计变更审批权限具体由公司章程约定，如公司经理层总经理有权审批10万元以内的一般设计变更，董事会有权审批50万元以内的一般设计变更，大于50万元的一般设计变更由项目公司中占控股权的股东审批。较大设计变更和重大设计变更由项目公司按照公司章程审查确认后转报省级交通运输主管部门审批。

3)变更设计的估价原则和估价方式

按照设计变更分类，项目业主履行设计变更审查程序时，对一般设计变更的估价原则和较大设计变更及重大设计变更的估价原则不一致。重大设计变更和较大设计变更组成文件包括设计变更说明、设计变更审查图纸及原设计相应图纸、工程量、投资变化对照清单和分项概预算审查文件。设计变更增减投资等于变更后设计图概预算减去变更前设计图概预算的差额。交通运输主管部门按照设计变更投资增减差额进行审批。一般设计变更由项目业主审批，变更设计增减投资等于变更后设计图合同造价减去变更前施工图合同造价，变更前后设计图对应项目的单价确定原则如下：

(1)如果取消某项工作，则该项工作的总额价不予以支付。

(2)已标价工程量清单中有适用于变更工作的子目的，采用该子目的单价。

(3)已标价工程量清单中无适用于变更工作的子目，但有类似子目的，可在合理范围内参照类似子目的单价，由监理人按公路工程施工承包合同第3.5款商定或确定变更工作的单价。

(4)已标价工程量清单中无适用或类似子目的单价，可在综合考虑承包人在投标时所提供的单价分析表的基础上，由监理人按施工承包合同第3.5款商定或确定变更工作的单价。

4)变更设计的批复程序和计量程序

BOT项目采用施工总承包模式建设，涉及设计变更工作的，参建的项目业主、监理单位、设计单位、施工方均有权提出设计变更。设计变更分为设计变更方案立项和设计变更费用计量支付两个环节，若由分包方或施工标段提出的设计变更建议，设计变更建议由分包方报施工总承包单位现场派出机构(亦指施工总承包指挥部)审核后报设计单位、监理单位签署变更立项审核意见，再报项目业主审批设计变更立项；或施工总承包指挥部审核后报监理单位和业主单位签署设计变更立项意见，完善四方纪要的会签，项目业主根据立项意见委托设计单位出具设计变更图纸。

设计变更费用按照合同关系，执行一个方案一套工程数量的原则，依据施工总承包合同清单和分包合同清单分别计算设计变更费用。施工总承包方按照设计变更估价原则，依据总承包合同清单单价计算设计变更增减费用报项目业主审批。项目业主审批后，施工总承包单位按照分包方合同清单单价编制变更设计费用增减表，由施工总承包方按照相同的设计变更立项增减工程数量计算变更增减费用，批复分包并办理计量支付手续。

4. 材料价差

材料价差作为承发包方公平合理承担市场价格涨跌风险的一种调差机制，各省级交通运输主管部门对公路工程材料价格的调整内容相差不大，对材料价格涨跌风险的调整幅度有所差别。材料价格涨跌对建设工程项目投资控制风险影响较大，是影响投资控制目标的市场不可抗力风险。

1）BOT高速公路项目调价材料及风险分担

公路工程价格风险调整的主要材料一般为水泥、钢材、油料、沥青、商品混凝土等五大类，商品混凝土主要根据房建工程材料价格调整。建设工程主要调价材料的市场风险涨跌幅度分界点一般为3%～5%，通常为±5%，即建设工程主要调价材料的市场价格涨跌风险超出±5%以外的，价格涨跌风险由项目业主承担，±5%以内的价格涨跌风险由承包人承担。

2）专业差异对调价方法的影响

公路工程项目尤其是高速公路工程项目，建设内容包括专业较多，其中房建工程造价编制原则是依据建筑工程预算编制办法、建筑工程定额、建筑工程工程量清单计价规范及建筑工程造价信息价编制，其编制原则和采用信息价与公路工程造价编制原则不同。从材料价差市场风险的公平合理分摊角度看，房屋建筑工程材料调价信息基准价与公路工程采用的调价信息基准价有差异。公路工程调价材料的信息价和基准价依据省级交通运输主管部门发布的造价信息并结合合同调价风险约定进行调整；房屋建筑工程调价材料的信息价和基准价依据省级建设行政主管部门发布的造价信息并结合合同调价风险约定进行调整。

3）调价的方法

公路工程材料价格调整通常有票据法、工程量指标法、公式法、综合系数法。但从材料价格调整方法的科学性分析，工程量指标法和公式法相对公平合理，容易被各方接受，计算方法也相对简单。

（1）工程量指标法。

工程量指标法是通过工程量清单主要项目的调差材料消耗系数，以计量的工程数量为基数计算材料用量，结合计算当期信息价和基准价的价格差，最终确定材料价差的一种方法。工程量指标法的计算公式为：

材料价差=∑(单个清单工程细目的工程量×材料消耗系数)
×(调价期材料信息价-基准信息价)

采用工程量指标法进行调差的关键是确定材料消耗系数。确定材料消耗系数一般分为概预算定额含量计算和招标时事先约定好的系数。

(2)公式法。

公式法计算材料价差是通过主要调差材料造价占招标工程标底价或投标限价的比例，并结合主要调差项目调价期材料价格与基准期材料价格的涨幅系数综合计算的。

$$ADJL=LCP\times[x+a(LL_1/LL_0)+b(PL_1/PL_0)+c(ST_1/ST_0)+d(CE_1/CE_0)+e(TI_1/TI_0)+f(LM_1/LM_0)+g(BI_1/BI_0)+h(FV_1/FV_0)-1]$$

其中，ADJL——材料价差；

LCP——月付款证书中费用；

$x$——非调整因子，一般采用固定系数；

$a$、$b$、$c$ 等——权重系数，代表各成本因子(劳务、材料、设备和其他进入工程成本的因素)在工程师预计的工程成本(扣除暂定金额净值)中估计比例，此权重系数一般应在标书中详细列出，并成为标书的组成部分；

LL、PL、ST、CE、TI、LM、BI——分别代表当地劳务、施工机具的提供和保养、钢材、水泥、燃油、地方材料(砂、碎石、块石等)、沥青及木材等；

下标“1”——各成本因子的现行价格指数(以相关权威部门公布的为准)；

下标“0”——各成本因子的基本价格指数。

如某合同段某季度计量金额为 3000 万元，各种成本因子权重系数、价格指数及调价计算见表 5-2。

**表 5-2 公式法计算主要材料价差表**

| 代码 | 名称 | 编号 | 权重系数 | 现行价格指数 | 基本价格指数 | 系数计算 |
|---|---|---|---|---|---|---|
| X | 非调整因子 | $x$ | 0.48 | | | 0.48 |
| ST | 钢材 | $c$ | 0.25 | 130.9 | 100 | 0.32725 |
| CE | 水泥 | $d$ | 0.20 | 131.6 | 100 | 0.26320 |
| TI | 燃油 | $e$ | 0.07 | 112.5 | 100 | 0.07875 |
| 合计 | | | | | | 1.1492 |
| 综合调价系数 | | | | | | 0.1492 |
| 调价基数(LCP)/元 | | | | | | 30 000 000 |
| 调价费用/元 | | | | | | 4 476 000 |

高速公路工程建设合同实践中，仅对钢材、水泥、燃油、沥青等主要材料的价格涨跌进行调整。按公式法进行调差，无论是在招标阶段还是在合同执行阶段，合同双方的价格风险的比例是明确的。业主在标底编制阶段依据调差材料的费用与有效标底价格之

比计算确定权重系数，确定调差系数中的非调整因子和可调整因子中不同材料所占标底价的比重，并在招标文件中或标前将权重系数作为招标文件的组成部分公布给各投标人，进而确定合适的价格风险费用。

4) 计量周期

为了减少材料价差的频繁计算，一般约定材料价差每月计算。根据 BOT 项目投资属性，一般按半年为一个周期进行调价为宜，缓减施工企业资金压力和规避项目业主方与施工总承包方价差结算不及时的相关风险，保障工程建设顺利推进。

5. 投资执行分析

BOT 项目投资控制好坏要通过定期的投资控制执行情况分析，来评价项目业主投资控制的质量。在不同的建设阶段，投资控制和执行分析的重点不同。在设计阶段，初步设计概算要与投资估算分析比较，不仅要控制总造价，还要重点对初步设计阶段的建安工程、设备及工器具购置、征地拆迁、建设项目前期工作费、建设项目管理费、预备费等分项造价控制情况进行分析；施工图预算阶段也要从工程造价总额和分项工程造价进行分析；在项目建设阶段，要重点对建安投资控制情况进行分析，尤其是对清单工程量投资、变更设计投资、材料价差投资及其他投资费用进行管控效果分析，对发现的控制不力内容、控制存在问题及时进行纠偏，制定和修改管理措施，确保投资执行满足投资目标控制的要求。

6. 索赔风险控制

项目业主建设管理活动的科学性和严谨性，对规范业主方项目建设管理行为有着重要作用。项目业主要加强建设工程项目合理进度控制、建设资金保障、计量支付时效、设计质量管理。风险控制要通过合同方式和制度方式来确保，本着公平合理的原则，用合同方式将可能和容易引发争议或损失的风险进行转移约定，通过制度方式规范各参与方的管理行为，从制度本身来约束人的不合规行为，最大限度地系统性规避项目参建各方索赔风险。

### 5.1.6　资金管理

1. 资金途径

建设资金来源途径是资金保障风险防范的重点。BOT 项目建设投资规模大，资金需求密集，优化资金供给途径可以有效规避资金保障风险。BOT 项目的资金来源主要有特许收费权抵押(以银团方式)融资贷款、建设项目前期过桥资金拆借、股东借款、股东短期信贷融资、基金等。建设项目的报建手续较多，而项目融资贷款审批周期也很长，为了建设项目前期工作的有效开展，如征地拆迁、施工图设计及相关咨询活动等的开展，项目业主需要通过银行短期贷款、股东借款等方式筹集过桥资金，待项目融资到位后再予以偿还。

2. 资金供应

项目业主应根据年度投资计划安排，细化每月投资计划估算额，提前计划、锁定资金配额，供银行等融资机构提前预留安排项目资金，防止银行等融资机构受上级银行或政策变化影响而出现短期资金中断。

3. 资金支付

项目建设资金支付周期和支付及时性对建设工程进度和建设成本影响较大。项目业主和施工总承包单位在满足资金监管要求的基础上，优化资金支付审批程序，提高资金支付时效，做到计量支付款按期支付、不拖延，提升资金在项目建设中的衍射价值，保证项目快速建设、顺畅推进。

4. 资金监控

项目业主方要对施工总承包方或分包方的大额资金支付实施过程监控措施，防止资金转移支付、资金抽逃、资金违规使用、资金违规上缴等资金乱象，要确保建设资金专款专用，杜绝施工承包单位使用建设资金购置工程施工设备等固定资产，防范资金使用不当造成的项目资金钱荒，避免建设工程的进度、质量及投资等目标实现受到影响。

### 5.1.7 合同管理

1. 合同管理的范围

BOT 模式高速公路工程项目业主的合同管理范围包括招标代理合同、设计合同、咨询合同、监理合同、施工合同、试验检测合同、设备合同、物资采购合同、融资合同、征拆合同、运营服务合同等。施工总承包企业的合同管理范围包括分包合同、咨询合同、检测合同、保险合同、法律顾问合同及技术专家聘用合同等。不论是项目业主还是施工总承包方作为建设项目合同管理的重点实施单位，其合同管理范围和管理对象较多，涉及范围广，风险控制难度大。项目业主要设置专职机构对所有合同进行集中归口管理，对合同主要信息要素进行台账管理，对合同的策划、洽谈、订立、实施、控制、评价等进行全过程管理，规范合同管理，防范合同管理风险。

2. 合同管理的内容

建设工程项目业主合同管理的重点是各类合同主体的资质资信、核心条款、法律风险、违约责任、执行程序、合同结算等内容，要依据行业合同的通用条款和示范范本，结合项目的实际管理要求，按照依法合规和有效降低风险的原则，编制设计、施工、物资、监理等合同条款，对构成合同主要要素的主体资格、责权义务、合同期限、价格条款、计量支付(或结算)、违约责任、工期、缺陷修复、质量标准、考核评价等进行细化和完善，履行内部评审、组织专家评审和法律顾问评审后，组织合同的签订和实施。

3. 合同实施评价

合同管理的重点是合同的执行，合同执行的好坏关键是合同实施过程的考核评价。通过合同主体的履约评价、管理成果评价、合同执行评价能够有效反映合同实施的效果，有效规范和促进合同当事人提升合同履约意识，高效实施合同各项义务，实现合同各项管理目标。

### 5.1.8　信息管理

1. 信息管理的主要内容

建设工程项目的信息包括在项目决策过程、实施过程和运行过程中产生的信息，以及其他与项目建设有关的信息，包括项目的组织类信息、管理类信息、经济类信息、技术类信息和法规类信息。业主方与各参与方都有各自的信息管理任务，为充分利用和发挥信息资源的价值，提高信息管理的效率以及实现有序的和科学的信息管理，各方都应有各自的信息管理方法。信息管理的主要内容包括：

(1)信息管理的任务；

(2)信息管理的任务分工表和管理职能分工表；

(3)信息的分类；

(4)信息的编码体系和编码；

(5)信息输入和输出模型；

(6)各项信息管理工作的工作流程图；

(7)信息流程图；

(8)信息处理的工作平台及其使用规定；

(9) 各种报表和报告的格式，以及报告周期；
(10) 项目进度的月度报告、季度报告、年度报告和工程总报告的内容及其编码；
(11) 工程档案管理制度；
(12) 信息管理的保密制度。

#### 2. 项目信息管理系统的功能

项目信息可以从不同的角度对建设工程项目的信息进行分类，主要有四类，分别是按项目管理工作的对象、项目实施的工作过程、项目管理的工作任务、信息的内容属性等划分。本书重点从项目管理的工作任务的角度阐述项目信息管理系统的功能。工程项目信息管理系统的功能包括投资控制、成本控制、进度控制、合同管理。

##### 1) 投资控制的功能

(1) 项目的估算、概算、预算、标底、合同价、投资使用计划和实际投资的数据计算和分析；
(2) 进行项目的估算、概算、预算、标底、合同价、投资使用计划和实际投资的动态比较，并形成各种比较报表；
(3) 计划资金投入和实际资金投入的比较分析；
(4) 根据工程的进展进行投资预测等。

##### 2) 成本控制的功能

(1) 投标估算的数据计算和分析；
(2) 计划施工成本；
(3) 计算实际成本；
(4) 计划成本与实际成本的比较分析；
(5) 根据工程进展进行施工成本预测等。

##### 3) 进度控制的功能

(1) 计算工程网络计划的时间参数，并确定关键工作和关键路线；
(2) 绘制网络图和计划横道图；
(3) 编制资源需求量计划；
(4) 进度计划执行情况的比较分析；
(5) 根据工程进展进行工程进度预测等。

4) 合同管理的功能

(1) 合同基本数据查询；
(2) 合同执行情况查询和统计分析；
(3) 标准合同文本查询和合同辅助起草等。

## 5.2　施工总承包方建设管理

### 5.2.1　目标策划

施工总承包指挥部依据施工总承包方审批的项目管理实施规划，编制和细化施工总承包四大控制目标，对项目建设的生产、经济、成果、创誉评优等四大管理目标进行细化。

1. 生产目标(包括安全目标、质量目标、工期目标)

1) 安全目标

消除重大事故隐患；遏制险性事件；杜绝死亡事故；创建省级“平安工地”。

督促各项目部根据施工总承包指挥部的安全目标并结合工程实际制定本标段的安全目标，并对目标进行分解落实。

深入开展安全隐患排查治理工作，消除重大事故隐患。做到隐患排查治理方法得当、措施得力、整治到位、效果明显，及时消除危害较大、整改难度较大，可能导致群伤群亡事故的潜在风险。

遏制险性事件，无较大生产安全险性事件发生，主要包括：隧道塌方，模板、支架垮塌，支立钢筋结构倒塌，大型机械、起重设备倾覆，深水基坑、围堰涌水，在施边坡滑塌，生产、生活区火灾，交通事故，危爆物品丢失、爆炸等。杜绝各类死亡事故，包括与生产有关的生活、交通、消防等。

督促检查各项目部安全目标的制定及分解落实情况；成立安全生产管理机构，配足安全生产管理人员；严格落实安全生产责任制；保证安全生产所需的资金投入到位；制定安全生产管理办法及规章制度并有效实施；做好安全教育培训工作；做好重大危险源的隐患排查与治理工作，及时消除隐患；制定应急救援预案并进行演练，保证预案的适用性；制定并实施安全生产激励约束考核制度。

2) 质量目标

分项工程合格率 100%，主要工程评分不低于 90 分，一般工程评分不低于 85 分；分部工程中间验收合格率 100%；单位工程合格率 100%。交工验收质量目标合格，竣工验收质量目标达到优良，争创国优工程。

督促检查各标段质量目标的制定及分解落实情况；成立工程质量管理机构，配足工程质量管理人员；制定工程质量管理办法及规章制度并有效实施；督促各标段按照施工图纸、规范、施工方案、技术交底组织施工；严格执行三检制，强化过程质量控制；做好质量通病的整治工作；督促各标段质量保证资料及时完善；制定并实施工程质量激励约束考核制度。

3)工期目标

根据施工总承包项目的规模和专业特点，为有效控制工期目标，将项目总体工期分为施工准备阶段、施工建设阶段、工期预留部分及交工验收阶段等四部分，其中工期预留部分是对建设项目因社会因素、环境因素、自然因素、组织因素、技术因素等影响工期总目标的实现时而采取纠偏措施需要的调整工期，按总工期的 10%～15%进行预留调控。在工期目标控制和管理中，要严肃抓好两条主线进度管理，关键线路上的重难点工程和控制性工程要作为工期控制的重点，并定期分析，及时采取有效的纠偏措施。

以审批的实施性施工组织设计为纲，按照工程进度网络图上的逻辑关系，以架梁通道的形成和路面施工为关键线路，制定控制性工程节点目标。依据总承包指挥部激励考评办法和进度管理办法，对各单位整体施工进度和控制性工程节点进行考核，兑现奖罚。督促各标段按照实施性施工组织设计配足资源，强化管理，做好工程进度监控，对进度不能满足施工组织设计和合同工期要求的，督促各标段及时调整资源配置，以确保项目整体工期受控。

2. 经济目标(包括施工产值目标、投资控制目标、成本控制目标)

1)产值计划目标

依据总承包建安费和建设工期，制定分年度产值计划，并以此作为年度计划编制和控制的考核依据；制定总承包指挥部计划统计管理办法，以施工总承包指挥部现场组主抓和核实为主要管理手段，以验工计价为产值核实的重要依据，督促各标段将总体产值计划分解到年度，年度计划分解到季度和月度，为计划完成提供参考性依据；每月定期通报产值计划完成情况，并将产值完成通报结果纳入激励考评，提高各项目部对产值计划完成情况的重视程度；建立产值计划红线管理，对于产值计划连续月度滞后的单位，视进度滞后程度向参建公司通报，限期整改，必要时采取组织措施，调换项目经理。

2)投资控制目标

依据 BOT 项目股东和业主方有关投资控制的要求，施工总承包指挥部依据项目总承包合同和分合同段施工合同投资构成，将投资控制重点分为两个方面，一方面严格以合同文件控制好施工图建安投资，另一方面控制好施工图外合同投资。施工图外投资控制在总承包合同不可预见费总额的 80%以内，严格材料价差、变更设计、施工图量差的审核和管理，确保投资控制目标圆满完成。

严格按照合同文件和施工图设计文件，对施工图工程数量进行全面清理，编制 0#清单总账，以此作为施工图投资控制的依据；严格计量支付审批程序，认真审查计量数据，严防超施工图和超实际完成计量；以合同文件约定材料价差调整原则，以计量支付报表和定额消耗量，认真核算好各标段的调差数量，把控好调差项目的信息价，确保材料价差计算无误，数据真实；认真控制好变更设计投资，依据合同约定的变更估价原则，调高总包预算收入，控制好标段预算价，确保投资收益目标值的实现；加强阶段性投资审查，在工程进度达到 60%以上后，要分阶段对投资进行清理，重点清理施工图验工计价额，确保施工图投资及投资收益可控。

3) 成本控制目标

按照施工总承包合同、总承包指挥部与其母体公司签订的《项目目标责任合同》，总承包指挥部将建安工程成本按照“量价”双控的原则，锁定合同清单价格，严格审核工程数量，通过工程量总量锁定和过程计量控制程序，严格控制施工总承包建安工程直接成本；施工图建安工程直接成本外的间接费管理成本控制在《项目目标责任合同》确定的目标以内，圆满实现总承包收益。

根据总承包指挥部相关规定，为加强间接费用管理，有效控制非生产性开支，对固定经费、责任控制经费及部门包干经费分类进行分解，签订各部门责任目标管理合同，责任到部门，确保间接费用二次分解的可操作性；严格把控各项费用，明确部门人员成本节超奖罚原则，提高全员控制成本的责任意识；每季度末由财务部牵头按照分解指标进行节超分析。

3. 科技成果目标

通过重难点工程，创造一批新工艺、省部级工法和施工技术创新成果。成立由总承包指挥部技术负责人为组长，各项目部项目技术负责人为组员的科技成果目标管理领导小组，项目部配备相应的高级工程师和专业工程师，负责重难点工程的技术管理、技术保障和技术攻关。各标段指派专人及时地收集、总结技术含量较高的工艺方法及科技成果。

充分发挥总承包的优势，集中各标段技术力量，针对重难点工程存在的问题集思广益，发挥集体优势召开评审会，结合工程实际，组织技术攻关，积极采用“四新”，开展“五小”活动。借助外部专家，充分发挥各类专家在关键技术、工艺等方面的指导咨询作用。组织并鼓励技术干部研究应用新技术、新工艺，提高质量和效率。各项目部针对每项新工艺、新技术的应用应首先研究和制定方案，报总承包指挥部批准后实施，必要时邀请外部专家评审，成功后再全面应用和推广，不断总结经验，完善创新成果。

对每项新工艺、新技术的应用和推广组织观摩学习，并对做出贡献的单位和个人给予奖励。

### 4. 创誉评优目标

#### 1) 创誉目标

立足项目，打造安全、优质、和谐、绿色建筑精品，提升各参建单位信用评价成绩，收获信誉，提升成果。

(1) 确保在省级交通运输主管部门组织的信用评价中获A级及以上；

(2) 确保全线不出现一般以上安全质量事故；

(3) 加大检查监管力度，确保每期信用评价中评分不低于90分。

#### 2) 创优目标

以促进技术进步和服务工程建设为宗旨，攻克对工程建设安全、质量、工期、环境保护等影响重大的技术难题：取得科技、管理、资源、环保和社会经济效益，确保省部级优质工程，争创国家级科技进步奖项。

(1) 目标分解。

①路基工程无工后明显不均匀沉降，坡面的变坡点明确，坡脚护道顺直、整洁、无弃土，护坡面平整，排水系统畅通。

②涵洞工程保证净高、净宽、净长等结构尺寸准确，流水面平整，混凝土强度满足设计要求，混凝土面平整、光洁、无气泡，沉降缝顺直美观，预埋件、预留孔位置正确。

③桥梁工程结构尺寸准确，混凝土强度合格，混凝土面平整、光洁、无气泡，悬臂浇筑的各梁段接缝平顺、色泽一致、无错台，梁板、湿接缝、横隔板位置准确无错台及折线现象。

④隧道工程轮廓线条顺直美观，尺寸符合设计要求，无侵限；衬砌厚度、混凝土强度合格；衬砌内实外光，结构轮廓不渗不漏不裂；洞内外防排水系统配套，洞口和周围景观协调。

⑤路面工程接缝平顺、无跳车，平整度均方差值 $\sigma \leqslant 0.7\text{mm}$，外观无明显缺陷、无离析、无积水；与结构物接缝平顺无错台、无缝隙，达到“三年不补坑槽，六年不大修”的总体目标。

⑥有工程质量管理办法，有工程质量检验程序与细则，有质量内控标准，有质量创优责任人等各类文件。

⑦有完整、准确、齐全的内业资料；工程重点部位、隐蔽工程有齐全的原始资料和影像资料。

⑧有 QC 小组及其开展活动的记录。

⑨特殊工种、关键工序有书面的作业指导书。

(2) 保证措施。

建立健全质量保证体系，建立各级创优工程领导小组，负责起草各类工程管理文件，开展质量创优活动。加强质量意识教育，提高全员的创优意识，要求全体员工把工程创优视为企业生存的大事。搞好技术培训，加强科技攻关，开展 QC 活动，消除质量通病。

建立定期和不定期的施工质量检查制度，根据工程进展情况，按《公路工程质量评定验收标准》要求及时进行分项、分部、单位工程的质量检查验收及评定工作。

加强技术工作，强化方案优化，合理进行施工组织安排，做到标准明确、重点突出、技术交底清楚、施工指导切实具体。抓好测量及试验基础工作，确保各种原材料符合工程要求，确保工程位置、结构尺寸准确无误。

坚持开工必优、样板先行。保证每个分项工程以优质为标准，全部质量合格，并树立样板项目，以样板工程带动工程的全面实施。

依靠合同、经济手段贯彻执行创优质工程的标准和要求，深入持久地开展创优活动。建立激励机制，奖优罚劣，鼓励创优，并定期进行考核兑现。

## 5.2.2　管理方针

施工总承包项目具有涉及体量大、参建单位多的特点，管理效率、管理行为是决定项目管理成败的关键，以加强人员的管理，才能促进项目的管理。科学合理确定施工总承包方的管理方针，对项目管理的成功起决定性的作用。施工总承包方要树立“讲大局，讲品质，讲效率，讲效益”的管理方针，相关制度保障参建各方践行管理方针，以项目整体价值取向为管理目标，杜绝个别组织、个别个体的不当行为损害项目目标的实现，促使合作各方向共赢价值取向努力。

### 1. 讲大局

对施工总承包方自行组织施工的参建标段要讲大局，倡导“一家人”文化理念。倡导和弘扬高速公路内部参建者同根同源、血脉相连的归属感和认同感，打造共同价值观和高度的责任感，在高速公路建设领域中创精品、树品牌。

外部协作倡导“一家亲”的和谐理念。全线参与建设管理的设计、监理等各单位，及跟随企业南征北战多年的农民工兄弟，与企业合作共赢。提供保障的当地物资供应商和施工队群体，沿线给予保姆式服务的市、县、乡镇等各级地方政府和给予充分理解支持的百姓，都对高速公路的建设给予了高度关注、深切关怀、热情指导、无私帮助和大力支持，参建各方要心怀感恩，以和谐理念，和关心支持高速公路建设的各方一起构筑和谐良好局面，建好高速路，造福沿线人民。

以情化人，以家的温暖凝聚人心，增强归属感，是以人为本管理理念的具体体现，蕴含着浓厚的人文关怀。在实际协调过程中，以情感为基础，加强与地方政府和沿线百姓的沟通交流，赢得理解、支持和帮助；在具体管理过程中，业主方和总承包指挥部对各参建单位坚持情感管理，在管理行为中渗透情感，认真做好各项服务帮助和协调保障工作，确保合作共赢；在对待全线管理人员方面，以情感人，最大限度激发积极性、主动性和创造性；在对待农民工兄弟方面，面对面交流，心连心沟通，增强归属感、使命感和责任感。以情感调动各方力量，凝聚各方合力，在打造高铁版高速公路的同时，努力实现各方利益最大公约数。

### 2. 讲品质

培育和锻造一个有凝聚力、向心力、亲和力的管理团队，坚持讲文化品质、做人品质、行为品质、工作品质、工程品质。业主方、总承包指挥部和各参建单位分别形成完整有效的文化体系，将文化与行为自觉完美融合，贯穿项目管理和建设全过程，坚持诚信经营、开拓创新、践行人品、缔造精品。

### 3. 讲效率

没有良好的内外部建设环境，效率无从谈起；没有效率的项目建设是失败的项目，没有效率就不会有效益。要坚持对内“一家人”，对外“一家亲”的文化理念深入人心，团结起全体参建单位，获得高速沿线各界人们的理解和大力支持，创造和谐宽松的内外部建设环境。

抢抓征拆时间点，积极协助业主方对所有居民区分片承包，宣讲政策、解决问题。划分责任区，书面承诺工序转段和移交时间。统筹安排，见缝插针，以架梁通道形成为主导，抓旱季，抢雨季，攻克重难点。总承包指挥部动员各参建项目部，组织好必需的人力、物资、机械等资源，高效率推进高速公路建设进度。

### 4. 讲效益

在制度制定、实施管理过程中，一以贯之坚持“阳光管理”，做到公开、公平、公正，尽职尽责，廉洁从业；坚持“和谐管理”，让大家树立“一家不通全路受阻，一家亏损都不算成功”的思想。在具体管理过程中，积极主动为各单位提供及时、周到、全面的服务。加强技术指导，帮助优化施工组织设计，实现降本增效；加大对各参建单位各类级人员的业务培训考核力度，积极指导各单位业务部门的工作，帮助提高员工工作能力；积极协调地方关系，搞好征地拆迁等工作，指导各标段临时用地征用；指导提高标准化和文明施工水平，帮助识别各类隐患，有效规避风险；指导分包方加强成本控制，提高创利增效水平，努力实现各方综合效益最大化；积极协调组织甲控物资招标工作，帮助项目部降低采购成本。

### 5.2.3　施工组织管理

施工总承包方要针对项目特点，梳理重难点工程和高精尖技术工程，组建重难点技术方案管理领导小组，组织研究分析全线各项工程，确定全线控制性工程及重难点工程项目。各项目部根据施工总承包指挥部确定的全线控制性工程及重难点工程项目，结合本项目工程特点确定所属重难点工程，编制详细的施工技术方案，组织相关专家研究论证进行评审，并上报其母体公司审批签字盖章后报总承包指挥部项目技术负责人核备，分包方按照最终审批的技术方案组织实施(图 5-3)。

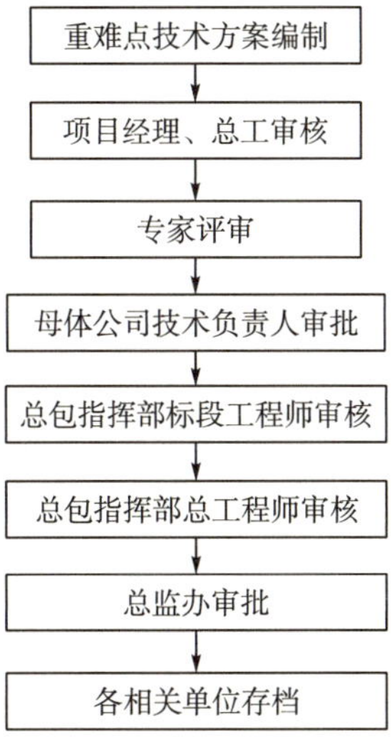


图 5-3　重难点技术方案管理审批流程

指挥部组织相关标段编制施工方案，邀请业内相关专家，以及业主方、设计、监理等相关单位对施工方案的可行性进行研究讨论，制定最佳的施工方案。

### 5.2.4　合同管理

建设工程合同管理是项目管理手段的核心。合同是构成各主体责任方契约关系的组带，不论是项目业主方、施工总承包方，合同所确定的各项权责义务和目标是合同实施双方共同履约的管理目标。项目施工总承包管理中，要坚持“以合同管理为主、制度管理为辅”的创新型、契约型管理理念，在项目招投标阶段或项目实施前要做好合同设计，从合同相关各方的组织结构模式、合同目标、合同实施标准、合同实施各方权责义务、合同实施风险、合同实施评价等各方面做好合同的事前策划和架构设计。坚持合同管理，就是坚持法规管理，坚持契约管理，规避管理者个体行为的任性管理，从而更有利于促进项目管理目标的实现。

1. 做好合同范本设计

施工总承包方的项目管理中，因项目实施而签订的合同较多，合同文本的严谨性、规范性、合法性、有效性、风险防范性等属性对合同管理产生重要影响。筹划好不同类型合同示范文本对加强项目合同管理、风险管理有着重要作用。示范合同文本要按照施工总承包实施涉及合同服务的类别编写，体现合同示范文本的专业适用性。施工总承包方涉及的合同文本中，施工分包合同是最为重要的。施工分包示范文本要以交通运输部《公路工程标准施工招标文件》中公路工程专用合同条款和国家九部委《标准施工招标文件》中通用合同条款为蓝本，结合施工总承包合同文本、项目管理实施规划及各项控制目标的要求，编写施工分包合同，重点对权利义务、质量标准、安全管理、工期目标及工期延期的违约责任、风险分担、交竣工验收、缺陷责任、工程造价等进行细化，形成适用性、有效性、合法性等施工分包合同文本。

2. 健全合同管理体系

建设项目合同标的涉及金额大，风险一旦发生其构成的风险损失量较大。加强建设项目合同管理是项目风险管理和项目实施管理的重点要素，施工总承包方健全合同管理体系是规范建设项目合同管理的重要保障措施。项目施工总承包指挥部要依据施工总承包方企业法人的合同管理体系制定项目合同管理体系，从合同管理的组织机构、管理程序、风险评审、批准实施、事后评价等环节进行合同的系统化管理，防范合同的事前风险、决策风险、实施风险。施工总承包方指挥部要明确合同管理机构、合同管理职责、合同协同管理、合同文本选用、合同签章形式、合同审批流程、合同审批权限、合同风险法律意见、合同价格确立依据和程序、合同实施批准等环节并加以细化，确保合同管理体系的完备性、可实施性、严谨性、合法性。

3. 合同的分类及内容组成

BOT 模式下施工总承包范围主要涉及的经济合同有企业内部的目标责任合同、施工总承包合同、施工分包合同、物资采购合同、设备采购安装合同、检测合同、保险合同、咨询合同以及与项目实施有关的非工程类合同等。

1）目标责任合同

目标责任合同是施工总承包企业与其派出机构就实施施工总承包项目的各项目标及落实相关管理要求而签订的内部责任合同，是施工总承包现场管理机构履行施工总承包合同各项义务、实现各项责任控制目标的考核评价和兑现奖惩的依据。包括的内容有：①施工总承包项目管理规划；②企业锁定的项目工期、质量、安全、成本、效益、上缴款等目标；③施工总承包方的企业管理制度；④项目评估报告；⑤业主方的合同文件。

2）施工合同

施工合同主要为项目的施工总承包合同和施工分包合同。施工总承包合同是施工总承包方与项目业主方就实施项目所签订的施工合同，常见的合同性质有单价合同、固定总价合同。施工合同的组成为：①合同协议书及各种合同附件（含评标期间和合同谈判过程中的澄清文件和补充资料）；②中标通知书；③投标函；④承诺函；⑤项目专用合同条款；⑥公路工程专用合同条款；⑦通用合同条款；⑧技术规范及补充技术规范；⑨图纸；⑩已标价工程量清单；⑪补遗书；⑫承包方有关人员、设备投入的承诺及投标文件中的施工组织设计；⑬合同实施期有关的商洽纪要、书面函。

3）物资采购或设备采购安装类合同

这里的物资和设备主要指构成高速公路工程实体消耗的且由施工总承包方组织采购的主要物资和工程设备。按照施工总承包项目管理实施规划，施工总承包方组织采购的主要物资一般包括但不限于水泥、钢材、油料、支座、防水材料、伸缩缝、外墙装饰材料等对质量可能造成影响的重要物资。

物资采购合同组成内容为：①供货合同；②中标通知书；③投标函；④承诺函；⑤材料清单及材质标准或设计图纸；⑥与合同有关的商洽纪要、书面函。

工程设备采购安装合同组成为：①设备采购安装协议；②中标通知书；③投标函；④承诺函；⑤项目专用合同条款；⑥公路工程专用合同条款；⑦通用合同条款；⑧技术规范及补充技术规范；⑨图纸；⑩已标价工程量清单；⑪补遗书；⑫承包人有关人员、设备投入的承诺及投标文件中的施工组织设计；⑬合同实施期有关的商洽纪要、书面函。

4）技术服务及咨询类合同

技术咨询服务主要指因项目施工质量管理和风险管理需要，依据他人验收原则、专业技术服务原则，委托工程实体检验检测单位、工程保险单位、工程咨询单位为本项目提供专业技术咨询服务和工程风险承保的服务。

检验检测合同组成为：①检测服务协议；②中标通知书；③投标函；④承诺函；⑤合同条款；⑥验收标准；⑦技术规范及补充技术规范；⑧图纸；⑨已标价工程量清单；⑩补遗书；⑪合同实施期有关的商洽纪要、书面函。

工程咨询服务合同组成为：①工程咨询服务协议；②中标通知书；③投标函；④承诺函；⑤咨询专用合同条款；⑥咨询通用合同条款；⑦工程造价咨询标准；⑧工程质量验收标准；⑨设计规范；⑩咨询人员清单；⑪补遗书；⑫合同实施期有关的商洽纪要、书面函。

工程保险合同组成为：①保险服务协议；②中标通知书；③投标函；④承诺函；⑤工程保险保单；⑥保险特别条款；⑦保险扩展条款；⑧保险通用条款；⑨保险服务手册；⑩工程结构分布图；⑪补遗书；⑫合同实施期有关的商洽纪要、书面函。

#### 4. 合同管理程序

根据施工总承包企业《经济合同管理办法》，结合《施工承包合同》制定施工总承包指挥部《经济合同管理办法实施细则》，对本级合同管理机构、管理职责划分、合同文本起草、合同订立审批程序、合同履行跟踪和评价、合同结束或解除、合同管理监督检查及考核奖惩等方面程序进行细化，从制度体系和管理程序规范合同的实施程序，防范合同管理风险。

施工总承包项目一般由计划合同部门作为归口管理部门，其他部门按照职责分工具体承办业务范围内需要实施的合同，涉及合同业务协同的，相关部门要予以配合并履行协同权责。施工总承包指挥部要从合同发起阶段、合同订立准备阶段、合同实施阶段及合同后评价阶段进行全过程的合同管理。

(1)合同发起阶段：根据项目管理、技术检测、技术论证等需要，由合同主办部门发起选择相关方实施合同服务的必要性，经施工总承包指挥部领导同意后，由主办部门组织相关服务调查和前期准备工作，编制招标计划、组织招标或邀请招标选择相关方，或采用竞争性议标方式选择相关方。

(2)合同准备阶段：对合同当事人的人员资格、业绩、信誉等进行核查、论证，选择有实力的合同当事人来完成委托服务任务。主办部门应优先着手准备合同当事人的资信调查、合同标的确定、合同文本内容、合同格式、合同洽谈等工作内容，为合同的起草、评审、送审、批准、签订做好基础性合同管理工作。

(3)合同的订立：招标文件和竞争性议标的主要合同文本要以施工总承包方确定的示范合同本文作为依据，完善合同当事人的资质证照、授权委托、合同价款、风险约定、争议解决等合同要素，完成合同起草后，履行施工总承包指挥部本级的业务评审，经业务评审后按照报批权限上报上级企业法人进行价格控制、内容完备性评审、法务合法性评审、行政审批。施工总承包指挥部依据法人评审批复意见，完善合同内容，并办理法人用印手续。为确保项目建设管理效率，项目合同按照合同类别和合同标的额的大小来确定审批程序，一般情况下合同额大于10万元以上的要按照审批权限报施工总承包方法人审批，其余项目由施工总承包指挥部审批。

(4)合同实施：项目合同签订后进入合同实施阶段，施工总承包指挥部要组织业务部门进行合同交底学习，交底实行书面交底，对合同条款中涉及业务部门的管理内容、风控内容、合同实施标的、当事人授权代表及权限、工作协同等内容进行认真交底并签字确认。定期组织业务部门对合同实施效果、存在问题、实施风险等进行讨论、评价，防止业务接口不顺畅带来的合同管理风险。

(5)合同实施评价：合同实施评价分为过程评价和实施后评价。过程评价要对服务进度、服务标准、服务效果、服务成效、服务满意度等进行评价，对评价结果和存在履约问题要及时以书面函形式告知合同当事人的法人，通过实施过程评价来促进合同当事人加强信用管理和履约管理。合同当事人完成合同工作任务和合同义务后，施工总承包方或施工总承包指挥部要组织相关合同主办部门开展合同实施后评价，对实施过程中工作质量、服务期限、服务效果、资信情况以及施工总承包管理的不足等履约内容进行后评价。开展全过程合同管理评价工作，能够提升和改进施工总承包方、合同当事人的合同履约管理。

### 5. 合同风险管理

合同风险管理是项目风险管理的源头壁垒，通过合同方式可以实现施工总承包方风险的规避、减弱、转移。合同风险的识别、风险要素及应对措施在风险控制章节重点讲述。本节重点讲述合同文本管理中存在的风险因素。

(1)文本错漏风险：工程项目合同组成内容较多，文本表达、计量单位、数字符号出现误差、表述含糊有歧义或标准执行约定不清晰等差错，容易造成施工总承包方与施工分包方或其他当事人理解偏差或理解错误，引发合同纠纷。合同主管部门要组织相关专业人员对合同内容详细评审，必要时委托咨询单位进行专业编写或评审合同文本。如将203-1-a 浆砌护坡 $m^3$，误写为：203-1-a 浆砌护坡 $m^2$，造成合同结算纠纷。关于结构物台背回填宽度的约定，技术规范与设计图纸往往存在偏差，标准不统一。

(2)合同评审风险：工程项目合同中有关定义、表述、权利义务约定、风险分摊、诉讼方式等的约定会存在不符合法律法规的细节，经过法务人员专业评审和法人审批两个环节可以减少或降低合同的违法风险。

(3)保存管理风险：工程项目合同及有关往来函件会涉及相关保密协定、商业秘密等信息，合同管理程序不严谨，或没有专职管理，或借阅存档随意化，都会引发合同管理泄密，会对企业造成相关损失或为项目管理带来困难与风险。

(4)合同执行风险：项目管理过程就是合同实施的过程，由于管理人员业务素质和知识掌握的系统性程度不同，对合同的理解和执行存在偏差；或因管理人员对合同交底掌握不清楚，缺少合同管理信息沟通等，容易造成合同执行不符合合同要约的要求，超越合同约定范围和边界，为项目合同的实施和后期结算带来管理上的隐患风险。还有部分管理人员合同意识薄弱淡化，对往来函件不予及时受理，相关义务不及时履行或履行不符合合同要求，造成函件未处理或未及时处理，致使有关项目的决策滞后，贻误战机，给项目实施带来困难。业务部门对合同当事人现场负责人的授权委托范围(如：新任项目经理未履行变更手续而实际履行项目经理权限签字的，签字行为不合法；或某些管理人员无授权签字或超越合同授权范围签字等行为)认识不清，造成重要的财务凭证、签证、项目实施方案审批签字等行为的不合法，也会给项目实施带来一定的管理风险。如：某单位工程或分部工程图纸供图较晚，贻误承包人有利施工时机，甚至会影响施工分包方的合同工期实现，施工分包方向施工总承包指挥部书面来函建议施工总承包方另行委托施工单位实施，函件转主管工程师处理后，因主管工程师合同意识薄弱未及时办理合同当事人来函，在主管工程师办公室存放半月以上，超过了合同约定的受理期限，按合同施工分包方视为施工总承包方认同了函件诉求，从而造成合同工期的延误。

(5)合同结算风险：高速公路施工合同造价中，100章内容、暂估价使用、材料价差、变更设计事由和审批签字程序不合规、开口合同结算签字不合规等签证问题，也会带来一定的结算风险和违规风险。

(6)行为弱化风险：对合同义务及风险认识不足，对合同一般义务不履行或对承包人不合规行为未予重视，合同实施中弱化了管理的权利义务而带来的合同风险，如履约保证金不缴纳、质量保证金的提前支付、有关民工权益单方面偏信施工分包方的表态而没有核实、非主体工程的质量验收标准降低、超合同权力的管理等。

(7)分包风险：施工中或多或少存在分包主体资格不具备、层层转包、违法分包、以包代管、无资质承揽、超资质承揽、以劳务之名进行专业分包等现象。违法分包行为易给项目的质量、进度、信誉等造成负面影响，甚至引发连带责任经济风险。为规避相关分包风险，施工分包要依据相关法律法规执行，科学合理划分标段承包范围，划分时要结合工程专业属性、工序相关性及施工资质许可的内容和范围，确保施工分包主体资格法定完备，分包范围和资质许可一致，坚决查处和禁止违法分包、分包范围与资质许可不一致的现象。

### 5.2.5 进度控制

施工总承包方要针对项目特点，组建工程进度管理领导小组，认真研究分析全线各单位和分部工程，梳理重难点工程和控制性工程，编制工程进度网络图和时标横道图，锁定关键线路和关键工作，组织生产口技术人员编制实施性总体施工组织设计。根据总体施组，编制总体施工进度计划、年度计划、季度计划、月度计划，编制劳动力、材料、机械设备等施工资源的配置计划。对实施过程中的工程进度进行监督、检查，审核进度计划的调整方案。定期组织召开月度生产例会，解决施工生产过程中存在的问题。审核安全、质量保证计划及保障措施。按照工程进度计划，合理安排资金并做好支付工作，以便工程的顺利进行。

1. 事前工作准备

在招标文件中明确规定承包方施工中各类人员、各种施工机械和不同作业机组的数量要求，要求在投标文件中明确响应并作为评标的依据之一。工程开工前和施工过程中对照投标文件中的承诺进行资源配置检查考核。在施工合同中明确规定总工期和阶段性工期控制目标，明确工期延误的处罚办法和工期提前的奖励办法，用经济措施改进施工进度控制能力。

编制时标网络图和横道图进度计划，综合考虑恶劣气候季节如雨季、低温季节、沙尘天气等影响因素，锁定关键线路和关键工作，针对关键线路上的工期控制性工程进度，要采取配强资源配置、合理优化组织结构模式、实施控制措施等管理手段，为关键线路和关键工作的实施做好控制体系保障。

2. 施工过程控制

1) 加强施工组织动态管理，合理组织人、机、料等生产要素

总承包指挥部积极为项目部施工创造良好的外围条件，做好征迁协调和组织工作，加快征迁外协工作效率，尽量减少外界干扰对工程进度的影响。在项目进行的全过程中，及时反馈工程进度信息，定期检查工程进度，及时将实际值与计划值进行比较，发现偏离及时提出建议，必要时要求项目部修改施组计划，调整施工机械和人员数量，确保关键线路进度目标实现。总承包指挥部定期通报各项目施工进度，通报实际进度与计划进度的偏差情况，若出现实际偏差滞后于工期计划的，要提出施组优化措施，综合运用组织结构模式调整、技术措施、经济措施、合同措施来加快关键线路工作进度，确保工期目标实现。

在保证工程质量的前提下，采取必要的经济措施，保证项目进度目标的实现。如开展劳动竞赛掀起大干快上施工热潮，提升工作效率，在劳动竞赛评比规则中，把进度计划完成率考核指标权重适当提高。

2)加强设备保障和物资供应

设备选型、配置数量、设备完好率及设备安全操作是保障施工进度的重要生产要素。施工总承包方要督促分包方或自行实施标段按照施组合理配置资源，尤其要将关键线路和关键工作的设备选型、配备配置及完好率作为重点要素来抓，在招标阶段或施工分包合同中明确设备选型、配置、完好率及考核要求，防止设备选型和配置数量偏低带来的工效降低，防止设备操作人员无证上岗带来的操作安全风险。对于特种设备安全操作的管理，施工总承包方要组织特种设备专家联合检查，促进对特种设备安全管理，消除设备安全性能隐患及操作不当安全隐患，加强对特种设备进场、安装、使用和拆除等环节的安全监管，定期邀请专家、地方安监局、质量监督局对现场大型机械设备、特种设备管理进行检查，确保特种设备安全性能可控，设备安全运行。

面对高速公路项目大规模的物资需求，施工总承包方应坚持物资集采或联采方式，以规模换单价，通过集采方式降本增效。由于施工总承包项目采用的是分标段施工，为防止个别标段出现物资断供现象，施工总承包方在组织物资招标采购时，可将施工总承包方的物资公司纳入物资集采供应的备供方，或将不同项目部的物资供应商交叉备供。备供方案写入招标文件和物资合同中，作为主合同的附属义务，备供事件发生时，由供货方与临时采购的项目部另行签订合同并结算。即在实际供应过程中由于供应商供货能力不足造成停工待料等争议情况不能履约时，可以经标段提出需求，按照项目部采购价格由备供方进行供货，确保施工顺利进行。

3)加强技术支撑

为了靠前指挥，及时解决现场的实际问题，施工总承包方应组建现场组，委派标段工程师驻扎现场，负责现场安全、质量、进度的监管、控制、督促、协调及服务工作。对存在一定技术难度的工程项目，组织专家进行论证，制定安全、合理的施工方案，做好技术支撑和技术保障。

4)施工进度纠偏

现场施工过程中一旦发现实际进度与计划进度不符，将认真寻找产生进度偏差的原因，分析该偏差对后续工作和对总工期的影响，及时调整施工计划，并采取必要的赶工措施以确保进度目标实现。若出现偏差的工作为关键工作，则无论偏差大小，都对后续工作及总工期产生影响，必须采取增加人员、物资、设备的投入等相应的调整措施。若出现偏差的工作为非关键工作，需要根据偏差值与总时差和自由时差的大小关系，确定对后续工作和总工期的影响程度。若工作的进度偏差大于该工作的总时差，说明此偏差必将影响后续工作和总工期，必须采取增加投入等相应的调整措施。若工作的进度偏差小于或等于该工作的总时差，说明此偏差对总工期无影响，但它对后续工作的影响程度，需要根据比较偏差与自由时差的情况来确定。

5）考核奖惩

施工总承包方按照各分包方合同清单造价的 0.5%计提激励基金，用于施工总承包项目开展劳动竞赛、进度计划和进度目标完成情况的考核激励基金。施工总承包方要定期对进度实施情况进行考核，进度考核按月、季度和年度考核，奖罚兑现。考核打分以标段形象进度、节点工期完成情况、当月实际完成投资额等情况，结合进度管理其他要求进行综合打分，得分纳入指挥部综合考核体系中。工程进度的里程碑进度即为进度计划关键控制点，节点工期、关键交接工序等均为进度计划的关键控制点。施工进度的各级管理部门必须严把施工进度的关键点控制。每季度末月 25 日进行季度考核，季度考核以月考核为依据进行汇总评分；每年 12 月 25 日前对年度进度计划进行考核。进度考核按照权重汇总至指挥部综合考核中，以最终综合考核办法进行奖罚兑现。

### 5.2.6　投资控制

施工总承包方加强建安投资控制的主要目的是：防范建安投资超出施工总承包合同造价进而突破施工图预算总额，增加投资部分不予确认的情况下引发工程合同经济纠纷；防范因分包方合同造价超出施工总承包合同造价，资金不足造成项目进度迟缓、质量不受控、安全生产形势严峻等项目管理问题，使得施工总承包风险增加；是投资人对项目业主方和施工总承包方建设管理投资目标控制的要求。各分包方建安工程造价要控制在目标范围内，避免出现超预算支出，确保既定的投资控制目标和经济效益指标能够实现。

1. 设计优化

建设项目施工总承包方投资控制实施的主要阶段是项目的设计阶段、实施阶段和竣工阶段。施工总承包方在项目设计阶段加强与业主方、设计单位的联系，对设计文件中施工成本较大、施工效率偏低、安全质量风险较高的设计内容进行优化，对设计存在的差漏错项及时提出，避免实施阶段发现设计文件存在错误，造成投资增加。

2. 确立目标

依据设计文件和合同文件，施工总承包方设立项目建安工程投资控制目标，把投资控制目标作为项目目标策划中四大管理目标的一个重要指标。项目施工建设期间，建安投资控制目标包括施工图建安投资、变更设计、价格涨幅、合同外新增工作等内容，而建安投资控制的重点是量价双控，重点是量的控制。投资控制目标以各分包方或自行实施部分的合同为基础，以施工设计图 0#清单工程量和不可预见费为控制指标。施工总承包在总控制目标下进行目标的细化分解。

(1)加强工程数量管理，确保计量支付工程量控制在五方会签确认的 0#清单工程量内，各标段合同建安投资依据五方会签的工程数量、合同单价、签证的附加工作量、价格调整等进行控制，不得超目标计量和支付。

(2)施工标段土建(或路面或交安绿化)工程投资控制目标为合同清单投资与不可预见费之和(不可预见费包含工程量差投资、设计变更费用、材料价差、理赔等)。

(3)加强合同清单外建安投资管理，做好工程量差、设计变更、材料价差、理赔等费用管理；土建、路面、交安、绿化工程的不可预见费控制指标，以总包合同清单对应投资额的 2.4%为上限，分专业进行过程控制。但总包合同清单外增减的投资总额，要控制在总承包合同不可预见费总额的 80%以内。若因设计、不可抗力等原因造成专业工程不可预见费超过建安投资额 2.4%上限，但为确保投资控制总目标的实现，各专业不可预见费总额控制在总包合同清单不可预见费总额 80%内。

### 3. 投资控制主要措施

#### 1)组织措施

建立健全组织管理模式，成立投资控制领导小组，明确任务分工和职能分工，进行目标分解，落实目标控制责任。

#### 2)管理措施

(1)施工总承包指挥部与责任部门领导签订《管理目标责任状》，确定投资控制管理目标并分解细化，明确双方管理权责，制定奖惩措施。

(2)制定施工总承包方的项目投资控制管理体系，规范投资控制责任、控制程序、控制分工、控制目标等。总承包指挥部制定《经济合同管理办法》《工程造价控制管理办法》《风险控制管理办法》《计量与支付管理办法》《变更设计管理办法》《激励考核管理办法》等，保障投资控制目标顺利实现。

#### 3)经济措施

(1)在总承包指挥部本级依据《管理目标责任状》，及时对投资控制目标实现的执行情况进行考核，并按责任状约定对相关责任部门和责任人兑现奖罚。

(2)根据《施工承包合同》，对积极主动提出设计方案优化、降低建安投资费用且不影响使用功能的分包方，依据《变更设计管理办法》和《激励考核管理办法》对其进行考核奖励。

(3)严格按合同约定办理的材料调价方法和材料价格涨跌风险承担范围，对主要材料进行价差核算，对钢材、水泥、燃油、沥青等主要材料按照风险承担范围计算应调差金额和风险范围分包方应承担的价差。

(4)施工准备期间，组织业主、监理、设计、施工总承包方及分包方对施工设计图进行清理，建立五方会审 0#清单工程量，并采用计量支付系统软件进行信息化控制，录入 0#清单工程量，作为过程计量的数量控制目标，确保计量工程量不得超出 0#清单工程量。

4)技术措施

(1)明确计量程序，严格审核现场施工工程量。采取分包方计算，提交施工资料证明，组织相关人员现场复查，监理审核的方式，确保计量工程量与施工现场一致。

(2)在施工过程中，应多次组织相关人员对设计图纸工程量进行复核，严格按技术规范和图纸清理工程数量，并按程序完善签认，避免工程量重复计算及差错漏的情况。

(3)依据《变更设计管理办法》，按程序申报设计变更，经业主方、设计方、监理方、施工总承包方、分包方五方会签确认后实施。

## 5.2.7　成本控制

成本控制分为两部分，一部分是施工总承包方的合同成本控制，另一部分是施工分包方或自行实施标段为实施本工程所需投入的工料机直接费、措施费、间接费等实际施工成本。施工总承包方运用成本比较法对标段施工成本中主要经济指标进行横向比较，对施工成本运行质量进行比对分析，发现施工标段经济运行存在的问题，督促即时纠偏。

施工总承包方的合同成本控制的内容包括合同直接成本和间接管理成本。合同成本控制的要素主要是设计图工程量控制、新增项目单价控制、变更设计合同成本控制、施工总承包指挥部本级管理成本的控制。施工分包方的成本控制主要通过施工总承包方开展的主要经济指标比较分析来发现施工分包方在成本管理中存在的风险，即时告知纠偏。

1. 施工总承包方的合同成本控制

(1)主要通过建安投资控制目标中的经济措施手段来实施施工总承包方本级的合同成本控制，多次复核施工设计图数量，建立合同工程量清单与 0#工程量清单对比台账，及时修订工程量控制指标，根据工程量控制指标确定控制计量数量的红线。

(2)严格计量支付程序，严格按照合同文件和计量支付管理办法办理计量支付手续。

(3)根据《施工承包合同》，对积极主动提出设计方案优化、降低建安投资费用且不影响使用功能的施工分包方，依据《变更设计管理办法》和《激励考核管理办法》进行考核奖罚，激发施工分包方投资优化的管理潜能。

(4)加强设计变更的理由审查，对增加费用的变更设计要加强造价审核和事由审查，如施工图设计不影响功能和质量的，原则上不变更；对重大设计变更和费用增加额度较大的变更设计，要组织相关专家对设计变更是否影响其他专业的实施性、专业衔接性、设计变更估价原则的合规性等进行严格审查，确保变更设计方案的技术经济最优化。

(5)严格按合同约定办理的材料调价方法和材料价格涨跌风险承担范围，对主要材料进行价差核算，按照风险承担范围计算应调差金额和风险范围分包方应承担的价差。

#### 2. 施工分包方施工成本风险控制

(1)施工总承包方依据物资分类、技术标准、运输条件等，将所有参建的施工分包方物资进行分类划分招标包件。包件要综合考虑包件采购规模、运输集中性、运输条件设置采购招标限价，合理设置评标条款，从供货方实力、供货方的货物供应方式和途径、供货方付款时限和条件、供货方违约成本等分类设置条款，通过集中招标选择优质供货方和有竞争性价格的供货方，降低施工分包方的物资采购成本，规避或降低供货方的断供风险。

(2)施工总承包指挥部要做好施工分包方的施工成本风险控制，按季度对施工分包方的各项经济指标进行横向对比分析和偏离平均控制指标的偏差分析，如主要工序劳务价格、主要材料节超率、间接费支出额和间接费占合同收入比率、工期产值进度指标、人均产值指标等经济指标的横向对比，来判断各分包方施工成本管理存在的漏洞和偏差，即时告知纠偏，防范施工分包方的成本控制风险向施工总承包方转嫁。

(3)组织分包方现场踏勘、施工调查，发挥施工总承包方的技术优势和施工统筹优势，以方便施工、降低投资成本和分包方的施工成本为原则，坚持方案优化，降低成本、提高工效。

(4)全面抓好征地拆迁工作，积极协调征拆相关各方，配合属地政府和征拆职能部门，保证征拆工作不影响现场施工和合同工期。

(5)协调资源共享，发挥参建单位一家人和一家亲的和谐文化，对施工分包方或自行实施标段的闲置资源进行调拨，满足相邻标段的应急之需，降低施工成本和缓解特定时段的进度风险。如协调标段之间模板调配使用、拌和站和水稳站就近利用、委托生产等，降低施工成本。

### 5.2.8 质量控制

质量控制贯穿在建设项目实施阶段全过程质量管理活动中。施工总承包方根据法律法规和项目特点对影响质量的因素进行识别，依据项目管理实施规划编制质量管理体系，综合运用质量策划、质量保证、质量控制、质量改进等手段来实施全部质量管理职能，实现质量管理目标。施工总承包方的质量管理活动贯穿招标采购、施工、安装、交竣工验收等各个阶段，项目质量涵盖的内容包括设计质量、材料质量、设备质量、施工质量、交工验收。施工总承包方按照项目管理涵盖内容和质量管理活动所贯穿的各个阶段，运用动态控制原理，对工程质量进行事前预控、施工过程控制及交工验收控制。

1. 事前控制

1)设计图纸会审

对各分包方关于质量控制的部分合同进行会审，明确质量管理中各方的责权利。组织各标段技术人员对设计图纸进行会审，在设计单位组织的设计交底会议上提出问题，供设计单位解答，并形成会议纪要和设计交底答疑纪要，为现场施工创造良好条件。

2)重大工程技术方案审批

根据项目施工组织总设计，施工总承包方对达到一定规模或存在危险性较大的专项工程要编制专项施工方案。重大工程专项施工方案的审批流程按照单位工程施工组织设计审批程序执行，由施工分包方的技术部门编制并组织专家论证。经施工分包方技术负责人审批后报施工总承包方项目技术负责人核备后，报总监理工程师、业主方项目负责人批准后实施。如有必要，施工总承包方项目技术负责人组织专家再论证。通过方案审批权限的提升和相关专家论证，确保重大专项工程的技术方案满足技术可行性要求。

3)样板先行首件验收制度

施工总承包方为了确保工程标准化施工作业，同时为后续规模化流水线生产提供相关技术参数和技术标准，制定了首件工程验收制度。施工总承包方组织各参建单位召开现场观摩会，对于验收合格的首件工程工序进行全线推广，为工程质量控制起到事前示范和工艺引领作用。

2. 过程控制

1)质量数据信息化管理

根据信息化系统策划，施工总承包方利用信息化系统质量数据集成，将工地试验室的试验数据通过信息化系统上传到系统中，供施工总承包方、业主方、监理工程师、施工分包方等查询、统计、分析，实现对工程质量信息和试验数据的动态控制。

高速公路项目的混凝土拌和站、水稳料拌和站、沥青拌和站质量信息数据通过信息化系统上传，供拌和站站长、施工分包方、监理工程师、业主方、施工总承包方相关质量管理人员查询，通过手机版的系统平台，实现材料进场质量管理、配合比设计用料管理、拌和站质量数据和检测数据信息管理等的过程质量监控，同时实现生产数据报表自动上传、误差和超标报警提示、留样试块强度检测过程监控、自动生成强度报告等。

2) 选派现场组

高速公路具有线路长、工点分散、管理跨度大等特点。为了靠前指挥，及时协调解决施工生产中的实际问题，施工总承包方组建若干个现场组，作为施工总承包管理的延伸。现场组由标段工程师组成，驻扎现场并负责现场安全、质量、进度的管理、控制、指导、协调及服务工作，对全线工程安全、优质、高效完成起到积极的桥梁和纽带作用。

3) 落实班组长带班作业制度

为确保工序质量及作业指导书作业标准和作业流程的实施，施工总承包方推行班组长带班制度，指导劳务分包企业、劳务用工落实作业标准化，规范工序质量管理，在全线推广班组长带班作业制度，尤其是隐蔽性工程、主体结构工程要在加强班组长带班作业制度的基础上，实行技术干部带班作业制度。通过班组长带班制度，保证“三工教育”的正常开展，确保现场作业安全质量管理受控。

4) 工程质量抽检随机化

工程质量抽检分为原材料抽检和实体工程抽检。对于施工总承包方试验机构具备检测能力的，由施工总承包方的试验检测机构委派现场试验室来实施，现场试验室隶属于施工总承包方现场指挥部管理。不具备试验检测能力的，由施工总承包通过招标比选方式选择资质条件满足要求的试验检测机构来实施。

工程质量抽检是指按照工程特点、质量控制薄弱点、结构工程质量控制等要求，组织对原材料、半成品的抽样检测或送样检测。检测范围包括构成实体工程的原材料、设备以及不构成实体工程的周转物资、措施材料等，同时对隐蔽工程、主要受力部件或构件、地基基础、结构工程强度等实体工程质量进行检测，如台背回填压实度、软基路基桩基础、桥梁桩基、梁体受力型式试验、桥墩强度、墩柱竖直度、钢筋保护层厚度、隧道初支和衬砌厚度及空洞、沥青路面压实度、厚度、渗水、平整度等检测项。通过原材料随机抽样检测和实体工程、隐蔽工程质量检测，有利于施工总承包方的质量控制目标的实现，消除质量风险。在实施抽样检测的同时，施工总承包指挥部试验室要加强对参建单位的工地试验室人员资格、检测业务能力、自检频率、检测数据信息化集成等内容进行检查考核，提升参建单位试验检测人员的执业能力、敬业精神。

5) 实行红黄灰牌奖惩制度

施工总承包方推行红黄牌质量制度，旨在通过红黄牌制度对施工分包方或自行实施标段的质量管理水平和管理能力进行评价，同时也是对施工分包方和自行实施标段质量管理行为的一种考核奖惩机制。以此数量的累积评价质量管理的好坏，必要时按照合同措施进行违约处理。施工总承包方划分红黄灰牌等级，红黄牌数量的累积构成不同等级违约行为的，按照合同和相关制度予以违约处罚；必要时，撤换项目经理。

6)组织质量检查

施工总承包方根据项目管理进展和进度节奏，选择不同的时段，有针对性地开展综合质量大检查。检查分为内业检查和外业检查；外业检查分为实体检查和外观检查；实体检查以试验室检测数据说话，用数据事实来衡量判断现场质量管理成效。拉网式徒步检查要不留死角，以点代面，重点对桥梁支座、垫石、伸缩缝、楔形块、梁端进行死角检查，消除运营期的质量隐患。

7)质量事故应急预案及处理

要建立质量事故应急预案，发生工程质量事故后，分包方要以最快的方式，将质量事故的简要情况向总承包指挥部报告。总承包指挥部向业主方报告，并在现场采取防止质量事故进一步扩大的必要处治措施。总承包指挥部对工程质量事故按有关法规进行调查，按照“四不放过”的原则认真进行处理。对破坏事故现场、隐瞒不报、谎报、拖延报告、提供伪证的单位和个人，按照有关规定进行处理；构成犯罪的，由司法机关依法追究法律责任。

### 3. 交工验收控制

交工验收阶段是项目运营前工程质量控制的最后一个环节，对项目使用质量起着关键作用。施工总承包方要依据《公路工程质量检验评定标准》、设计图纸、规范，对拟交工验收项目的质量进行严格验收，尤其对较大桥梁、长大隧道、小型结构物的质量进行细致入微的检查验收。交工验收阶段发现的质量问题，任何组织和任何个人不得存有侥幸心理、私自放过行为，要按照标准和图纸要求，严把质量验收关，对存在的质量问题分类管理，限期整改和复验，确保工程质量满足验收的合格标准。对于危险性较大的工程和长大隧道工程，要组织专家组联合验收，对存在的问题要有专家书面意见，并限期各分包方或自行实施标段负责人完成整改，整改资料要有技术专家的书面签认。

### 4. 质量验收不合格的处理

高速公路项目质量验收分为中间验收、过程验收、交工验收、竣工验收等四个阶段，其中任何一阶段都可能存在质量缺陷或质量不合格问题。中间验收是施工质量过程控制的重要方式。检验批验收作为高速公路验收的基本验收单元，其验收不合格的项目不能办理计量支付、不得进入下道工序。检验批质量不合格可能是由于材料不合格，或施工作业质量不合格，或质量控制资料不完整，或工序质量不符合技术规范要求，或存在质量缺陷等原因所致。质量验收不合格的处理方法有：

(1)项目过程期间，中间交验时发现工程实体存在严重缺陷的应返工重做，有一般的缺陷可通过返修或加固消除缺陷，返工或加固后应重新进行验收。如路基边坡的防护尺寸缺陷、水沟的尺寸缺陷、结构物外观的蜂窝麻面等。

(2)交工验收时，个别检验指标或某些项目不满足设计要求难以确定是否合格时，应协调设计单位进行结构件安全或功能性核算鉴定或委托有资质的检测机构检测鉴定。鉴定结果满足安全要求并得到设计单位认可的，视为满足验收要求，应予以验收，如砼表面的应力裂缝等。

(3)严重缺陷或未达到验收标准的缺陷，经有资质的检测机构检测鉴定后，认为不能满足最低限度的安全系数和使用功能，组织专家组确定技术处理方案，通过技术处理后经鉴定满足安全及使用功能时，可按技术处理文件协商业主方进行验收。如交工验收时发现桥墩竖直度、桩柱轴线偏差等引起受力不满足安全储备影响使用安全的缺陷，应采取技术措施加固处理，处理后经鉴定满足安全及使用功能时，可予以验收。

(4)通过返修或技术措施加固处理后仍不能满足安全或重要功能使用要求的分部工程或单位工程，严禁办理工程验收。

### 5.2.9 安全管理

高速公路项目具有规模大、建设周期长、涉及人员多、建设环境复杂、地理条件差等特点，项目安全风险因素多、风险点广。安全管理是项目管理的重点内容，是实现各项控制目标的重要保障。依据国家法律法规，建设项目安全管理涉及项目实施的业主、勘察、设计、监理、施工等五方责任主体。施工总承包方依据法律法规对其承接的施工任务承担安全生产管理主体责任，通过事前安全管理、事中安全管理等两个阶段狠抓项目安全管理，严肃安全生产隐患处理、安全生产事故处理程序，强化责任主体的安全管理意识。

#### 1. 事前安全管理

(1)落实安全责任制：全面落实高速公路建设项目安全生产责任制，在项目管理规划阶段明确各级主体责任单位的组建结构模式，督促各方建立安全管理组织结构，尤其是对总承包方、分包方的安全生产管理部门设置及安全管理人员的资格、业绩、配置数量等做出明确要求，安全管理人员实行持证上岗制度。

(2)安全生产资格管理：施工总承包方对部分工程进行专业分包的，在分包项目的招标文件、合同文件中明确分包方的安全生产资格，须持有住房和城乡建设主管部门颁发的安全生产许可证，并与施工总承包方签订安全生产责任合同，明确安全从业资格和安全主体责任。

(3)健全安全生产管理体系：施工总承包方应建立健全安全生产管理体系，从安全生产许可、从业人员资格管理、机构设置、岗位责任、安全风险评估、施工组织设计审批、监督检查、施工方案审批、安全生产经费、信用管理、考核奖惩等各方面完善安全生产管理制度，使得安全生产管理制度体系运行良好。

(4)施工安全风险评估及风险应对：施工总承包方要根据风险的识别和风险等级，通过风险规避、减弱、转移、自留等方式来规范施工安全风险管理。根据设计文件、现场勘查及重要环境因素，科学确定项目的安全风险点、安全危险源、安全风险等级，针对高速公路的特点，重点对深挖高填路基、高边坡防护、高墩、大跨度悬浇钢构桥梁、地质复杂隧道工程、上跨下穿既有线路工程以及危化品储运、易燃品储运等进行安全风险评估，明确风险等级和风险应对措施，明确领导责任人和岗位责任人，制定标准管理流程，规范管理、监督和审批程序，确保风险识别到位、风险应对措施到位、风险管理责任到位。

(5)施工安全技术措施计划：施工安全技术措施是确保项目施工生产安全管理的重要技术保障，是施工企业有计划地改善劳动条件和安全设施，防止工伤事故和职业病的重要措施之一。高速公路工程安全技术措施包括防护措施、警示措施、保险装置、检测检算措施等。编制安全技术措施的依据是法律法规、合同文件、设计文件、施工组织设计、专项施工方案等。安全技术措施包括的主要内容为作业内容分类、危险源识别、风险确定、风险评价、专项安全技术措施计划、专家论证和评审意见。

对达到一定规模的危险性较大的工程编制专项施工方案，落实安全管理岗位责任和监督检查责任，严格按照审批方案组织实施，必要时组织专家会审专项施工方案的科学性、可靠性和可操作性。危险性较大工程实行危险源提示和专职安全管理人员盯控管理，配足专项安全措施，24 小时无缝隙管理；一般风险通过安全生产责任合同，督促分包方履行安全生产管理责任制，并健全其内部的安全生产管理体系，使其安全生产管理体系运行良好。

(6)三同时制度：依据《中华人民共和国安全生产法》第二十八条规定："生产经营单位新建、改建、扩建工程项目的安全设施，必须与主体工程同时设计、同时施工、同时投入生产和使用。安全设施应当纳入建设项目概算。"其中安全设施包括安全技术方面的设施、职业卫生方面的设施、生产辅助性设施。高速公路项目也应坚持三同时制度。项目业主方要加强运营期安全设施的设计管理，依据相关法律法规，在设计阶段重点审查相关安全措施的设施是否设计完整。施工期间的安全技术措施要根据风险评估和专项施工方案完善其设计和检算工作，相关的安全技术措施设施、专项安全措施要同步设计。如跨越既有公路铁路施工、跨越江河施工、地质不良隧道施工、高空作业施工等的安全技术措施在设计阶段就应完善相关设计内容。

(7)落实项目施工安全教育制度：施工总承包方应在工地沿线设置若干个专职培训机构，根据工程项目进度和劳务入场安排，集中组织施工安全培训。施工安全培训内容要依据法律法规、设计文件、安全风险评估、安全措施计划、特种作业操作规程等文件进行编制。安全教育要有针对性。培训内容应体现适用性、易懂性、可操作性强等特点，应包括安全法规、安全作业纪律、劳保用品使用、危险源辨识、安全警示、安全操作等。劳务作业人员入场后，要落实三工教育制度，即工前教育、工中检查、工后验收制度，通过三工教育来实现安全教育、检查、整改的全覆盖。

(8)安全经费投入：依据国家财政部、安监总局《企业安全生产费用提取和使用管理办法》(财企〔2012〕16号)第七条规定："建设工程施工企业以建筑安装工程造价为计提依据。建设工程施工企业提取的安全费用列入工程造价，在竞标时，不得删减，列入标外管理。国家对基本建设投资概算另有规定的，从其规定。总包单位应当将安全费用按比例直接支付分包单位并监督使用，分包单位不再重复提取。"依据该办法，其中房屋建筑工程安全费用为建筑安装工程造价的2.0%；公路工程安全费用为建筑安装工程造价的1.5%。两阶段设计中按照公路工程概预算有关规定计列安全费用，在施工发包阶段或施工合同签署阶段，施工总承包合同和施工分包合同中按照工程类别取费单独计列，若采用招标分包的，招标文件中按规定比例以建筑安装工程造价为计提依据单独在100章计列安全生产费，竞标时不得作为竞争性报价依据。施工期间，施工总承包方要监督检查分包方或自行实施标段认真落实设计文件、风险评估报告和安全技术措施计划，安全技术措施和设施配置到位，安全生产费足额投入，对于不按安全措施计划和合同文件要求实施的单位，按照违约处理并责令停工整改。

(9)安全管理目标：施工总承包方要依据设计文件、项目管理目标责任书及安全风险评估，确定总承包方的安全生产总目标，并与各分包单位和自行实施标段签订安全包保责任书，通过压力传导、目标责任分解的方式筑牢全员安全生产防控体系，确保项目安全生产目标的实现。总承包方的安全生产总目标如下：

①消除重大事故隐患。深入开展安全隐患排查治理工作，做到隐患排查治理方法得当、措施得力、整治到位、效果明显，及时消除危害较大、整改难度较大且可能导致群伤群亡事故的潜在风险。

②遏制险性事件。无较大生产安全险性事件发生，主要包括：低瓦斯隧道、隧道塌方；模板、支架垮塌；高墩、大跨、深水作业、跨越江河钢栈桥及作业平台；跨越既有铁路、公路及交叉作业；支立钢结构倒塌；大型机械、起重设备倾覆；在施边坡、深基坑滑塌；生产、生活区火灾；交通事故；危爆物品丢失、爆炸等。

③杜绝死亡事故。

## 2. 事中安全管理

### 1) 安全检查目的

根据安全风险评估报告、安全措施计划、安全管理制度，对各分包方和自行实施标段的安全生产管理体系运行情况、施工总承包方合同要求的安全管理措施配置是否到位、安全费用使用是否合规、安全违规行为整改成效等进行检查。检查分为内业检查和外业检查，通过检查督促分包方和自行实施标段的安全生产管理体系运行正常、责任体系建立严密、安全教育及内控检查常态化。

### 2) 安全管理措施

(1) 签订安全责任状(组织结构内部签订安全生产责任状)：施工总承包方要监督检查分包方和自行实施标段内部开展安全包保责任制度，全面落实与施工总承包方签订的《安全包保责任书》，监督检查项目部与内部管理层和劳务作业层是否层层落实签订《安全包保责任书》，对安全目标分解落实到每一个作业班组和每一个管理人员，夯实各级组织的安全生产管理责任体系基础，每季度进行一次考评。

(2) 安全交底制度：依据风险评估报告和危险性较大工程专项施工方案，施工总承包方组织分包方的项目经理、现场安全负责人就危险性较大工程的岗位责任、安全作业、安全措施、安全管理要求、安全生产要素配置等进行集中交底，落实安全交底制度和安全交底职责，尤其是对超过一定规模的危险性较大工程专项施工方案和安全技术措施的报批程序交底，规范专项施工方案的审批机制，化解方案安全风险。

(3) 安全经费投入：施工总承包方严格按照合同中安全生产费用的使用办法监督检查安全生产费的支出计列台账，规范安全生产费的使用，确保重难点工程和危险性较大工程的安全费足额计列使用。将安全经费使用列入安全生产考核，避免分包方转移挪用安全经费或截留节余安全经费。

(4) 专家论证制度：施工总承包方组建专家委员会，负责施工方案、疑难技术问题的咨询或论证。专家咨询和论证的范围包括专项施工方案、工法咨询论证、质量缺陷处理方案、特种设备检查等。施工期间重点咨询和论证重难点工程的专项施工方案和主要工艺的技术要点，交竣工验收阶段重点把关和论证质量缺陷处理的技术方案及质量缺陷受力检算分析和相关处理结论意见。

(5) 企地联合检查制度：施工总承包方联合地方安监部门共同检查项目施工安全管理，对安全管理的现场和内业进行系统检查，包括安全措施计划落实情况、安全岗位责任落实情况、特种设备、危化品材料储运等，通过属地联合检查可以更加准确发现和分析问题存在的根源，震慑各参与方的安全违法责任，强化各分包方正视问题和整改问题的勇气和责任担当。

(6)特种设备安全管理：依据《中华人民共和国特种设备安全法》、国务院《特种设备安全监察条例》等法律法规，特种设备包括锅炉、压力容器、压力管道、电梯、起重机械、客运索道、大型游乐设施、场(厂)内专用机动车辆等。这些设备一般具有在高压、高温、高空、高速条件下运行的特点，易燃、易爆、易发生高空坠落等，对人身和财产安全有较大危险性。高速公路项目的特种设备主要有压力容器、升降电梯、起重机械、架梁设备等。施工总承包方要在分包招标文件或合同文件中明确细化特种设备使用单位的安全责任和管理义务，明确特种设备使用单位应当按照安全技术规范的定期检验要求，在安全检验合格有效期届满前 1 个月委托特种设备检验检测机构检验，未经定期检验或者检验不合格的特种设备不得继续使用。施工总承包方要联合地方质检和安监机构定期组织特种设备的检查，按照法律法规，检查特种设备定期检验、维修保养记录，对特种设备操作人员的资格证进行有效性检查，确保特种设备性能和可靠性均符合安全技术规范要求。检查特种设备使用单位对特种设备作业人员是否进行特种设备安全、节能教育和培训，特种设备作业人员是否在作业中严格执行特种设备的操作规程和有关的安全规章制度，并将检查结果纳入季度安全检查考核中，存在问题严重的限期整改。

(7)危化品火工品管理：施工总承包方要按照危化品管理有关法律法规，制定危化品火工品管理制度，对火工品的采购、清点、保存、运输、使用、退库等进行严格要求，并督促分包企业履行相关危化品火工品储运许可手续的办理，依法合规采购、运输、保管、使用危化品、火工品等易燃易爆物资。临时储存场地和设施要满足国家和公安部门的有关要求，危化品火工品的运输车辆要满足公安部门的要求，管理人员要经过专业培训后上岗，涉及爆破作业的，要持有爆破资质和资格证。

(8)红黄牌管理制度：施工总承包方要建立健全安全生产管理考核制度，规范安全检查方式，安全检查的重点是查思想、查管理、查责任、查隐患、查整改、查事故处理等。对各分包方的安全生产检查分日常检查和月度大检查、季节性检查和专业性检查。日常检查采取平时检查、不定期抽查与专项检查相结合的方式。月度大检查由施工总承包指挥部安全负责人组织于每月底对分包方采取扣分制的综合检查。对检查发现的问题和隐患要及时书面下达安全隐患整改指令，并依据安全生产管理制度，实行红、黄、灰牌考核处罚，进一步规范项目安全管理和提升项目安全管理岗位责任。

(9)冗余安全措施管理：冗余安全措施管理是指为确保安全，在预防安全、治理事故隐患时应考虑设置多道防线，即使发生有一两道防线无效，还有冗余的防线可以控制安全事故隐患。对于危险性较大工程或超过一定规模的危险较大工程，编制专项施工方案时，其配套安全技术措施要预留一定的冗余安全措施，防止相关安全措施不足以预防事故隐患时，冗余安全措施就可以发挥其安全防范功能。如高速公路路面即将施工完成前，对道路交通的管制和限速措施就要采用冗余安全措施进行管理；基坑开挖的临边防护就要考虑行人或车辆冲撞掉入基坑时需采用冗余安全措施，以及起吊设备等均要富余一定的冗余安全措施。

(10)安全生产考核：施工总承包方要建立安全生产考核评优机制，每年度设定一定比例的安全生产先进个人和先进组织奖项，依据年度内多次考核和安全包保责任状等约定，对年度安全生产责任强、工作成绩突出的单位和个人进行表彰，激励相关单位和个人安全管理的积极性。施工总承包指挥部对各分包方的安全管理工作实行日常检查与月度考核相挂钩制度，每月末进行一次安全生产考核，月度考核按照百分制计算得分，考核评比采取月度考核季度评比。根据各考核项的计算得分，汇总后作为该分包方的该季(年)综合评比得分，在全线进行排名通报并给予奖励。

3. 安全生产隐患管理

对查处的安全隐患不能立即整改的要制定整改计划，定人、定措施、定经费、定时间，在未消除安全隐患前，必须采取可靠的防范措施，或责令停工整改；安全管理混乱的，要限期分包方书面检查并停工整顿，整改无效或不整改的更换项目负责人。如有危及人身安全的紧急险情，应立即停工，按照登记—整改—复查—销案的程序处理安全隐患。

4. 安全生产事故处理

施工企业要依据《中华人民共和国安全生产法》《中华人民共和国建筑法》《建设工程安全生产管理条例》《生产安全事故报告和调查处理条例》《特种设备安全监察条例》等法规制定项目的安全生产事故报告和调查处理实施细则，作为项目安全生产事故调查和处理的实施程序，规范不同等级的事故隐患和安全生产事故的处理程序。坚决杜绝分包方隐瞒不报、谎报或迟报行为，构成犯罪的除追究法律责任外，要给予涉事分包方高额度的违约经济处罚。

### 5.2.10 物资设备管理

依据施工总承包合同文件、项目业主方的物资管理办法、施工总承包方的项目实施管理规划以及分包方施工分包合同文件，制定施工总承包方的《物资设备管理办法》《物资设备管理检查考核细则》《物资设备应急采购管理办法》《供应商评价管理实施细则》，进一步规范集采物资、联采物资的工作流程，使物资采购达到以量换价、保证供应的目的，以更好地指导整个项目的物资管理工作。

(1)加强供货方的履约评价。合同签订后，监督供应商严格履行合同，督促分包方做好催货、结算、支付工作，对供应商的材料准备、试验、出厂检验等各环节紧密跟踪，对供应商的合同履约情况进行考核。分包方每月对供应商评价记录，严重违约时终止合同，并将其列入项目物资供应商黑名单。对履约情况好的供应商，报请上级单位列入企业物资战略供应商名单。

(2)加强材料的过程抽检检查。下发原材料质量控制通知，明确材料供应商名录。监督分包方做好材料检验，所有材料进场检验合格才允许使用。联合安质环保部每周对分包方进场材料进行抽检并下发通报，对不合格的原材料及时清除出场，严禁不合格材料用于工程实体。

(3)做好物资供应计划。督促分包方根据进度计划准确上报物资年、季、月需求计划，要求供应商提前储备，满足施工生产需要。每周收集各类物资的供应及消耗动态，督促分包方与供应商及时采取措施。协助路面分包方对周边资源进行详细的调查，并且对路面分包方提前储备砂石料给予资金支持。

(4)开展专家联合检查。对分包方的设备前期策划、周转材料配套计划进行审核，对进场设备的检验合格证、操作人员证件和进场的周转材料质量合格证进行检查，加强监管。制定并下发《机械设备安全操作规程》和《特种设备日常维护保养和自行检查记录表》。建立施工设备进场台账，对设备安全状况技术鉴定和评估严加管控。每季度邀请专家对分包方进场的特种设备进行检查并做指导工作，使特种设备安全处于可控状态。联系工程所在地质量技术监督局，对特种设备操作人员进行培训考核，合格后发放《特种设备作业人员证》。

(5)物资核算风险控制。对分包方的物资节超核算工作流程进行培训，使物资设备人员熟悉核算流程、核算依据、核算方法等。开展“五比五看”劳动竞赛活动，每月对各分包方的钢材、水泥、混凝土、沥青的节超情况进行分析并考核。督促分包方抓好成本管理，及时堵塞物资设备管理中的漏洞，制定有效的纠偏措施，防止效益流失。根据“我的钢铁网”“中国建材信息网”的价格信息，分析研究价格波动趋势和市场销售量。依据施工合同，要求分包方利用材料价格低的有利时机，加快工程进度，加大物资存储，降低成本。

(6)规范物资收发管理制度。要求分包方现场物资存放按照物资管理规程和标准化进行仓储管理，严格执行材料收发制度。要求分包方物资设备内业标准化，及时收集、整理、完善各种单据和凭证，使物资设备管理工作有印迹，材料可追溯，资料齐全规范。

(7)检查考核评优。施工总承包方按照各分包方合同清单的 0.5%计提激励基金，用于施工总承包项目进度、安全、质量、物资管理等的考核。严格执行施工总承包指挥部《物资设备管理办法》，对分包方进行日常检查、专项检查、月检查、季度综合检查考核。组织对工作落后的分包方进行帮扶和培训，召开物资设备专题会，树立先进典型并广泛宣传，每年度、季度评选优秀物资管理单位和物资管理先进个人，给予物质奖励，促进各分包方物资设备管理水平提升。

## 5.2.11　组织协调

### 1. 产权交叉协调

高速公路一般都存在高速互通点、地方道路互通点、跨越铁路和航道点，互通连接点存在产权交叉问题。互通点、交叉点、跨越点会因为道路规划建设的先后因素，存在道路产权占用和相关补偿问题。在建高速公路与已建成的高速公路和地方道路交叉时都会占用对方土地使用权或损坏部分道路资产。在建高速公路业主方一般将此类费用包含在合同造价中，将产权协调风险转嫁给施工承包方，但目前相关的产权占用赔偿标准缺失，产权单位一般会参照现行的征地拆迁标准计算赔偿费，往往会因为赔偿标准不一致无法办理施工许可手续，影响工程进度。

施工总承包方要建立产权交叉协调机构，协助分包方同路权单位进行沟通，组织全线分包方就同一路权单位的赔偿事宜进行综合商洽，规避不同专业分包方均与同一路权单位在不同的时段进行沟通协调，降低路权补偿费用，提升协调力度。

### 2. 征地拆迁协调

征地拆迁涉及村民、乡镇、产权单位、区县、施工标段、施工总承包单位、项目公司、交通运输主管部门等多个部门或单位，涉及人员和部门多，政策性强。施工总承包方要组织分包方进行征地拆迁政策、标准、职责、定位的统一培训和规划，相关各方要积极主动作为，不等不靠，按照职责分工做好征拆配合和沟通工作。施工总承包方负责区县征拆机构的对接协调，分包方的项目部负责乡镇村的沟通协调，做到征地拆迁工作自上而下高效联动，依法合规配合业主方和征地拆迁机构的征拆工作。施工总承包指挥部要定期召开征地拆迁工作会，掌握各分包方的征地拆迁进展情况、存在困难等，重点做好关键线路上关键工作的供地协调，讨论分析征拆工作得失，借鉴学习征拆工作好的单位的具体做法。必要时，由施工总承包方联系项目业主方组织相关政府拆迁主管部门召开征拆协调会，研究解决制约现场的征拆棘手问题。

### 3. 监管部门协调

高速公路项目接受省市级交通运输主管部门的工程质量安全监督检查，省、市(州)监督机构在高速公路工程建设项目施工过程中，对从业单位的质量安全管理行为、施工工艺、工程实体质量和施工过程安全情况进行抽查。高速公路途径多市区的，行业监督部门就更多，施工总承包单位要主动与监督部门进行工作汇报。施工总承包单位是项目安全质量管理的总负责单位，要加强和省市两级交通运输主管部门沟通联系，积极配合各级行政主管部门的质量安全监督和督导检查。对监督检查过程中发现存在的质量安全问题、质量缺陷和安全隐患，按照四定原则限期督促相关单位进行整改，营造良好的质量管理环境，让行业监督机构放心和满意，杜绝工程质量事故和施工安全事故的发生。

4. 施工生产协调

高速公路项目作业单位多、专业类别多，专业交叉和专业施工干扰现象比比皆是。良好的施工生产环境和畅通的协调机制，对于及时解决工程现场问题有着重要的保障作用。施工总承包指挥部要建立施工生产协调组织机构，设置现场组负责施工生产协调管理，做好服务保障工作，时常深入施工现场，尤其对关键线路上的关键工作完成情况和相互工序制约问题要时时关注；对于工序转段、工序交叉等出现的问题，坚持事不过夜当即处理原则，限时解决；现场组不能及时解决的问题，要汇报分管领导协调解决(图 5-4)。如路基、路面、交安、绿化单位作业面交叉多，前置专业制约后续专业的施工作业面，不能及时交付施工作业面，会造成相关单位的窝工和停工损失。施工总承包指挥部要求相关单位细化进度工期节点，讨论确定合理的施工时间，各相关单位签订责任承诺书，接受施工总承包指挥部现场组的考核，通过考核实现责任传导，确保工作面按时交付。

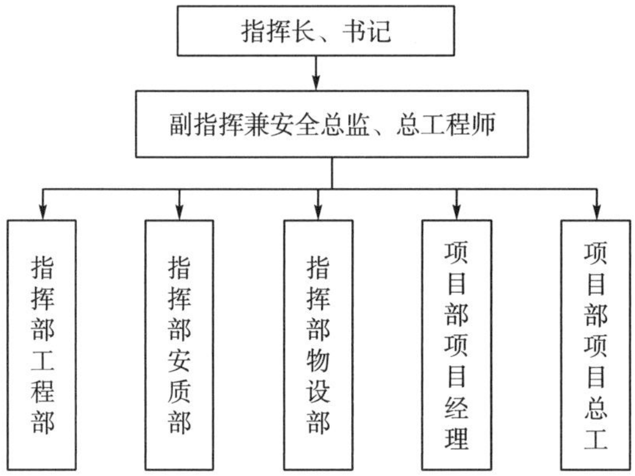


图 5-4　施工生产协调组织机构框图

以业主方的总体进度要求为目标，总包指挥部牵头组织各标段进行工作面移交，并对争议问题进行协调。对进度滞后、已影响到其他专业和相关单位的，总承包指挥部与相关的土建标、路面标、交安标、绿化标订立多方协议，明确现场各项工作面完成的时间节点。未能按期完成的标段按违约处理，处以责任方经济处罚；按期完成的，按相关规定进行奖励，有力保障总目标的实现。工作面移交双方要时刻关注工作面施工进度，如有困难须主动加强与协议各方的联系，加强协调并采取措施，确保工作面按时移交。

在工作面移交过程中接收单位要派人与移交单位加强沟通、协调，争取现场一次移交到位。土建单位对移交绿化工作面的整平要地形平顺、衔接顺畅，符合排水要求，不得存在石块、建渣等危害植物生长的垃圾，需要石块下埋的区域，下埋深度在 1 米以上，面层必须是土层，厚度满足植物生长要求。对于达到移交要求的接收方应现场及时确认，各方签字认可后方算移交完毕。

5. 设计监理协调

施工总承包指挥部成立以总工程师为组长的设计监理协调领导小组，总工程师带领工程管理部主要负责设计方、监理方、业主方、分包方之间有关完善设计工作的协调，主要是设计图纸会审问题反馈、现场设计桩交接、现场重难点工程设计方案研讨、工程实体设计优化和变更设计及供图事宜，以及施工过程中的设计回访、交工前的设计复核性审查协调。

生产副指挥长带领安质环保部，主要负责监理方与业主方、分包方有关现场生产安全、质量、进度之间的协调。密切协同监理单位的工作，管理好分包方施工生产中安全、质量、进度等事宜。定期参加监理月度例会，提出管理中存在的问题及不足，共同协商解决。组织召开月度生产例会、专家联席会等，邀请监理单位参加，提出施工中存在的安全、质量、进度问题，分析产生原因，寻求解决方案。

## 5.2.12　资金管理

1. 重视计量资金管理，确保建设资金安全

施工总承包指挥部应制定《建设资金管理办法》，着重从银行账户管理、建设资金使用范围、建设资金支付管理、建设资金日常管理、建设资金监督检查等五个方面进行规定，并与银行签订资金三方监管协议，将各参建方网银并入施工总承包指挥部大网银账户下，以网银支付的方式监督资金流向，最大限度地规避资金的挪用和不合规支付。单笔 20 万元以上的支付由施工总承包方进行审核，保证建设资金不被挪用与挤占。

2. 定期开展资金专项检查，规避资金风险

施工总承包指挥部与业主方的两级财务部门联合开展资金专项检查，重点检查资金管理制度落实情况、资金专款专用情况、资金计划执行情况、资金挤占挪用情况等，对发现的问题进行披露并督促及时整改。

### 5.2.13 信息管理

施工总承包方项目管理信息主要是指在项目施工建设过程、试运行过程及缺陷期产生的信息，涵盖组织类信息、管理类信息、经济类信息、技术类信息和法规类信息。施工总承包方要围绕五大管理信息进行信息管理策划，规范五大类信息的收集、传输、分析、审核、共享等环节管理，充分利用和发挥信息资源的价值，提高项目进度、质量、投资、成本、安全等目标控制的能力。工程项目管理信息系统的功能包括投资控制、成本控制、进度控制、安全控制、合同管理，施工总承包方要借助计算机辅助系统实施项目信息的管理。

1. 投资控制的功能

(1) 项目施工总承包合同价、分包标底、分包合同价、合同投资计划和实际投资的数据计算和分析；

(2) 进行项目施工总承包合同价、分包标底、分包合同价、合同投资计划和实际投资的数据的动态比较，并形成各种比较报表；

(3) 计划资金投入和实际资金投入的比较分析；

(4) 根据工程的进展进行合同投资预测等。

2. 成本控制的功能

(1) 投标预算数据计算和分析；

(2) 计划施工成本(施工成本预算)；

(3) 计算实际成本；

(4) 计划施工成本与实际成本的比较分析(总成本数据、工料机消耗分析、价格偏差分析)；

(5) 根据工程进展进行施工成本预测等。

3. 进度控制的功能

(1) 计算工程网络计划的时间参数，并确定关键工作和关键路线；

(2) 绘制网络图和计划横道图；

(3) 编制资源需求量计划；

(4) 进度计划执行情况的比较分析；

(5) 根据工程进展进行工程进度预测等。

4. 合同管理的功能

(1)施工总承包方的合同基本数据查询;
(2)合同执行情况查询和统计分析;
(3)标准合同文本查询和合同辅助起草等。

### 5.2.14　环水保管理

根据《中华人民共和国环境保护法》规定，环境保护坚持保护优先、预防为主、综合治理、公众参与、损害担责的原则。企业事业单位和其他生产经营者应当防止、减少环境污染和生态破坏，对所造成的损害依法承担责任。建设项目中防治污染的设施，应当与主体工程同时设计、同时施工、同时投产使用。防治污染的设施应当符合经批准的环境影响评价文件的要求，不得擅自拆除或者闲置。

根据《中华人民共和国环境保护税法》第四条规定，下列情形不属于直接向环境排放污染物，不缴纳相应污染物的环境保护税：企业事业单位和其他生产经营者向依法设立的污水集中处理、生活垃圾集中处理场所排放应税污染物的；企业事业单位和其他生产经营者在符合国家和地方环境保护标准的设施、场所贮存或者处置固体废物的。

《中华人民共和国环境保护税法》第五条规定：企业事业单位和其他生产经营者贮存或者处置固体废物不符合国家和地方环境保护标准的，应当缴纳环境保护税。

依据以上法律，高速公路施工总承包项目要结合项目特点，建立健全环境保护管理制度，要通过经济措施、组织管理措施、技术措施等综合应对污染物排放和治理。临时工程各类场、站生产区和生活办公区要设立符合国家标准的贮存或者处置固体废物的专用设施，固体废弃物集中处理后向依法设立的生活垃圾集中处理场所排放，生产生活污水要经过沉淀、净化处理满足排放标准后排放，污染气体要经过污染气体净化设备过滤净化满足排放标准后排放，涉及土方运输的还需要制定专项扬尘抑制措施，确保扬尘治理满足国家绿色施工导则有关标准。

1. 环水保管理经济措施

施工总承包方在合同中设置环水保排放违约处罚措施，将污染物的排放控制标准写入合同，通过合同措施加以规范分包人的环水保管理行为，夯实环水保管理责任基础。施工总承包方应设立项目激励约束考核基金，将环水保管理措施、治理效果等进行考核评价并给予经济奖励，调动分包人治理环水保的积极性。

2. 环水保治理管理措施

施工总承包指挥部要健全环水保管理合同条款，合同造价中应单独计列环水保治理措施的专项费用，作为环水保施工专项经费。要制定项目污染物排放风险评估，对污染物排放可能超过国家控制标准的施工项目要建立专项环水保防治方案，设置必要的固体污染物集中处理设施、污水处理设备、隔油设施等措施，指定专职管理人员进行环水保防范设施的验收、管理、监控。对于不符合国家污染物排放标准的，责令停工整改；因现行技术条件工艺水平限制，经防范措施仍无法满足排放标准要求的，按照国家有关规定对应税污染物申请缴纳环境保护税。

3. 环水保管理组织措施

1) 健全环水保组织机构

施工总承包指挥部成立环水保领导小组，指挥长、书记任组长，副指挥长兼安全总监、总工程师任副组长，各职能部门负责人为小组成员。领导小组办公室设在指挥部安质环保部，负责日常工作。

2) 明确环水保职责

环水保领导小组负责贯彻执行国家、地方有关环境保护和水土保持的法律法规，落实上级单位关于环水保和文物保护方面的相关文件和指示，落实项目业主方的环境保护管理目标，制定环境保护工作计划，督促各分包方编制并实施重大环境污染事件应急预案。执行环境保护“三同时”制度，即环保工程与主体工程同时设计、同时施工、同时投产使用。组织环境保护宣传、教育和培训，推广环境保护的先进治理技术和管理经验。督促分包方采取相应措施防治和消除因施工造成的任何环境污染，及时掌握工程环保动态，定期检查和总结施工环保措施实施情况。配合环境保护行政主管部门对建设项目的环境监督检查，发生较大及以上环境事件时，及时上报并启动应急预案，按规定参加或配合事件的调查处理工作。负责环境保护相关资料的收集整理和相关报表的统计、汇总和上报工作。

4. 环水保管理技术措施

1) 临时工程环水保措施

临时工程的设置需优先考虑永临结合，尽量减少对耕地的占用。临时工程用地周边设置醒目的标示牌、边界线，严格限制施工人员活动范围、机械作业范围及行进线路。

大临工程预制场、混凝土拌和站、水稳料拌和站、沥青拌和站要严格按照规划要求设置。小型施工场地、营地的设置尽量利用沿线既有场地、服务区永久征地。施工中，结合工序特点，对临时用地进行综合利用，尽可能减少临时用地数量，如水稳料拌和站和沥青拌和站结合，取土场地用作小型预制场、施工机械停放场或营地用地等。

大临工程施工便道要充分利用乡村既有道路、农用机耕路，力求少占良田耕地。便道宽度严格按设计要求控制，做到少占土地，尽量保护建设项目用地范围之外的既有林、草植被。对不良地质地段进行绕避，防止诱发滑坡和大面积的边坡坍塌。对填挖不平衡地段产生的弃渣，弃至专门的存放地。修筑好便道两侧的排水系统，保证地面径流的畅通。

取土场取土前，将地表 30～40cm 的耕作层推到一侧临时堆放，完工后覆盖地表以利复耕。弃土弃渣优先选择在临近的取土坑和低洼地。严格按照路基土石方调配方案，做好施工组织安排，避免因不合理施组导致弃土弃渣数量的增加。外购土方时，与当地政府协商，签订正式的购土协议，明确水土流失防治责任等。不得在环保部门批复的禁止区内设置弃渣场。

2) 水土保持技术措施

建设项目选址、选线需避让水土流失重点预防区和重点治理区。无法避让的，需提高防治标准，优化施工工艺，减少地表扰动和植被损坏范围，有效控制可能造成的水土流失。在生产建设过程中排弃的砂、石、土、废渣等要综合利用，确需废弃的，需堆放在已批复的水土保持方案确定的专门存放地，同时按设计方案采取拦挡、坡面防护、防洪排导等措施。在生产建设活动中所占用土地的地表土要进行分层剥离、保存和利用，做到土石方挖填平衡，减少地表扰动范围。工程结束后，及时对取土场、开挖面和弃渣存放地进行平整、回填种植土，在裸露土地上植树种草、恢复植被。永久性用地范围内适合绿化的地带，按设计进行绿化处理。边坡防护按设计要求采取相应的防护措施，防治水土流失。施工场地范围内要做好排水系统，不阻塞地面径流的自然通道，防止壅水和场地冲刷。特别是布设在沿江、沿河地段的施工场地，须满足水土保持要求和具备相应的防洪功能，采取合理的防护措施，防止施工中产生的渣、土流入江河，防止汛期江、河倒灌冲毁施工场地。施工结束后，要及时对临时用地进行复垦。未经批准，不得占压、干扰河道、水道及既有灌溉、排水系统，不得向江河、专门存放地以外的沟渠等倾倒废弃砂、石、土等废渣。由于分包方的过失、疏忽，未及时按设计文件要求和监理工程师指示完成水土保持措施，导致需要另外采取保护措施而发生的费用由分包方承担。施工征地范围内林木的砍伐要遵循审批制度，严禁乱砍乱伐。弃土作业必须先挡后弃，并避免弃渣外溢。路堑开挖、路基填筑、隧道临时弃渣堆放等要做好截排水措施和坡面临时防护措施，防止水土流失。

3) 污染防治措施

(1) 水污染的防治。

施工污水和生活污水不得随意乱排，应设置临时排水设施统一处理达到相应标准后，排入地方环保部门指定的地点。冲洗集料污水、隧道施工污水、钻孔泥浆等含有悬浮物的施工污水，必须采取过滤、沉淀等处理措施，做到达标排放。施工期间，对施工物料如沥青、水泥、油料、化学品等的存放进行严格管理，防止在雨季或暴雨时物料随雨水径流排入地表及附近水域造成污染。施工机械应防止严重漏油，禁止机械在运转中和维修时产生的含油污水未经处理直接排放，应对含油污水进行隔油处理后再行排放。

桥梁施工时需采取措施防止石油类污染物排入水体。桩基钻孔施工产生的泥浆，经沉淀分离后，沉渣外运弃至当地环保部门指定地点，废水重复利用或用于场地、道路的降尘和绿化。隧道施工时，在隧道进(出)口设置沉淀池，对隧道施工产生的高浊度废水进行沉淀处理后再排放。

造成水污染事故时，必须立即采取措施，停止排污，并在事故发生后规定时间内，向当地环境保护部门做出事故发生的时间、地点、类型和排放污染物的种类、数量、经济损失、人员受害及应急措施等情况的初步报告。事故查清后，须当地环境保护部门做出事故发生的原因、过程、危害、采取的措施、处理结果以及事故潜在危害或者间接危害、社会影响、遗留问题和防范措施等情况的书面报告，并附有关证明文件。

(2) 固体废弃物的防治。

环境影响评价文件规定，需要配套建设的固体废物污染环境防治设施，必须与主体工程同时设计、同时施工、同时投入使用。建设过程中要减少固体废物的产生量和危害性，遵循合理利用固体废物和无害化处置固体废物的原则，对固体废物实行回收和合理利用。加强防治固体废物污染环境的宣传教育，倡导有利于环境保护的生产方式和生活方式。

保持施工场地和施工营地的良好环境状态，生活垃圾不得随意丢弃，应设置垃圾箱统一收集后，按照环卫部门的统一要求集中处理；施工产生的废弃土、砂、石料等，统一收集，妥善处理，以减少对环境的污染。运输、处置固体废物时，必须采取防扬散、防流失、防渗漏或者其他防止污染环境的措施；不得擅自倾倒、堆放、丢弃、遗撒固体废物。禁止向江河、渠道和岸坡倾倒、堆放固体废物。对收集、贮存、运输、处置固体废物的设施、设备和场所，应当加强管理和维护，保证其正常运行和使用。分包方应当及时清运工程施工过程中产生的固体废物，并按照环境卫生行政主管部门的规定进行利用或者处置。

(3) 大气污染防治。

施工场地、施工道路要进行硬化或定时洒水，防止施工扬尘对地表植被和农作物产生不利影响。城市区域施工场地出入口，设置冲洗设备，对施工车辆轮胎及车外表进行冲洗，确保城市道路清洁。运输易产生扬尘的建筑材料或土石方时，运输车辆要装料适中，并采用蓬布、盖罩覆盖严密。运转时易产生粉尘的施工场地，如水泥混凝土拌和站(场)、大型碎石场、水稳料拌和站(场)等必须配备防尘设备。施工场地、营地四周采用围护措施。城市地带的施工场地裸露地表或集中堆放的土方表面，采取临时覆盖措施，防止扬尘。禁止焚烧沥青、油毡、橡胶、塑料以及其他产生有毒有害烟尘和恶臭气体的物资。

(4)噪声污染防治。

可能产生环境噪声污染的设施、设备，分包方必须组织编制环境影响报告书，规定环境噪声污染的防治措施，并按照国家规定的程序报环境保护行政主管部门批准。环境噪声污染防治设施必须与主体工程同时设计、同时施工、同时投产使用。

在居民集中区周围排放建筑施工噪声的，应当符合国家规定的建筑施工场界环境噪声排放标准。在城市市区范围内，施工过程中使用机械设备可能产生环境噪声污染的，分包方必须在工程开工十五日前向工程所在地环境保护行政主管部门申报该工程的项目名称、施工场所和期限、可能产生的环境噪声值以及所采取的环境噪声污染防治措施的情况。

临近居民区、学校和医院等噪声敏感地带的施工，要严格控制机械作业噪声，必要时设置隔声罩、声屏障或者采取其他有效的控制环境噪声污染的措施。噪声大的施工作业尽量安排在白天，因生产工艺要求或其他特殊要求需要连续昼夜作业的，须向当地建设行政主管部门、环保行政主管部门提出申请，批准后方能进行夜间施工，同时要做好对周边居民的公告、宣传和沟通工作。在城市市区噪声敏感建筑物集中区域内，禁止夜间进行产生环境噪声污染的建筑施工作业。

(5)景观保护。

自然保护区、水源地保护区等环境敏感区内的施工，需设置醒目的标示牌、边界线，严格限制施工人员活动范围、机械作业的范围以及走行线路。施工临时设施布局紧凑，材料堆放整齐，场地整洁，道路平整，与所处环境景观尽可能协调。严禁在环境敏感区内设置取、弃土场，严禁随意铲除地表植被和林木，施工临时弃渣堆放应做好水土保持措施。工程结束后，及时清理施工产生的废料、垃圾等杂物，不得留下任何固体废物和生活垃圾，对施工完成后的遗址周边环境进行适当修复。

(6)环境恢复。

施工总承包指挥部安质环保部门安排专人负责环保信息的收集、传递、反馈和处理。督促分包方对施工营地、施工场地使用完毕后，清除各类构筑物以及各种生活、生产垃圾，平整场地，土地复耕。制梁场、拌和站等硬化的施工场地应尽可能综合利用。

取土场在施工过程中要求做到随取随平整，周界规则，边坡应按 1∶1.5 的比例进行刷坡。取土完毕后，利用保存的耕作层土进行土地复耕或植被恢复。弃土场要做到顶面平整，坡面平、顺、直，并对弃土场顶面和坡面及时进行土地复耕或植被恢复。

自然保护区、风景名胜区、森林公园等区域内施工结束后，加强对场地、便道以及线路两侧的绿化恢复措施。

5. 环水保检查与考核

施工总承包指挥部安质环保部门应加强日常环水保监督检查，重点检查施工现场环水保措施的执行情况及内业资料。内业资料主要包括环境保护管理制度、教育培训、环境保护方案、环境保护技术交底记录及环境事件应急预案等。特别对环境敏感地段、取(弃)土场、河道等进行重点检查，对存在的问题及时要求相关单位整改并形成记录，每月末对分包方进行考核，根据考核结果和问题类别按照红、黄、灰牌处罚，并下发环境污染整改通知单限期分包方整改。

(1) 红牌(环境保护日常检查考核红色通知单)：环境管理行为不符合标准、规范或设计要求，若不整改可能导致重大环境影响事件，或同一处所环境管理行为已收到过 1 次黄牌，但仍未整改。红牌由指挥部指挥长签发。收到红牌的责任单位，全线通报并处 3 万元罚款，同时以书面形式通报母体公司。若责任单位一年内累计收到 2 张红牌，建议对项目主要负责人进行更换。

(2) 黄牌(环境保护日常检查考核黄色通知单)：环境管理行为不符合标准、规范或设计要求，如不整改可能导致较大环境影响事件，或同一处所环境管理行为已收到过 1 次灰牌，但仍未整改。黄牌由指挥部副指挥长签发。收到黄牌的责任单位，全线通报并处 2 万元罚款，在季度环境保护检查考核评比中对责任单位扣 20 分。

(3) 灰牌(环境保护日常检查考核灰色通知单)：环境管理行为不规范，如不整改可能导致一般环境影响事故，或同一处所环境管理行为已收到过 1 次限期整改通知，但仍未整改。灰牌由安质环保部门负责签发。收到灰牌的责任单位，全线通报并处 1 万元罚款，在季度环境保护检查考核评比中对责任单位扣 10 分。

(4) 环境污染整改通知单：环境管理行为不规范，如不整改将可能造成环境污染问题。环境污染整改通知单由安质环保部门现场签发。

### 5.2.15 农民工工资权益管理

1. 建设领域农民工工资权益维护存在问题

农民工工资支付风险主要由以下几个方面原因形成：

(1) 施工总承包企业将工程转包、违法分包给不具备施工资格的单位或个人，并以包代管致使缺乏有效的农民工工资监管，实际施工单位或个人没有依法在规定时间内将农民工工资按时支付。

(2)施工总承包企业将农民工工资支付给不具备用工资格的包工头，被包工头转移或挪用，致使农民工工资支付不能得到保障。

(3)实际分包人转移或挪用工程资金，恶意或蓄意不支付农民工工资，以农民工工资为由要挟施工总承包企业进行经济补偿或支付拖欠的农民工工资。

(4)施工总承包企业因工程质量保证金等原因未结清分包人的工程价款，未结清工程款分为合同约定的正常保证金和应支付未支付的合同工程款，应支付未支付工程款的，施工总承包人应当在其范围内承担农民工工资支付连带责任；分包人为实现变相追回保证金的目的，有时以拖欠农民工工资的方式制造负面影响，逼迫施工总承包企业用未结清的工程款支付农民工工资。

农民工权益管理对维护项目建设稳定、劳资关系和谐、企业信誉等有着重要的影响。施工总承包企业应加强农民工的使用和管理，监督农民工工资按时足额支付。

### 2. 农民工工资权益法律法规

施工总承包企业应加强农民工工资政策、法规学习，弄懂农民工工资支付与企业信誉、法律责任的关系。现就工程领域涉及农民工工资支付有关法律法规、政策文件的主要条款归纳如下：

《中华人民共和国劳动法》第五十条规定："工资应当以货币形式按月支付给劳动者本人。不得克扣或者无故拖欠劳动者的工资。"

《中华人民共和国劳动法》第九十一条规定："用人单位有下列侵害劳动者合法权益情形之一的，由劳动行政部门责令支付劳动者的工资报酬、经济补偿，并可以责令支付赔偿金：

(一)克扣或者无故拖欠劳动者工资的；

(二)拒不支付劳动者延长工作时间工资报酬的；

(三)低于当地最低工资标准支付劳动者工资的；

(四)解除劳动合同后，未依照本法规定给予劳动者经济补偿的。"

国务院办公厅《关于全面治理拖欠农民工工资问题的意见》(国办发〔2016〕1号)规定："招用农民工的企业承担直接清偿拖欠农民工工资的主体责任。在工程建设领域，建设单位或施工总承包企业未按合同约定及时划拨工程款，致使分包企业拖欠农民工工资的，由建设单位或施工总承包企业以未结清的工程款为限先行垫付农民工工资。建设单位或施工总承包企业将工程违法发包、转包或违法分包致使拖欠农民工工资的，由建设单位或施工总承包企业依法承担清偿责任。"

人力资源社会保障部关于印发《拖欠农民工工资"黑名单"管理暂行办法》的通知

(人社部规〔2017〕16 号)第五条规定:“用人单位存在下列情形之一的,人力资源社会保障行政部门应当自查处违法行为并作出行政处理或处罚决定之日起 20 个工作日内,按照管辖权限将其列入拖欠工资‘黑名单’。

(一)克扣、无故拖欠农民工工资报酬,数额达到认定拒不支付劳动报酬罪数额标准的;

(二)因拖欠农民工工资违法行为引发群体性事件、极端事件造成严重不良社会影响的。

将劳务违法分包、转包给不具备用工主体资格的组织和个人造成拖欠农民工工资且符合前款规定情形的,应将违法分包、转包单位及不具备用工主体资格的组织和个人一并列入拖欠工资‘黑名单’。”

最高人民法院《关于审理建设工程施工合同纠纷案件适用法律问题的解释》(法释〔2004〕14 号)第二十六条规定:“实际施工人以转包人、违法分包人为被告起诉的,人民法院应当依法受理。实际施工人以发包人为被告主张权利的,人民法院可以追加转包人或者违法分包人为本案当事人。发包人只在欠付工程价款范围内对实际施工人承担责任。”

《中华人民共和国刑法》第二百七十六条【破坏生产经营罪;拒不支付劳动报酬罪】规定:“由于泄愤报复或者其他个人目的,毁坏机器设备、残害耕畜或者以其他方法破坏生产经营的,处三年以下有期徒刑、拘役或者管制;情节严重的,处三年以上七年以下有期徒刑。

第二百七十六条之一　以转移财产、逃匿等方法逃避支付劳动者的劳动报酬或者有能力支付而不支付劳动者的劳动报酬,数额较大,经政府有关部门责令支付仍不支付的,处三年以下有期徒刑或者拘役,并处或者单处罚金;造成严重后果的,处三年以上七年以下有期徒刑,并处罚金。

单位犯前款罪的,对单位判处罚金,并对其直接负责的主管人员和其他直接责任人员,依照前款的规定处罚。

有前两款行为,尚未造成严重后果,在提起公诉前支付劳动者的劳动报酬,并依法承担相应赔偿责任的,可以减轻或者免除处罚。”

### 3. 农民工工资支付管理措施

(1)规范施工分包行为。根据《国务院办公厅关于全面治理拖欠农民工工资问题的意见》(国办发〔2016〕1 号)第(九)条规定:“落实清偿欠薪责任。招用农民工的企业承担直接清偿拖欠农民工工资的主体责任。在工程建设领域,建设单位或施工总承包企业未按合同约定及时划拨工程款,致使分包企业拖欠农民工工资的,由建设单位或施工总承包企业以未结清的工程款为限先行垫付农民工工资。建设单位或施工总承包企业将工程违法发包、转包或违法分包致使拖欠农民工工资的，由建设单位或施工总承包企业依法承担清偿责任。”

作为高速公路项目的施工总承包企业，要加强工程分包管理，工程分包必须依据《中华人民共和国建筑法》和《关于审理建设工程施工合同纠纷案件适用法律问题的解释》(法释〔2004〕14 号)规定进行，严禁将工程超越合同、超越法律规定分包，严禁将工程分包给不具备资质条件的个人或资质条件不满足法定要求的组织。违法分包不仅违犯建筑法，给工程质量带来隐患，且对农民工工资支付负有连带清偿责任。

(2)严格规范劳动用工管理。在工程建设领域，施工总承包企业要监督检查各分包方依法与招用的农民工签订劳动合同并规范劳务用工管理，建立劳务用工名册并办理劳动用工备案。坚持施工企业与农民工先签订劳动合同后进场施工，全面实行农民工实名制管理制度，加强对分包企业劳动用工和工资发放的监督管理，在工程项目部配备劳资专管员，建立施工人员进出场登记制度和考勤计量、工资支付等管理台账，实时掌握施工现场用工及其工资支付情况，不得以包代管。施工总承包企业和分包企业应将经农民工本人签字确认的工资支付书面记录保存两年以上备查。

(3)建立完善工资保证金制度。在高速公路工程建设项目中全面实行工资保证金制度，按照属地人民政府、人力资源和社会保障部门的规定建立工资保证金缴存制度，严格规范工资保证金动用和退还办法，鼓励采用银行等第三方担保方式，保障农民工工资支付。

(4)推行银行代发工资制度。施工总承包方要委托银行代发农民工工资，积极探索实行分包方农民工工资委托施工总承包方直接代发的方式。分包方负责为招用的农民工申办银行个人工资账户并办理实名制工资支付银行卡，按月考核农民工工作量并编制工资支付表，经农民工本人签字确认后，交施工总承包企业委托银行通过其设立的农民工工资(劳务费)专用账户直接将工资划入农民工个人工资账户。

(5)加强拖欠农民工工资的违约处罚。施工总承包方在分包招标文件或分包合同中引入农民工工资支付违约条款，约定分包方隐瞒农民工工资标准、隐瞒实际农民工人数、虚开农民工银行工资卡、转移农民工工资、克扣农民工工资等行为视为分包方违约，按照合同结算额或拖欠农民工工资总额的一定比例给予分包方违约处罚，促使分包方规范农民工工资管理和支付行为。

(6)建立健全企业失信联合惩戒机制。施工总承包方要加强与政府人力资源和设备保障主管部门联系沟通，建立联合惩戒机制，加强分包方失信行为的协同监管和联合惩戒。施工总承包方按照合同约定引入拖欠工资违约机制，并对拖欠工资的失信企业书面报告政府人力资源和设备保障主管部门，建议政府人力资源和设备保障主管部门介入调查并将拖欠农民工工资失信行为录入“失信黑名单”，使失信企业在全国范围内“一处违法、处处受限”，提高建筑企业失信违法成本。

(7)实行施工现场维权信息公示制度。施工总承包企业负责在施工现场醒目位置设立维权信息告示牌，明示业主单位、施工总承包企业、施工总承包指挥部及所在项目部、分包企业、行业监管部门等基本信息；明示劳动用工相关法律法规、当地最低工资标准、工资支付日期等信息；明示属地行业监管部门和施工总承包指挥部投诉举报电话，以及劳动争议调解仲裁、劳动保障监察投诉举报电话等信息，实现所有施工场地全覆盖。

## 5.2.16 标准化管理

### 1. 工地建设标准化

#### 1) 工地建设标准化实施的目的

通过全面实施工地标准化建设与管理，提升高速公路建设工地形象，促进工程质量、安全管理及文明施工水平上新台阶，消除安全隐患，实现建设项目精细化管理的目标，实现一流的施工现场管理，一流的施工现场形象，一流的施工作业环境，一流的项目管理水平，从而营造出良好的安全文明施工氛围，保障从业人员的安全和健康，使建设者在一个安全稳定的环境下，快乐工作、体面生活。

#### 2) 工地建设标准化实施的原则

高速公路工地标准化建设以“人本化、标准化、专业化、精细化”为目标，以“规划整齐、结构统一、布局合理、功能配套、环境优美”的原则，满足“科学管理、文明施工、安全高效、环保节约”的需要；临时工程建设要根据现场调查获得的当地有关施工环境资料，结合当地环保部门要求，本着有利于环保和水土保持的原则，尽可能减少对环境的破坏或产生不利影响；临时工程场址选择要符合有关安全生产、劳动保护、防火、防洪等法律、法规和要求，以方便安全措施的有效实行，有利于安全救助；临时工程施工总平面布置以满足工程建设需要为前提，以节约土地、节约投资、减少土地复垦、有利于施工组织为原则，综合考虑永临结合，在可能的情况下，利用荒地设置大临设施，力求对生态环境的影响降至最低。

#### 3) 工地建设标准化实施内容

严格遵循项目业主方或施工总承包方的标准化工地建设实施细则，结合项目实际情况，工地建设标准化重点推行“三个集中”和作业标准化。三个集中即规范拌和楼、预制场、钢筋加工厂的建设要求，充分发挥集中管理的优势，实现混凝土集中拌和、构件集中预制、钢筋及隧道钢拱架集中加工，从源头上确保混凝土、预制件和钢筋加工质量。规范场站及工地建设，制定统一的建设标准，着力改善管理人员及工程施工人员的工作、生活环境，提高工程建设效率，塑造高速公路建设新形象。具体内容包括驻地标准化、混凝土拌和站标准化、预制场标准化、钢筋加工厂标准化、隧道临建标准化、施工便道标准化。作业标准化按照施工总承包方下发的作业指导书，规范工序的作业标准和作业流程，促进工程质量标准提升。

4)临时工程建设标准

(1)施工便道标准：施工便道的选择有新建、扩建、利用三种方式，线路沿线已有道路可以利用的尽量利用，已有道路不满足施工需要的进行加宽，其余采用新建便道。施工便道要尽量沿线路单侧修建，减少施工便道与地方路平交的频次，消除交通隐患。在红线内贯通修建施工便道，便道宽度 4.5m，每 200m 设置长度不小于 20m、路面宽度不小于 5.5m 的错车道。便道两侧修排水沟，路面采用 0.25m 厚泥结碎石路面。便道在急弯、陡坡处应视地形情况适当加宽，并进行硬化处理。拌和站和预制场等大型作业区进出便道 50m 范围，路面采用不小于 20cm 厚的 C20 混凝土硬化，并设置洗车槽清洗轮胎上的泥巴。便道通过水沟及灌溉渠处埋设钢筋混凝土涵管，河沟处采用贝雷梁或工字钢梁搭设钢便桥跨越。

(2)拌和站建设标准：混凝土集中拌和站设在收费站广场、服务区等红线内，拌和站修建围墙封闭，场地(含堆料区、加工区)做硬化处理。拌和站大门口设置洗轮池、地磅，生产废水采用三级沉淀池处理后排放。场内主要运输道路及堆料区、上料区采用不小于 20cm 厚的 C20 混凝土硬化，其余场地采用 10cm 厚的 C20 混凝土硬化。场内排水系统完善，严禁场地积水。拌和站采用 2 台 HZS90G 混凝土拌和楼，单机生产能力为 $90m^3/h$。拌和站配备 ZL50C 装载机 2 台，$12m^3$ 混凝土罐车 8 辆。拌和机操作房前醒目位置应设置砼配合比标识牌。料仓设防晒防雨棚，高度满足机械设备操作空间，料场采用厚 50cm、高 2.5m 的浆砌砖隔墙分隔，必须确保各个料仓间不串料，并设置相应的标识牌。水泥、粉煤灰等采用散装水泥罐贮存，各罐体联结成整体，并安装避雷设施。

(3)预制梁场建设标准：在路基主线上设置预制梁场，制梁场设置钢筋集中加工场。预制场采用封闭式管理，按照办公区、生活区、材料堆放区、钢筋加工区、制梁区、存梁区、废料处理区等科学合理设置。根据施工任务及工期要求，制梁场合理设置制梁台座和存梁台座，2 台 80t 龙门吊移梁、梁体装车兼顾吊装模板，1 台 10t 龙门吊安装模板、钢材等大宗原材卸车。制梁台座采用 C30 钢筋混凝土现浇，预制梁底板采用不锈钢板，台座横向做成水平，纵向按设计预设反拱。梁场预制区设置自动喷淋养护设施，预制 T 梁采用土工布包裹喷淋养生，养生水循环使用。

(4)小型构件预制场建设标准：涵洞、通道盖板及水沟盖板、锥体护坡六棱块等小型构件集中在小型构件预制场生产。预制场布置符合工厂化生产的要求，道路和排水畅通，场地四周安装通透式围栏，场地全部采用C20砼进行硬化，砼厚度12cm，场内排水系统完善。预制场每条生产线设置振动台，模板使用钢模、高强度塑料模板。养护区采用自动喷淋养护系统结合土工布覆盖，确保构件处于湿润状态，构件覆盖养生 7 天以上。成品按不同规格分类堆码。

(5) 临时电力：临时用电优先考虑“T”接方案，“T”接方案不能满足时，采用专线或从附近变电所引入专线方案。临时用电方案尽量考虑永临结合，后期线路可供服务区、收费站等永久用电使用。对重要处所配备柴油发电机组作为备用电源。

### 2. 施工作业标准化

(1) 质量控制作业指导书。进一步规范路基、桥梁、隧道、路面施工的各项工序操作，提高施工管理水平，实现高速公路路基、桥梁、隧道、路面施工标准化，克服质量通病。施工总包指挥部组织技术人员分专业编撰路基、桥梁、隧道、路面施工质量控制要点作业指导书，下发各标段指导施工。

(2) 坚持样板先行的首件验收制度。制定首件工程验收制度，组织各参建单位召开现场观摩会，对于验收合格的第一段软基处理；第一段路基填筑；第一个涵洞；第一根桩基础；第一个系梁、承台，第一根墩柱，第一个盖梁；第一片预制梁，第一联现浇箱梁；第一联桥面铺装，第一段防撞护栏；第一段水稳料摊铺，第一段沥青下面层、中面层、上面层摊铺；第一个隧道洞口开挖，第一段锚喷支护，第一段仰拱，第一段二衬等标准工序进行全线推广，不合格的工序责令返工。

(3) 标准化工点观摩。施工过程中发现有特色、技术新颖、质量要求高、现场管理规范的分项工程，召开正面观摩会；对于现场管理混乱，质量标准低的工点，召开反面观摩会，并责令整改，通过正反面观摩起到震慑和弘扬的作用。

### 3. 安全生产标准化

(1) 安全标准化目标。高速公路安全生产标准化实施要坚持“安全第一、预防为主、综合治理”的安全生产方针，严格监管实施过程安全生产标准化，实现消除重大事故隐患、遏制险性事件、杜绝死亡事故的安全生产目标。为进一步规范施工的各项安全操作，提高施工管理水平，实现施工安全标准化，根据省级交通运输主管部门的高速公路工地标准化建设指导意见，结合项目特点，有针对性地编制高速公路项目专项施工安全标准化管理规定。

(2) 健全安全标准化控制制度。完善安全生产标准化管理制度建设，包括临时用电安全标准化管理规定、高边坡施工作业安全标准化管理规定、隧道施工作业安全标准化管理规定、深基坑施工作业安全标准化管理规定、爆破施工作业安全标准化管理规定、特种设备作业安全标准化管理规定、高处作业安全标准化管理规定、施工现场安全防护设施和安全警示标志管理规定、跨路施工作业安全标准化管理规定、水上施工作业安全标准化管理规定、特殊天气下施工作业安全标准化管理规定、夜间施工作业安全标准化管理规定等。

(3) 编制安全生产计划。按期编制安全生产计划，其内容包括安全指标、员工培训、安技措施、应急救援等。每年进行一次评估、调整安全生产目标。

(4) 安全标准化措施。①健全组织机构：健全安全标准化组织机构，项目经理是现场负责人，机构必须经分包方的上级法人单位批准，报施工总承包指挥部备案。②安全标准化目标逐级分解：分包方项目部要将安全生产标准化实施范围和任务进行分解，分解到项目部管理部门、管理人员、施工作业队、作业班组，并由各班组长、作业队长及部门负责人均与项目部签订安全生产标准化目标责任书。③规范安全措施内容和标准：要严格贯彻执行项目业主方或施工总承包方高速公路建设标准化管理规定，落实标准化内容及标准。临时工程标准、安全防护、警示标识、安全用品、信息化监控系统、危险源防护等措施要满足标准化要求，不得随意改变标准。如：瓦斯隧道要装备瓦斯自动检测系统，作业人员要装置信息识别系统；标准化场站要安装信息化监控系统；临边防护措施的内容和标准要统一；危险源识别指示牌要统一；安全帽、安全服、安全带等样式要统一等。

## 5.3　分包方建设管理

分包方的项目管理既要服务于自身的利益，也必须服从于项目的整体利益，两者是对立统一的关系。分包方必须满足分包合同规定的安全目标、质量目标、工期目标和环水保目标，也必须实现施工企业规定的成本目标。鉴于分包方建设管理的内容与方式比较常规，本书重点对与施工总承包管理存在一体化响应和关联的分包方管理要素进行重点说明。

### 5.3.1　进度控制

施工总承包高速公路项目要树立“一家不通全路受阻，一家亏损都不算成功”的工作理念。分包方施工进度控制不仅关系到分包方自身的施工进度目标能否实现，还直接关系整个项目进度目标的实现，间接影响到工程的质量和成本。必须坚持在确保安全和工程质量的前提下，控制工程的进度。

1. 健全进度管理体系，抓好进度关键线路和关键工作

进度计划是进度控制的依据，是实现工程项目工期目标的保证，因此进度控制首先

要编制一个完备的进度计划。分包方应根据施工合同及施工总承包方编制的指导性施工组织总设计，结合项目特点和工程结构组成情况，认真编制本标段工程的实施性施工组织设计，危险性较大或技术难度较大的分部分项工程要编制专项施工方案。专项施工方案由分包方技术负责人审批后报施工总承包指挥部备案，报总监理工程师批准后实施。分包方要以审批的实施性施工组织设计为纲，按照工程进度网络图上的逻辑关系，以架梁通道的形成和路面施工为关键线路，制定控制性工程节点目标。

2. 编制工程进度计划

分包方的总体进度要满足合同工期，阶段性进度计划应充分考虑施工总承包方下达的计划目标，分包方的进度计划应不小于总包方下达的进度计划。进度计划包括年、季、月、周施工计划，根据分包方编制的进度计划，科学合理配备劳务需求、材料物资消耗、设备配置数量等生产要素，并制定相关的进度保障措施、考核奖罚办法，保证进度目标控制不发生偏差。重难点及控制性工程的进度控制直接关系工期目标的实现，在资源配置上要按照预留一定的富余工期来科学配置，配足配强生产要素。

3. 进度计划的跟踪检查与调整

进度计划实施过程中由于各种条件的不断变化，需要对进度计划进行不断的监控和调整，以确保最终实现工期目标。建立进度计划检查制度，定时定期地对计划的实际执行情况进行跟踪检查，分析产生进度偏差的主要原因，制定相应的纠偏措施或调整方法。必要时调整进度计划和施工资源配置，确保总工期的实现。

4. 进度控制的措施

做好工程进度信息管理，安排专人负责进度信息的收集、分析、检查，当进度不能满足施工组织设计和合同工期要求时，要分析原因，采取组织措施、技术措施、经济措施、合同措施等来纠偏。依据工程进度管理办法，对整体施工进度、关键线路上的关键工作节点进行考核兑现奖罚，提振士气和积极性，以确保项目整体工期受控。开展劳动竞赛和岗位能手比赛等活动，调动广大职工的劳动热情，通过劳动竞赛评优选拔一批爱岗敬业、吃苦能干、勇于争先的优秀组织和个人，配套相关的经济奖励，调动施工积极性。

(1)优化组织结构和任务分工，强化施工进度管理。组建精干高效的项目经理部，迅速组织人员、设备进场，成立工期保证领导小组，建立工期保证体系(图 5-5)。调遣桥梁、隧道、路基、路面专业施工队伍，配备经验丰富的施工管理人员和生产人员，尽早尽快开展工作。现场设立施工调度室，全面负责施工的统筹、协调和控制工作。抓好工序衔接和关键工序的施工，根据施工完成情况，对计划网络进行修正，对施工资源按修正后的计划调整配置，确保关键工序和总工期的实现。主动加强与业主、监理、总包和地方有关部门的联系与协作，保证工程进度。项目经理部指派经验丰富、协调能力强的人员具体承办征地拆迁和对外协调工作，确保征地先行。

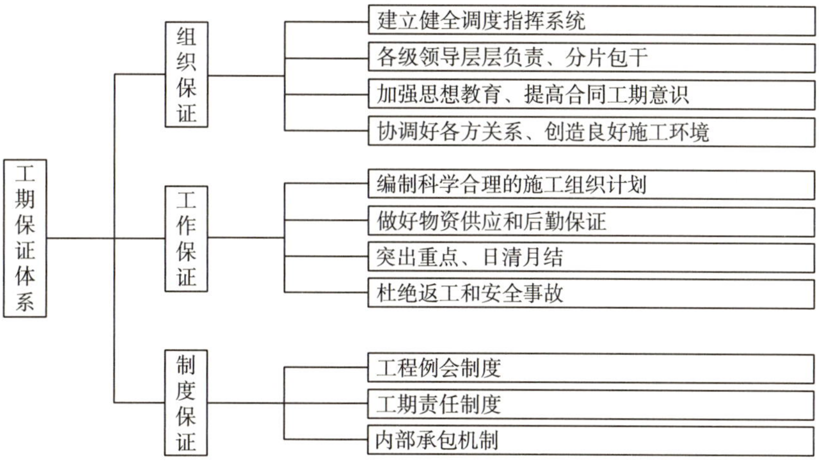


图 5-5 工期保证体系框图

(2)科学管理，精心组织施工。分包方项目经理部要严格按计划进度组织施工，加强施工计划编制的科学性，统筹运用网络技术、系统工程、信息工程等新技术，编制切实可行的实施性施工组织设计，选择最优施工方案；加强施工现场调度，做到点段明确、轻重分明、施工计划可靠、资源配置得当；合理利用和及时补充资金，保证工程用款。

严密组织施工，合理安排施工顺序，实行分段平行流水作业，加强工序衔接以获取时间的最佳利用，以日进度保旬进度，旬进度保月进度，月进度保年进度，年进度保总工期目标的实现。

(3)做好物资供应和保障工作。分包方项目经理要合理安排物资供应计划，按照施工组织设计要求，制定科学准确的材料供应计划，使现场存放材料数量始终保证 15 天以上的用量。做好物资供应保障措施，运用好物资备供方案，保证材料及时到位，各主要材料提前落实料源和运输方式，尽早签订订购合同，保证按时、优质供应，避免因停工待料贻误工期；搞好节假日期间的材料储备，保证节假日关键工作正常施工。

(4)狠抓施工质量安全保工期。工程项目的质量安全是项目顺利推进的前提，是保障项目工期的重要基础。分包方项目经理部要运用好母体公司健全的质量管理体系和安全管理体系，综合运用好首件工程验收制度，为工程质量控制做好样板引路的作用，运用先进测试设备和仪器，加强施工质量过程检测，运用安全生产标准化，足额投入安全经费，服从施工总包方和监理单位的管理，尽可能杜绝施工质量安全事故和隐患，确保不因质量安全延误工期。

(5)推广运用先进设备、新材料和先进施工工艺。推广运用当前先进的施工装备和先进的工艺工法，可以提高生产效率，降低工人劳动强度，改善生产环境。隧道开挖施工中采用隧道湿喷机械手可以提高隧道湿喷砼的效率和改善砼质量；桥梁施工中采用成套钢模板、双壁钢围堰、墩柱翻模施工等新工艺，可以提高工效、降低安全风险。

(6)合理安排雨期和农忙季节施工，抓住时机掀起施工大干高潮。定期收集气象信息，做好季节性施工安排，搞好雨季施工及生产防护，设好排水设施和备足防暴雨冲刷器具。汛期来临前备足工程材料，场站施工场地备好防雨棚，确保雨季施工。成立防汛抗洪组织，查明汛情隐患，做好防汛抗洪准备工作。在农忙季节安排好当地材料储备，需配属劳务工的工序尽量避开抢收抢种季节，采取轮休或短休，严格职工批假制度。施工中针对重(难)点和关键工程项目，开展劳动竞赛活动，结合施工安全质量定期检查评比，及时兑现奖惩；利用有利的施工季节适时掀起施工高潮，加快施工进度。

(7)确保工期的应急方案及措施。重点工程项目安排有保障，提前准备并留有富余时间。积极配合施工总承包方的工序组织，确保工程进度稳步推进，与相邻合同段和后续工程项目的施工衔接顺畅，施工节奏和进度协调一致。针对互通立交、隧道工程、桥梁工程、高边坡防护、高填方路基等重难点施工项目，组织精干的后备施工队伍，以应对现场复杂情况和其他不利环境条件等意外情况，确保施工进度不受影响。根据工程规模，项目部准备一定额度的流动资金，专用于本项目工期应急。

### 5.3.2 质量控制

建设工程项目的质量控制需要系统有效地应用质量管理和质量控制的基本原理和方法，建立和运行工程项目质量控制体系，落实各参与方的质量责任，通过项目实施过程各个环节质量控制的职能活动，有效预防和正确处理可能发生的工程质量事故，在政府的监督下实现建设工程项目的质量目标。分包方应按照高速公路建设管理标准化要求，营造抓质量、出精品的质量氛围，精细施工，将精细化管理理念贯穿于工程建设全过程。

对全部作业过程进行控制，即对各道工序的作业质量进行控制；通过项目质量管理人员、监理工程师对各种作业质量检查、验收和质量行为进行监督控制。施工中严格按照质量管理体系标准程序文件中的程序执行，如施工过程控制程序、监视和测量控制程序、不合格品控制程序等。做好开工前的技术交底制度、工序“三检”制度(即自检、互检和专检)、工序交接制度、隐蔽工程检查验收制度、测量复核制度、仪器标定制度、施工技术资料管理制度等各项质量管理制度的落实和执行工作。

### 1. 工序施工质量控制

施工阶段质量控制重点在于工序质量控制，只有严格控制工序质量，才能确保施工项目的实体质量。工序质量控制主要控制的是工序施工条件和工序的施工效果，控制手段有检查、检测、试验和跟踪监督，严格按照设计图纸、材料质量、机械性能、施工工艺及操作规程进行控制。一要严格按照有关规范精心组织施工，对施工现场的工序标准制定作业指导书；严把原材料的入口关，杜绝不合格产品进入工地。二要加强技术人员和施工人员培训，吃透技术规范、图纸和设计意图，确保现场技术指导有标准。三要严格过程控制，认真执行“三检制度”“五不施工制度”。四要运用现代新技术，实现高墩养护自动化，采用自动喷淋系统使高墩得到全方位、全天候的养护，确保混凝土质量。五要完善预控措施，定期对工程实体进行质量复查，不留瑕疵，及时总结成果。

### 2. 施工作业质量控制

施工单位全面履行质量责任，作为工程施工质量自控主体，遵循质量管理体系要求，编制项目质量计划并实施，实行施工质量的自控目标。

(1)按照设计要求、施工技术标准和合同的约定，对建筑材料、建筑构配件和设备进行检验，不合格不得使用。

(2)编制实施性施工组织设计，作业人员经技术培训考核合格后方可上岗，进行施工作业技术交底。针对常见质量通病要有针对性地预防，并整理装订成册，做专项交底。实施工序质量的自查自检、互检互查。质量检查验收不合格的工序，不得进入下道工序。

(3)为达到质量控制的效果，工序管理和质量目标控制必须做到：预防为主、重点控制、坚持标准和记录完整，执行好质量管理制度。

### 3. 施工质量监督

(1)接受业主方、监理单位、设计单位及工程质量监督部门对施工质量的监督控制，落实整改质量管理中存在的问题，促进质量管理水平的提高。

(2)严格落实工程材料、半成品、构配件以及施工过程留置的试块、试件现场见证取样制度，见证取样送检按规定程序进行，保证工程质量。

### 4. 隐蔽工程验收和成品保护

(1)加强隐蔽工程质量验收，严格隐蔽工程验收程序和记录，验收合格的隐蔽工程由各方共同签署验收记录，为工程质量控制提供可追溯性记录。

(2)加强已完工程的成品保护，采取相关措施，防止施工顺序不当或交叉作业造成相互干扰、污染和损坏。

5. 组织管理措施

(1)健全项目部质量管理体系，制定《工程质量管理办法》《技术管理办法》《测量管理办法》《试验管理办法》《安全管理办法》等一系列规章制度，实现工程质量管理的标准化、制度化、规范化。

(2)建立全员工程质量责任制，签订质量目标责任书，明确工作岗位的质量责任和义务，建立完善的质量责任制度，以确保施工质量得到有效控制。建立具有可追溯性的工程质量责任制度，对因施工原因造成的工程质量问题负终身责任。

(3)组织 QC 攻关小组，应用“PDCA”方法解决施工中、管理上、工艺中的难题，促进工程质量的提高。

(4)加强质量检查，强化施工过程控制。项目部成立安全质量部，配备专职质检工程师，并在工班设质检员，配合现场监理工程师进行质量监督检查，做到工地现场 24 小时有质检人员旁站值班。工作制度严明、保证措施到位，使全管区实现“质量零事故”的管理目标。

(5)施工中应用新技术、新工艺、新设备。预制梁全部采用智能张拉和循环压浆新技术新工艺，混凝土拌和站实现实时数据上传。拌和站、预制场、现浇箱梁、悬灌梁等重难点工点安装监控设备，实现远程监控。钢筋集中加工，实现数控机床自动化。小型混凝土构件预制统一建设预制场，集中生产，保证小型构件的工程质量。

(6)项目部对施工队进行定期质量检查，进行总结评比并实施奖罚。项目部对施工队验工计价，实行优质优价制度。对管理层人员实行质量风险抵押金制度。对发生质量事故的有关责任人员进行行政和经济处罚。

(7)设工程质量保修回访领导小组，作为工程质量保修服务的常设机构，全面负责工程交工验收后的定期回访和工程质量保修实施。

### 5.3.3 安全控制

分包方项目部的项目安全管理是实现项目质量、进度、成本等三大目标的重要保障因素。项目部要以分包方企业编制的项目管理实施规划和实施性施工组织设计文件为依据，重点抓好危险性较大的分部分项工程或单位工程的安全管理，统筹抓好其余工程的安全管理。项目开工准备期要对项目分风险进行评估和识别，建立风险库和危险源识别点，编制安全应对措施计划，配足安全生产经费，健全组织机构，实施全方位的风险管理和控制。

### 1. 安全技术措施

#### 1) 专项技术方案措施

(1) 锁定重难点工程安全风险控制点。

根据高速公路项目合同段的工程技术特点，锁定重难点工程安全风险控制点。高速公路项目的跨江河施工、跨铁路公路施工、(瓦斯)隧道施工、悬臂连续梁施工、高墩施工、深挖高填路基施工、架梁施工、爆破施工等作为项目的重要安全风险控制点。制定专项技术安全措施，落实专职安全管理人员，配足安全生产经费，采用电子视频信息化监控平台进行安全监控，施工作业人员落实实名制并限制每班组的作业人员数量，做好施工安全操作标准化专职培训和交底。

(2) 规范现浇支架安全措施审批程序。

为保证现浇梁施工安全，分包方编制支架专项施工方案，并附受力检算分析资料。专项技术方案报分包方母体公司技术负责人审批后再报施工总承包方项目技术负责人核备，报总监理工程师批准后执行。支架检查要落实专人负责制和换手检查制度，由分包方项目技术负责人验收后经监理工程师验收合格后才能使用，并留有自检记录。

(3) 上跨既有铁路、高速公路工程施工安全控制。

编制专项施工方案，邀请产权单位参加专家评审会，取得一致意见。经施工单位技术负责人、总监理工程师签字后实施，由专职安全生产管理人员进行现场监督。按照产权单位要求办理相关手续并交纳押金后方可施工。

(4) 与既有高速公路并线接入工程安全控制。

对可能影响到现有高速公路畅通的工程施工制订相应的交通组织保障方案，编制相应的交通作业控制区布控方案，并报有关部门批准。建立专门的交通组织机构，成立交通事故的应急处置预案，按交通组织要求配备足够的专职安全员。专职安全员服从交警、路政等部门对现场作业秩序和安全组织措施的监督管理，做好施工路段交通组织保障的管理和维护工作，使施工段所设置的管制区安全始终处于良好、有效工作状态，并积极协助交警、路政部门处理路面突发事件。

#### 2) 专业技术措施

(1) 施工现场安全防护措施。

施工现场的布置应符合防火、防洪、防触电、防雷击等安全规定的要求。现场的生产厂房、生活用房、仓库、材料堆放场、修配间、停车场等临时设施，应按监理工程师批准的总平面布置图进行统一部署。

现场运输便道由专人进行养护，保持平整、畅通、排水设施良好；特殊、危险地段设醒目的标志，夜间设有照明设施。

(2)路基施工安全一般防护措施。

路基土石方施工前对施工人员进行安全教育工作，特别对机械司机进行安全驾驶(或操作)教育，保证施工安全。

路基填筑采用分层填筑，边坡两侧各超出设计宽度0.4～0.5m，在摊铺前用推土机初步压实，确保压路机进行碾压时，压到路肩不致发生滑坡。

路堑边坡防护及时施工，防止边坡坍塌。雨季要加强边坡和路堑顶的检查，防止滑坍。

(3)桥梁施工安全一般防护措施。

临时工程均由专业人员进行设计，进行严格的专业检算后再投入使用。桥墩台整体模板吊装前，应使模板连接牢固，内撑、拉杆、箍筋上紧，吊点正确牢固。各种脚手架在大风、大雨过后，必须进行检查，发现倾斜、下沉、崩扣、松扣现象时，应及时修复。

起吊设备起吊时，严禁起吊超过规定重量的物件，起吊过程中有专人指挥。

(4)隧道施工安全一般防护措施。

根据低瓦斯隧道施工要求，建立风电、瓦斯电闭锁系统、隧道视频监控系统，禁止洞内明火作业。洞内爆破作业必须严格按审批的爆破设计进行，钻孔与装药禁止平行作业。隧道洞内施工过程中，严格执行通风与除尘的安全规定，洞内通风系统设专职人员管理，洞内爆破后必须经过通风排烟后，先由检查人员进入工作面，经检查和妥善处理后，其他工作人员才准许进入工作面。

### 2. 安全管理措施

(1)建立健全管理体系，制定安全措施计划。制定并不断改进完善安全管理办法，建立健全安全组织机构和体系，更新完善安全管理措施，梳理并建立危险源调查表和重大危险源识别库，制定安全措施计划，落实责任，积极组织应急救援演练及现场处置应急演练。制定安全防范措施和动态监控台账，制定突发事件应急预案，编制年度安全质量工作要点，提纲挈领，明确年度安全质量管理的思路、管理重点，并对全体管理人员和各作业队提出具体要求。

(2)积极开展形式多样的安全教育活动。加大安全生产法律法规宣贯力度，对安全管理人员宣贯新安全生产法，邀请国内专家和工程所在地安监局专家讲课。对高风险工程和重要安全风险控制点，组织专家和邀请地方安监局专家对项目部主要管理人员、现场负责人、安全管理人员、隧道作业班组人员进行讲课，做到安全培训全覆盖。培训授课专家选择、培训内容、培训对象等要有针对性和适用性，确保安全教育能够有力保障安全生产工作。项目线路长、与地方交叉道口多，道路交通安全面临严峻考验，项目部组织对设备操作员和司机进行多次安全驾驶培训和交通安全教育活动。对参加施工的人员进行安全技术教育和考核，合格者上岗操作；对于从事电气、起重、高空作业、焊接、爆破和机动车辆驾驶等特殊工种的人员，进行专业培训后持证上岗；安全生产手册每人一本。

(3)开展安全质量检查活动，设立发牌制度和“曝光台”。除了定期和不定期检查外，还要有针对性地进行安全专项检查，包括雨季防洪专项检查，特种设备专项检查，临时用电、隧道施工、消防、桥梁支架作业安全专项检查等，有效地遏制和消除现场生产安全事故的发生。设立安全质量旬报制度，每旬定期将现场检查发现的问题以旬报的形式下发各单位对照，举一反三，避免类似问题发生；同时将现场标准化的图片向全线推广，既作为一个曝光台，又作为一个学习的平台，有效促进现场安全质量管理水平的提高。

(4)深入开展隐患检查。积极组织“安全隐患大排查”“安全生产月”“平安工地”“平安优质工程”“标准化工地考核”等活动，深入开展安全生产隐患排查活动，对存在的安全风险点和安全管理薄弱点、管理组织行为弱化问题进行指导纠正，通过视频、微信、QQ 等各种方式宣传安全生产管理警示教育内容、安全生产注意事项，提高参建员工的安全质量意识，创造良好的安全质量氛围。

(5)多形式、全过程强化防洪防汛安全管理工作。针对雨季防洪安全，成立以主管领导为组长、副职为副组长、各部室负责人为成员的防洪领导小组，全面负责防洪防汛的指导安排监督工作。建立防洪动态监控表，每周统计一次防洪重点监控区域的情况，对于突发大雨，出现险情的要立即上报。对于现场防洪重点监控区域，项目部定期、不定期地进行检查；建立微信群，及时发布防洪预警信息，做到及时提醒，提前预控，确保防洪安全可控。

(6)编制施工组织设计、制订施工方案和下达施工计划时，必须同时制定和下达施工安全技术措施。对石方爆破、高空作业等不安全因素多的施工项目进行安全专项治理。

(7)开工前制定应急抢险救援预案，备足料具，以防突发事件，确保施工安全。

### 3. 经济措施

(1)项目经理部对施工队安全工作每月考核一次，每半月抽查一次；施工队对班组安全工作每半月考核一次，每周抽查一次，每日巡查若干次，发现问题及时处理，并深入分析原因，查明责任，制定纠正和预防措施。

(2)对全体职工尤其安全管理人员按工资的一定比例扣留安全风险抵押金，未达标者不再返还，并根据事故的轻重给予经济和行政处罚。

(3)严格安全生产经费落实，确保经费足额投入。根据高速公路项目安全经费使用规定，规范安全经费管理，对列入分包合同的安全作业环境及安全措施所需经费，足额投入使用，不允许发生占用安全经费的情况。

(4)加大资金投入，加强安全设施的建设，为职工配备必需的劳动防护用品，及时对安全设备进行检测、维护、保养，加快落后设备的更新改造，努力消灭各种危险源。

4. 组织措施

(1)建立健全安全生产管理机构和各项安全生产管理制度，配备与建设规模匹配数量的专职及兼职安全员，有组织有领导地开展安全生产活动。

(2)建立健全安全生产责任制，从项目经理到生产工人的安全生产管理系统做到纵向到底，横向到边。安全保证体系见图5-6。

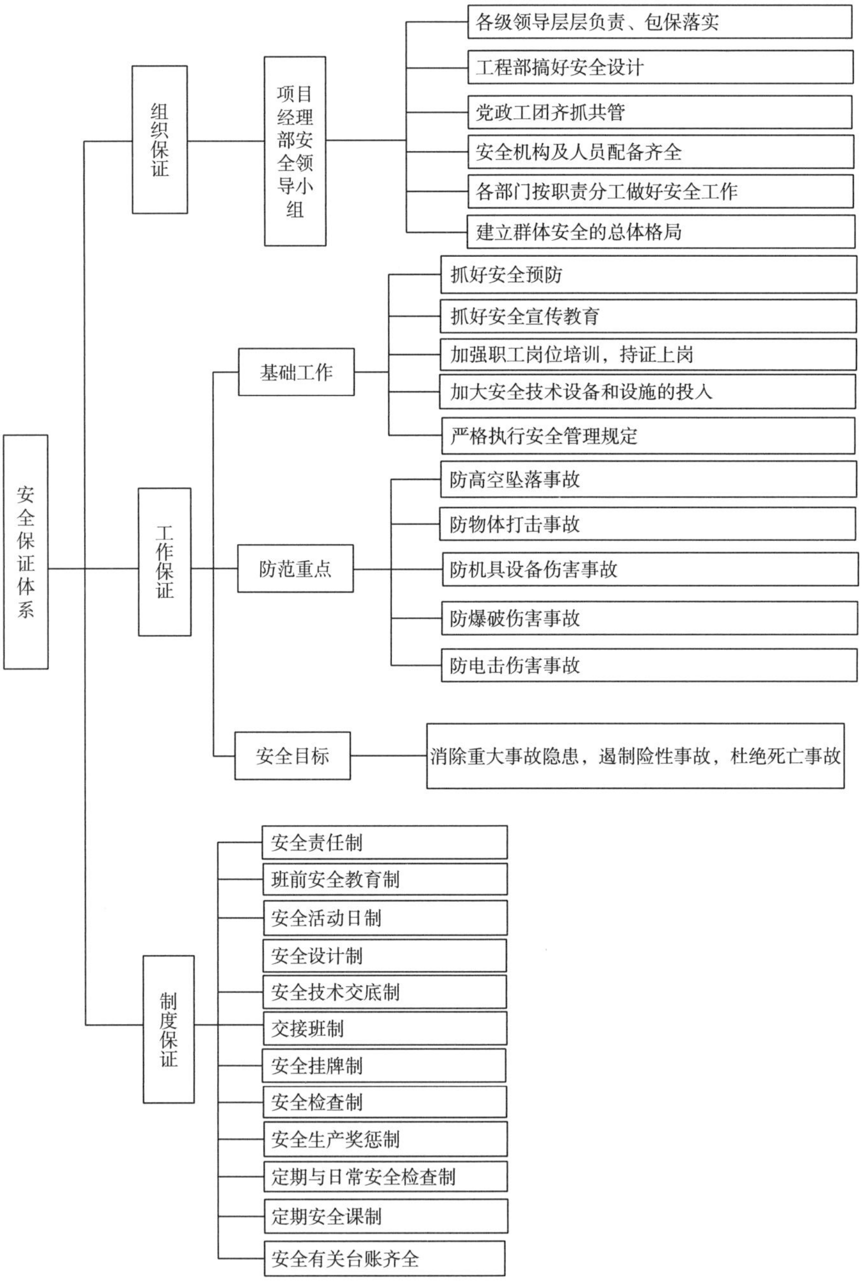


图5-6 安全保证体系框图

## 5.3.4　施工成本控制

施工方建设管理成本控制是指主要根据项目的工程数量、施工方案及工料机进行成本控制，以确保工程量准确，工程项目单价合理，施工生产安全，项目资金管理得当，设备、周转材料和废旧物品的购买、租赁、使用管理规范。

### 1. 目标控制

(1)方案优化目标：组织现场踏勘、施工调查，坚持方案优化，提高方案优化降造率，降低施工成本。如：简蒲项目实现方案优化降造率大于 7%。

(2)工程量控制目标：加强施工图纸工程数量、实测工程数量控制，建立工程数量控制台账，进行工程量动态核算，对工程数量进行节超分析。做好技术控制和技术指导，避免实际工程量超图纸设计工程量引起的成本增加。严格计量支付程序，按照合同文件和计量支付管理办法办理计量支付手续。工程管理部与计划合同部多次复核施工设计图数量，建立合同工程量清单与 0#工程量清单对比台账，根据台账严格控制计量数量。

(3)物资招标采购价控制目标：物资分类采购招标，规范招标采购程序，降低材料采购成本，材料采购成本降低率大于 2%。制定合理进度计划，根据计划为材料采购部门提供工程应耗材料数量计划，确保“限额发料”。制定设备使用计划以降低机械使用费。控制周转材料及小型机具使用费的成本摊销。

(4)劳务单价控制目标：做好劳务计划、劳务招标工作，以及劳务分包预算单价、劳务施工成本计划价、劳务施工实际成本价管理。劳务施工成本计划价要低于劳务预算价，劳务实际施工成本价低于劳务施工成本计划价 5%以上，严格控制劳务零星用工计价管理。

(5)机械价格控制目标：机械设备租赁价格控制在企业预算租赁价范围内，力争降低 2%以上。自有机械的维修保养成本控制在企业定额预算内。

### 2. 成本管理措施

#### 1)编制成本计划

分包方组织技术、经济相关部门，在高速公路项目开工准备阶段完成施工成本计划编制工作，锁定项目部的成本计划目标。编制施工成本计划要包括项目实施所需消耗的人工费、材料费、机械费、措施费等直接费，还包括项目实施所发生的其他直接费、间接费等成本，同时锁定物资消耗数量、工程数量、劳务费总额、措施费项目及数量、管理人员定编等成本目标。

2）成本目标分解和控制

根据施工成本计划组成，将施工成本计划分解到相关责任部门，锁定责任中心部门的成本计划控制目标，签订目标责任成本控制合同或责任中心签订责任成本控制承诺书，明确责任中心或部门的成本控制任务和职责分工，确定考核标准和奖惩措施，作为兑现经济责任的依据。成本控制坚持量价双控，不仅要控制数量结算，而且要控制价格结算，规范量价控制程序和控制内容，提升目标责任风险防范。

3）做好成本核算

施工成本核算按工程结构划分为施工总成本核算、单位工程成本核算、分部分项工程核算；按清单结构核算划分为200章路基工程、300章路面工程、400章桥梁工程、500章隧道工程、600章交安设施工程、700章环保工程、800章房建工程等清单核算；按成本组成核算划分为直接费核算、间接费核算、措施费核算。根据施工成本管理需要和成本控制原因分析的侧重点不同，核算方式由项目管理者根据管理需要确定。每个成本核算要素均要采取量、价双核算，不仅核算数量变化对施工成本目标的影响，而且要核算价格变化对施工成本目标的影响，通过成本因素分析来掌握不同成本因素对施工总成本的影响程度。

4）做好成本分析

项目部要依据成本核算报告，分别从工程结构成本、清单成本、成本费用组成等三个方面，进行施工成本偏差分析；根据施工成本分析结果，掌握经济成本运行管理中存在的成本管理漏洞，为下一步采取纠偏措施和确定成本控制方向提供依据。

5）成本控制优化

根据施工总承包合同范围和标段施工分包合同范围，优化合同范围管理和资源集约协调共享，将同一专业不同标段施工或同一标段不同专业施工进行调整整合，达到降本增效的目的，在不增加投资的基础上实现分包方共赢。如：标段之间模板协调调配使用，拌和站、水稳站就近利用，降低施工成本。

6）成本考核兑现

分包方要定期对项目部施工成本计划的执行、控制情况进行分析；项目部对施工成本各责任中心或部门的成本计划执行、控制情况进行分析，根据核算分析结果，对实现成本控制的责任部门和管理人员进行考核兑现，提振全员控制责任成本的主动性和积极性。

## 5.3.5 税务筹划管理

分包方承包工程项目应纳税的种类主要包括增值税、附加税、个人所得税、企业所得税、印花税及资源税等。税务筹划对项目成本的策划、项目资源组织等有重要的影响。以下重点对项目涉及税种和注意事项进行归类总结。

### 1. 增值税分类和预缴

按照《关于全面推开营业税改征增值税试点的通知》(财税〔2016〕36 号),建筑业营业税改为增值税,2016 年 5 月 1 日后开工的新项目,计税方式为一般计税法,其中一般纳税人采用一般计税法,小规模纳税人可采用简易计税法。一般计税法的进项税可以从销项税中抵扣。可以作进项抵扣的项目和税率执行国家增值税法律和政策。跨市区从事建筑服务经营活动的,项目部在工程所在地预缴增值税,一般计税法的预缴税款预征率为 2%,简易计税法的预缴税款预征率为 3%。采用专业分包工程的,施工总承包人按应得工程结算价款减去分包工程应结算工程价款的差额进行预缴,其预缴税款=[(全部价款和价外费用-支付分包款)/(1+10%)]×2%。项目部应足额取得增值税专用发票并及时上交,使企业可以进行充分的进项抵扣,最大限度地降低税负支出。具体管理措施如下:

(1)从合同源头抓起,及时到税务机关报验登记,确定增值税类型和预征率。营改增后,由劳务工班和项目部及时在各自公司注册所在地开具外出经营活动税收管理证明,简称“外经证”,及时到施工所在地税务局办理国税和地税的报验登记,做好纳税前的准备工作。

(2)按月足额取得劳务分包单位、物资供货单位、设备机械租赁单位的增值税专用发票,做好台账管理,计算增值税可抵扣的进项税总额。项目部根据工程结算单及增值税票据,及时办理增值税票认证,在当月销项税中及时抵扣,切记进项税延期抵扣。项目部按照销项税减去可以抵扣的进项税额后在企业所在地税务机关缴纳增值税,并开具增值税专用发票。

(3)通过企业财务管理系统规范发票开具流程。项目部严格按照母体公司规定,在财务共享平台或增值税网络平台申请开票,施工总承包方按分包差额缴纳施工总承包方的增值税发票。项目部建立劳务分包、物资采购、设备租赁等一切可以抵扣进项税的增值税发票管理台账,做到票据不遗漏,票据填写合规,按时足额抵扣。

(4)注意以下事项:劳务分包人选定为一般纳税人的,劳务分包人可以向分包人开具建筑业增值税专用发票,项目部可以抵扣进项税;收取劳务分包人的违约金,向分包人开具零税率的增值税普通发票;从支付给劳务分包人的工程结算款中扣下劳务分包人应承担的罚款，向劳务分包人开具零税率的增值税普通发票。

2. 个人所得税管理

按照个人所得税法的规定，施工单位外出经营的个人所得税须在施工所在地地税局缴纳。营改增后项目部按照税务局要求逐月明细申报，按月足额缴纳。积极沟通争取当地地税局关于个税税收优惠政策。项目部在个税管理过程中，应做到依法合规纳税。个人所得税采用差额征收率法计算，个税起征点按照法律法规确定的最新标准计算。

3. 印花税管理

根据《中华人民共和国印花税暂行条例》（中华人民共和国国务院令第 11 号）附件《印花税税目税率表》规定：建筑安装工程承包合同，按承包金额 0.3‰贴花，由订立合同的双方当事人各自负责缴纳。根据财政部、税务总局《关于对营业账簿减免印花税的通知》（财税〔2018〕50 号）规定：自 2018 年 5 月 1 日起，对按万分之五税率贴花的资金账簿减半征收印花税，对按件贴花五元的其他账簿免征印花税。项目部根据印花税法律法规进行缴纳。

4. 企业所得税管理

企业所得税根据纳税人纳税资格认定的不同，缴纳标准也不同。企业所得税在企业注册地缴纳。享受国家政策减免企业所得税的单位按照政策规定执行。一般外出经营的施工单位均要在工程所在地预交 0.2%的企业所得税，应纳税所得为营业收入净值，即开具发票的不含税金额。项目预交的企业所得税可在法人单位做相应的抵扣。

5. 资源税管理

资源税应由地材供应商缴纳。在和地材供应商签订合同时，需明确地材供应商作为资源税的纳税义务人，供应商提供资源税税票作为结算付款的前提条件。严格按材料用量缴纳资源税税款，避免分包方补交资源税款。

### 5.3.6 物资设备管理

认真学习分包方与施工总承包方签订的分包合同，掌握合同对物资采购的约定，同时认真领会项目业主方、总承包方制定的物资设备管理办法等相关文件，组织物资设备的招标采购、管理工作。

(1) 做实物资市场调查。项目部在施工准备阶段，应对项目所在地的物资市场、运输环境和周边资源供应做充分调查，为前期策划提供依据。分包方母体公司派员进驻现场，对项目物资设备工作进行策划。策划主要内容为：招标采购物资的范围和数量、物资来源、运输方式、招标采购限价、物资设备控制目标、材料数量的收发方式、物资设备核算方式、周转材料调拨和管理等内容。

(2)规范自购物资招标采购。分包方自购物资招标采购公告应在具有公信力的电子商务网站上发布，分包方母体公司主管部门派员参加物资招标的开评标工作，做到招标采购过程规范，招标采购程序依法合规。根据路面工程推进计划，做好路面施工地材物资的备料方案，提前储备，保障供应。

(3)规范物资质量抽检检测管理。大宗物资在源头把控、过程监督、现场验收等环节严格按照国家质量标准执行，建立物资设备质量跟踪追溯制度。每月对甲控物资中标供应商的合同履约情况进行考核评价，同时上报项目公司、总承包方备案。

(4)做好设备保养和安全管理。做好设备进场检验、操作人员管理和维修保养。严格按照特种设备管理相关法律法规进行特种设备管理，配合总承包方组织的特种设备专家检查，积极整改，确保特种设备安全可控。

(5)规范物资账目和结算管理。搞好现场物资发放及内业资料管理。及时收集、整理、完善各种单据和凭证，使物资设备管理工作有印迹，有材料可追溯；积极使用项目综合管理系统软件，保证资料齐全规范。组织物资催货、现场验收、储存管理、结算、支付、核算工作。

(6)利用信息化监控系统规范物资收发监控管理。为规范钢筋加工厂、制梁场及工地油库的管理，在上述场所安设远程数字监控系统，24 小时随时对这些重点区域进行监控。同时与公安部门联动，防范物资被盗现象发生。有条件的单位可以借助“互联网+”和“物联网”技术，引进物料验收及视频监控系统，管控现场物资收发料工作，封堵收发料过程漏洞。

# 第六章　总承包风险管理

工程项目风险管理是指通过风险识别、风险分析、风险评价，去认识工程项目的风险，并以此为基础合理地使用各种风险应对措施、管理方法、技术手段对项目的风险实行有效的控制，妥善处理风险事件造成的不利后果，以最少的成本保证项目总体目标实现的风险管理工作。项目风险管理程序包括风险识别、风险评估、风险应对和风险监控。

## 6.1　风险识别

### 6.1.1　风险、风险量、风险等级的内涵

(1) 风险是指损失的不确定性。对建设工程项目管理而言，风险是指可能出现的影响项目目标实现的不确定因素。

(2) 风险量反映不确定的损失程度和损失发生的概率。若某个可能发生的事件其可能的损失程度和发生的概率都很大，则其风险量就很大。

(3) 风险等级。风险等级评估见表 6-1。

**表 6-1　风险等级评估**

| 可能性 | 后果 | | |
|---|---|---|---|
| | 轻度损失 | 中度损失 | 重大损失 |
| 很大 | 3 | 4 | 5 |
| 中等 | 2 | 3 | 4 |
| 极小 | 1 | 2 | 3 |

### 6.1.2　风险的识别

风险识别是指识别项目实施过程中存在哪些风险因素，其包括的工作程序为收集与项目风险有关的信息、确定风险因素、编制项目风险识别报告等三个部分。按风险来源，可将工程项目风险划分为组织风险、经济与管理风险、工程环境和技术风险。本书

结合高速公路工程施工总承包的项目特点和风险管理内容，将风险主要划分为三大类十八小类，分别从合同资金类风险、生产管理类风险和不可抗力类风险三大类进行描述。

## 6.2 风险评估

风险评估的内容包括风险因素发生的概率、风险损失量或效益水平的评估、风险等级评估。风险评估采取的方法有：

(1)根据已有信息和类似项目信息采用主观推断法、专家评估法或会议评审法进行风险发生概率的认定。

(2)根据工期损失、费用损失和对工程质量、功能、使用效果的负面影响进行风险损失量的估计。

(3)根据工期缩短、利润提升和对工程质量、安全、环境的正面影响进行风险效益水平的估计。

## 6.3 风险应对

(1)风险规避：是指考虑到风险存在和发生的可能性，主动放弃或拒绝实施可能导致风险损失的方案。风险回避具有简单易行、全面彻底的优点，能将风险的概率降低到零，使回避风险的同时也放弃了获得收益的机会。

(2)风险减轻：有两方面的含义，一是降低风险发生的概率；二是一旦风险事件发生，尽量降低其损失。如项目管理者在进行项目采购时可预留部分项目保证金，如果材料出现问题则可用此部分资金支付，这样就降低了自己所承担的风险。采用风险控制方法对项目管理是有利的，可使项目成功的概率大大加大。

(3)风险转移：是指为了避免承担风险损失，有意识地将损失转嫁给另外的单位或个人承担。通常有控制型非保险转移、财务型非保险转移和保险转移三种形式。控制型非保险转移，转移的是损失的法律责任，它通过合同或协议消除或减少转让人对受让人的损失责任和对第三者的损失责任。财务型非保险转移是转让人通过合同或协议寻求外来资金补偿其损失。保险转移是根据有关法律法规及施工合同风险约定，运用招标程序选择保险机构并签订保险合同，以不确定的小额支出代替工程经济中风险的不确定性，转移总承包部分合同风险，当风险发生时就可以获得保险公司补偿。

(4)风险自留：是项目组织者自己承担风险损失的措施。有时主动自留，有时被动自留。对于承担风险所需资金，可以通过事先建立内部意外损失基金的方法得到解决。

## 6.4 总承包风险类别及应对措施

结合高速公路工程施工总承包的项目特点、风险识别、风险应对措施等管理内容，主要将施工总承包项目管理风险划分为三大类十八小类，分别为合同资金类风险、生产管理类风险和不可抗力类风险等三大类。

### 6.4.1 合同资金类风险

#### 1. 合同管理风险

项目施工总承包管理中要坚持“合同管理为主、制度管理为辅”的创新型、契约型管理思路，按照管理职责和管理范围进行风险识别、风险管理。

1) 合同管理风险分析

施工总承包项目的合同管理风险的范围包括施工总承包合同、施工总承包方与分包方签订的分包合同、咨询检测服务类合同。合同管理风险的要素主要包括合同效力风险、合同管理风险、合同执行力风险。

(1) 合同效力风险。主要包括法律合规性风险、合同控制性风险和合同程序性风险。法律合规性风险主要是指分包合同是否与施工总承包合同的约定和要求不一致或冲突，合同内容是否符合相关法律法规及行业强制性规范要求。合同程序性风险主要是指合同签订是否满足法律法规的规定和合同(包括招标文件、投标文件、中标通知书等)约定的要求。

(2) 合同管理风险。合同管理风险主要是指在合同签订后，施工总承包方对合同的内容、主要风险点、合同法律关系、管理职责、权利义务等交底不清，对合同理解不透造成的管理风险，或合同管理不善造成合同遗失、信息篡改、签字盖章不全、合同信息泄露、经审查未发现资质资格不满足要求等带来的管理风险。如超越资质分包、合同价格信息泄露、合同信息被人为篡改、合同签字盖章不齐导致法律文件无效等方面的合同管理问题。

(3) 合同执行力风险。合同执行力风险的主体对象包括项目业主方、施工总承包方、分包方及咨询检测服务方，客体包括施工总承包合同、施工分包合同、咨询检测服务类合同。合同执行力风险是指施工总承包方突破合同约定或简化合同程序的管理行为可能造成的违约和索赔风险，以及合同另一方未按照施工承包合同约定履行合同义务或履行义务的标准低于合同约定，或超越合同约定的禁止性行为要求违法从事相关与合同不符的工作。如：施工总承包方突破合同约定，即超出合同约定的质量标准、超出合同约定的保证金扣除、超出合同约定的保修义务、超出合同约定的付款条件等方式迫使合同另一方对合同义务履行的难度增加或成本增加，引发后续的索赔和诉讼；简化合同程序的管理行为有签字手续不齐备、违规资金借用、未提供履约担保先付款、简化质量验收范围和验收程序等；合同另一方超越合同约定的禁止性行为，违法从事相关活动，有违法分包、违规转移挪用建设资金、偷工减料等；合同另一方不履行合同义务或履行义务的标准低于合同约定的内容，有分包方组织工程缺陷修复但修复的质量低于合同验收的标准，采取了相关危险性工程的安全措施，但措施标准低于合同约定或经评审的专项方案。

2) 合同风险控制措施

(1) 规范合同承办程序。根据施工总承包方的《经济合同管理办法》，设置施工总承包指挥部合同管理领导小组，根据项目组织特点，从管理机构组建、管理职责划分、合同管理权限、合同示范文本的选用和起草、合同订立的程序、合同履行的评价、合同解除、合同管理监督及奖惩等方面细化合同管理规定。采用招标程序选择的分包单位，施工总承包方采用国家九部委联合印发的《标准施工招标文件》《标准材料采购招标文件》《标准设备采购招标文件》中合同条款并结合招标项目特点编制专用合同条款。施工总承包指挥部对合同当事另一方的资质资格、社会信誉、业绩能力、合同签章有效合规性、主要合同条款合法性、管理权责边界、风险约定、纠纷诉讼等内容进行严格审查，审查后报施工总承包方企业审查，履行合同的法律合规性评审、业务管理评审、业务协同评审、行政审批后完善签字用印手续。

(2) 规范合同档案管理。根据《经济合同管理办法》，明确合同管理的具体承办部门和承办人，负责中标通知书发放、组织合同签订、合同有关支撑文件的收集、合同等的存档保管工作，并根据业主方、施工总承包方的管理要求，履行报备或报批手续。合同签订后，及时建立合同台账档案，便于合同文本的查阅和管理。合同台账应包含以下要素信息：合同编号、合同类别、合同金额、合同签订单位名称、法定代表人、合同主要标的、签订时间、合同签订人、合同承办部门、合同执行情况描述、借阅人及借出时间、归还时间、备注等。

(3) 组织合同交底和定期分析制度。合同签订后，及时组织各主要管理人员学习合同内容，对合同内容按专业和部门职责分工进行梳理，重点组织关键条款的交底学习，加深各业务部门对合同条款的理解和认识，对合同原件借阅查询和学习的，要在合同台账上注明发放和回收的部门和日期，提醒妥善保管并按期收回合同文本，避免遗失。根据施工所处的不同阶段，在施工准备期、施工期、结算清理准备期对施工合同执行情况进行分析、评价和交底，强化各主要部门、管理人员对合同条款的再学习、再理解，确保合同签订、执行、结算、评价各环节都做到风险可控、管理执行高效。通过交底和学习，起到进一步督促施工总承包指挥部各部门规范合同执行的作用，督促分包方、供货方及其他服务方按合同履约。合同交底的主要内容包括合同的构成、有效性逻辑关系、合同权利、义务、质量标准、管理重点、注意事项、合同管理风险点、合同价格的组成等。

(4) 合同评价总结。在合同编制期、实施期、结算期等各阶段，对施工总承包方的相关合同主体进行履约评价、合同实施情况检查、合同遗留问题梳理等，开展管理全过程合同文本问题分析，对合同起草思路、部门评审意见、合同修改想法、执行中存在的问题、存在的漏洞进行收集，为后续工作积累经验，规避相关风险。

(5) 法律合规性风险评审。合同的法律合规性风险评审是合同管理的首要环节和重要风控手段。施工总承包指挥部的合同管理要坚持“法律顾问”审查制和法人审批制，从合同签订的源头规范合同内容和风险管理。施工总承包指挥部合同承办部门要认真研究《中华人民共和国合同法》《中华人民共和国建筑法》及工程相关的部门法规，以及行业相关规范及示范文本。施工招标要采用国家九部委发布的《标准施工招标文件》和交通运输部发布的《公路工程标准施工招标文件》中合同条款。《公路工程标准施工招标文件》中的公路工程专用合同条款是国家九部委《标准施工招标文件》中通用合同条款的补充细化。施工总承包方要结合项目实际情况和招标分包模式，编制高速公路工程的项目专用条款。项目专用条款、公路工程专用合同条款、通用合同条款组成高速公路工程的施工合同条款，其相互补充对合同双方的权利、义务、质量标准、工期进度、计量支付、索赔、违约处理等方面做出全面的约定。项目专用条款的起草依法合规合理分摊合同双方的风险，明确各方的责任、义务、目标。

### 2. 支付结算风险

#### 1) 支付结算风险分析

结算支付中涉及的风险项目较多，总体可以归纳为总价支付项目、开口类结算项目、变更设计类结算项目、工程数量计算、价差调整、保证金退还等风险内容。

支付结算总价项目风险内容主要是 100 章中的临时工程费用、保险费、安全费、竣工文件费、环水保措施费、通信费等，以及 400 章、500 章中检测类、措施类的总价支付项目；开口类结算项目主要包括暂估价项目、检测选测项目、地质异常引发的工程技术措施类项目(如注浆、岩溶处理、特殊支护措施)等；变更设计类结算项目风险主要包括变更事由不符合合同约定、工程数量计算不符合技术规范工程量计算原则、新增项目单价组价编制原则不符合合同估价原则、负费用变更没有及时扣除、该走变更审批程序的没有按照变更审批程序办理等；工程数量计算主要包括施工图工程结算数量不符合技术规范工程量计算原则、该扣除未扣除、重复计量等；价差调整主要包括调价信息价选择不合理、调价范围与合同约定不一致、负材料价差没有扣除等；保证金退还包括质量保证金、履约保证金、农民工工资保证金等没有按照合同约定及时扣除和返还，或未到时间变相提前支付等。

2) 支付结算风险控制措施

(1) 规范结算项目的价格确定规则：暂估价项目、变更设计新增项目、技术措施开口类项目、检测选测项目等的价格要通过符合法规的询价程序，依据合同估价原则或招标采购定价原则来确定，确保价格合理、定价过程透明。

(2) 规范总价项目支付原则：100 章总额价项目、检测类和措施类总额价项目等要依据项目内容组成和项目实施阶段、实施进度等分阶段结算支付，禁止总额价的事前预付行为，确保总额价项目按照合同文件要求规范实施；各类保证金的缴纳要符合法规和合同条款约定办理，不得变相支付或变通支付，影响保证金效能和作用的发挥，给发包人带来一定的风险。

(3) 工程数量风险：工程数量控制包括施工图设计数量控制和变更设计增减数量控制，要及时组织各分包方清理施工图设计数量编制 0#清单工程量并锁定计量上限；变更设计工程数量要吃透设计及变更设计图纸，以合同条款、技术规范及补充技术规范、已标价的工程量清单、施工设计图纸等为依据，制定统一的 0#清单工程量汇总表和计算表，按清单细目顺序从分部分项工程逐步计算、注明图号、列明计算过程并汇总。在开展中期计量过程中，计量清单中按 0#清单计算的细部工程量结合现场实际施工工程量填报计算，总量严格按五方签认的 0#清单工程量进行控制。按分部分项工程细部工程量与 0#清单总工程量双控，总包标段工程师与监理工程师双控；采购计量支付软件系统，针对本项目实际管理情况和管理程序，专门开发适用本项目的计量支付软件系统，通过软件控制和汇总，减少人工工作量和计算错误。

(4) 材料调价风险：材料价差风险要通过风险的转移来规避。施工总承包方依据施工总承包合同材料价差调价约定，通过风险对等转移在施工分包合同中约定材料价格调整条款。高速公路工程一般仅涉及材料价格的调价机制，要依据合同规定，准确确定材料调价的基准价和调整期的材料信息价，依据计量支付数量和消耗参数来确定调价工程数量，综合确定材料价差调整的范围、周期、费用，严格审查负材料价差的清理。

### 3. 分包方项目盈亏风险

1) 盈亏风险定义及要素

项目盈亏风险是指分包方项目部成本控制方法、控制手段、控制能力欠缺带来项目经营亏损，从而引发施工总承包项目的外欠债务连带风险，影响项目的运行稳定、成本控制、质量控制、安全管理等风险。施工总承包项目采用分标段施工的形式进行施工组织管理，要统筹抓好分标段的项目经营风险管理，尤其是对分标段项目部的成本控制情况进行宏观监督、比较、分析，从而识别项目成本管理中存在的经济运行问题或风险。

2) 风险应对措施

施工总承包指挥项目管理中，施工总承包方要树立“一家亏损都不算成功”的总承包管理思路，把施工总承包和各施工分包方的共赢理念贯穿项目始终，确保各分包方合理的效益目标。

(1) 风险合理分散或转移，体现风险共担管理理念。施工分包合同采用固定单价合同，分包方承担价格风险，施工总承包方承担工程数量风险；价格调整条款约定人工费不调整，风险由分包方在投标报价中考虑；材料价格条款约定材料调整范围和承担幅度，对可调材料价差变化超出基准价±5%以内的价差由分包方承担，超出±5%的部分由施工总承包方承担。

(2) 加强各分包方项目经济运行的监控。施工总承包方项目采用分标段施工组织管理，各分包方对应的合同模式相同、单价相近、环境类似，分包方自身成本控制的好坏取决于其对成本管理和控制的能力，决定着项目盈利能力和盈利水平。施工总承包方要定期收集或采集各分包方主要工序劳务价格、主要材料消耗损耗率、工期产值比率、资金产值使用率、债务产值率、间接费成本占比率、临时工程成本占比率等经济指标并对其进行比对分析，通过分析来评价各分包方之间经济运行质量、进度控制、资金流等偏差幅度，对各分包方的主要指标偏差较大的，及时发出风险预警，督促分包方采取相关纠偏措施予以改进提高。

(3) 农民工工资权益的监督。按照本书第五章 5.2.15 节农民工权益管理的法律法规和相关应对措施，做好农民工工资权益的管理，防止分包方对农民工工资权益管理不善造成施工总承包方的连带清偿责任，从而造成施工分包方的损失，影响分包方预期的项目控制目标，间接影响项目质量、安全、进度等目标的实现。

(4) 鼓励设计优化工作。由于设计深度不足、审计咨询审查深度不足，某些设计方案与现场、成本、工效存在不协调、不经济、不安全的现象。施工总承包方要牵头组织设计符合性审查，鼓励各分包方在确保安全质量、功能和不超投资的前提下，提出优化施工图设计方案，通过设计优化降低成本，缩短工期，提升经济效益，规避亏损风险。

4. 资金风险

1) 资金风险分析

建设资金安全是项目安全高效快速推进的重要资源保障。资金监控方法陈旧、监控手段单一势必会造成建设资金被挪用、转移、违规使用，导致项目施工生产、资源保障都受到资金不足或缺乏影响项目的推进，甚至造成债务纠纷、农民工维权、进度滞后等一系列项目管理问题，从而使项目投资人、施工总承包方的信誉受损、目标偏离。有效避免各分包方将建设资金转移是保障项目施工进度、建设链各级合作方、民工工资权益的重要措施。项目业主方和施工总承包方应加强对建设资金的监管。

2）资金风险应对措施

(1)利用互联网+，资金监管信息化。在施工分包合同中约定建设资金的监管标准、范围、要求，制定建设资金监管管理办法，从银行账户管理、建设资金使用范围、建设资金支付管理、建设资金日常管理、建设资金监督检查五大板块细致具体规定。对于大于20万元的资金支付实行施工总承包方审批，大于100万元的资金支付实行项目公司审批制度。

(2)规范资金支付预算管理。要求各分包方及时上报资金预算，作为资金支付审批和监控的主要依据，严格审批和把控分包方的资金支付，审慎严格控制分包方违规上交款和违规支付，有效利用建设资金。

(3)优化资金支付审批程序，提高资金支付时效。施工总承包方要规范资金支付审批流程，简化资金支付审批冗余环节，做到计量支付款按期支付、不拖延，提升资金在项目建设中的衍射价值，保证项目快速建设、顺畅推进。

5. 权益维护风险

1）权益维护风险分析

高速公路涉及的权益维护风险主要包括农民工权益、劳务方权益、物资供应方权益、设备供应方权益、沿线老百姓民生权益等方面的风险。权益维护风险是指因分包方与合作单位的债权债务情况、劳务费或农民工工资支付情况、沿线老百姓民生权益(路产、沟渠、环境等)保障等造成施工总承包方的连带清偿责任和信誉损失风险。施工总承包方要高度重视对项目分包方的劳务费或农民工工资、相关各方债权保障等要素的监管。该类分险有，因违法分包或不作为行为致使农民工权益得不到保障，因职业健康安全与环境防护设施和管理缺位造成作业人员的职业病危害，或因施工组织原因造成沿线沟渠、道路、环境等未恢复或被破坏而使老百姓生活不便利的权益损失。

2）权益维护风险应对措施

(1)民工权益维护。按照本书第五章5.2.15节农民工权益管理的法律法规和相关应对措施，做好农民工工资权益的管理，防止农民工工资权益管理不善造成施工总承包方的连带清偿责任和社会信誉损失，影响施工总承包方预期控制目标。在施工分包合同中明确施工总承包方和分包方权利责任义务，制定劳务工工资管理办法，建立民工工资花名册，执行民工工资代发制度，落实劳务工工资卡领取承诺书，对农民工的工资卡发放、登记、考勤、工资表等做统一要求，最大程度地保障农民工合法权益，确保全线施工生产稳定。每季度定期组织财务部、综合办公室对全线各分包方开展劳务工工资专项检查，对检查情况全线通报并给予考核兑现。

(2) 地方民生权益。施工总承包方要组织排查建设期间地方道路使用、河渠改移、临时用地及取弃土场的恢复等影响民生权益的要素，做到临时道路、临时用地及取弃土场等均要恢复原貌或原功能，沟渠改移满足水系排放要求和质量标准，减少对沿线老百姓生活的影响，维护民生权益，规避损伤施工总承包方的不良社会信誉和连带清偿的责任风险。

(3) 相关方权益保障管理。建立履约保证金制度，写入施工分包合同，规范分包方的履约行为和履约责任，加大对分包方民工工资、材料采购、设备租赁等债务违约管理行为的检查考核，规范分包方资金管理和债务权益管理。施工总承包指挥部可以动用履约担保规避有损施工总承包方利益的风险。财务部每季度定期组织对全线各分包方开展财务检查，掌握全线各分包方资金情况，要求各分包方对建设链合作方及时清欠，按合同支付费用，保障建设链合作方权益。

### 6. 连带诉讼风险

#### 1) 连带诉讼风险分析

连带诉讼风险是指因分包方违法或违约未履行与本工程有关的相关合同责任和义务，致使第三方权益受到损害而引发施工总承包方依法承担连带法律责任的风险。工程总承包单位依法将部分专业工程分包的，分包单位按照分包合同的约定对总承包单位负责，总承包单位和分包单位就分包工程对项目业主方承担连带责任。工程建设领域的连带责任主要是指施工总承包方按照总承包合同对工程质量、安全、进度、民工工资支付、环水保等与分包方负有连带责任，其中施工总承包单位对民工工资支付负有管理责任和在未结清工程款限额内对民工工资负有连带清偿责任，对质量、安全、进度、环水保等依法负有主体责任，分包方按合同承担连带责任。当分包方因管理不善造成质量、安全、进度、民工工资支付、环水保等任一要素出现违法责任的，总承包单位负有主体责任或连带责任。如：施工总承包方违法将工程分包，分包方通过转移支付、隐瞒或拖欠民工工资支付等造成农民工主张权益的，施工总承包方承担连带清偿责任；分包单位工程质量不合格造成较大损失或安全隐患的，施工总承包方和分包方承担连带责任。

#### 2) 连带诉讼风险应对措施

(1) 定期开展经济运行分析，按季度召开经济运行分析会，掌握各分包方债权债务情况。规范使用建设资金，督促各分包方开展清欠工作，降低连带诉讼风险。按季度收集掌握各分包方的劳务费、民工工资、物资设备等外欠款情况，总承包指挥部拨付工程款时，督促分包方优先支付民工工资、劳务款，提出集采和联采物资设备款支付建议，并督促各分包方按照合同及时支付。

(2)执行民工工资代发制度，建立民工工资花名册，对每个民工按身份证登记，并统一办理银行卡。由劳务分包方提供民工工资表，在劳务费范围内实行代发制度。

(3)加强工程质量过程控制，充分利用委托第三方抽检对实体工程和隐蔽工程的质量进行检测，利用施工总承包方的中心试验室对原材料、结构物力学指标等进行检测，以及委托外委单位检测化验水质和特殊材料的合格性，实行隐蔽工程视频影像资料留存、重要部位和工序过程旁站等制度，强化工程质量控制，防止分包方质量缺陷和质量事故引发施工总承包方的连带诉讼风险。

(4)规范水保、环保验收程序。严格按批复的各分包方临时工程(如临时用地、临时站场、取弃土场用地等)方案，督促组织分包方完善临时工程用地的水保措施和环保措施，防止泥石流、地质滑塌灾害以及水土流失等环保事件发生。重点做好山区取弃土场的边坡防治措施，满足工程设计方案或水保环保设计方案，确保环水保监测满足验收要求，防止临时工程用地引发的环水保事件影响竣工验收，规避施工总承包方的违法赔偿和行政处罚风险。

### 7. 分包转包风险

#### 1)分包转包风险分析

违法分包、转包、以包代管是项目质量安全隐患、质量安全事故、经济纠纷、连带诉讼赔偿等的直接诱因。违法分包包括建筑施工企业超越本企业资质等级许可的业务范围或者以任何形式用其他建筑施工企业的名义承揽工程；或建筑施工企业以任何形式允许其他单位或者个人使用本企业的资质证书、营业执照，以本企业的名义承揽工程；承包单位将其承包的全部建筑工程转包给他人；承包单位将其承包的全部建筑工程肢解以后以分包的名义分别转包给他人；总承包单位将工程分包给不具备相应资质条件的单位或分包单位将其承包的工程再分包等。分包折叠风险主要包括超越资质等级分包风险和分包方违法分包、转包的风险。

从总包方的角度分析，分包方的二次分包属于违法分包，主要分包风险为超越资质等级分包或资质不满足要求分包，或以劳务分包之名作工程分包之实，即分包方的资质等级不满足资质管理规定，一般情况下为企业资质等级较低不满足项目资质等级强制性要求或无分包工程施工资质。

从分包方的角度分析，风险主要在于分包方管理不规范，未严格审查专业分包和劳务分包的营业执照、资质证书、安全许可证，导致项目专业分包、劳务分包资质许可范围与实际承包施工内容不符，或专业分包、劳务分包超出有效期等情况。违法分包的项目注定项目管理不规范，质量安全风险、经济纠纷风险、债权债务连带诉讼风险等概率高。

2)分包转包风险应对措施

(1)施工总承包方要按照专业类别设置资质和业绩资格，在资质许可范围内选择分包商进行工程发包，不得违法分包或转包，从分包源头规避违法分包带来的质量安全风险和连带清偿责任风险。

(2)加强分包方的管理，尤其是农民工工资权益管理，落实实名支付、银行代付等制度，确保农民工工资按时足额支付。

(3)分包方的施工承包合同中，增加禁止专业承包后的再分包行为，明确违反合同约定再分包的违约责任，劳务分包的应明确资质要求并实行劳务分包备案制管理，确保监管全覆盖。

(4)认真开展违法分包、转包专项检查，将检查结果进行全线通报，并对分包方专业分包、劳务分包管理不满足要求的单位，按施工承包合同约定进行处理并限期整改，整改后开展验收。情节严重的，解除分包合同，没收履约保证金。

### 6.4.2 生产管理类风险

1. 征拆协调风险

1)征地拆迁风险分析

征地拆迁风险是指在征地拆迁中因征拆政策、征拆标准、征拆协调、征拆款支付不及时、征拆款挪用、被征地农民社会保险购买不及时、过渡安置不到位、路渠改移不及时等损伤了被征地农民和产权单位的合法权益，或给当地居民生产生活带来不便利、间接造成居民的财产损失而引发的群体性阻工、拒绝和阻挠征拆行为的进行，从而导致分包方施工组织推进受阻，给施工总承包方和施工分包方带来施工成本的增加或窝工停工损失等风险。

实施征地拆迁的过程中，或多或少会给人民群众的生活、生产、生命、财产等与其切实利益相关的各个方面造成负面影响和损失。征地拆迁可能对房屋户主及其成员的生产、生活、精神等方面造成严重影响，这些影响是多方面的，如失去收益性物业、失去原有住宅、失去原有的生活方式和因邻里关系改变产生的失落感等。不同区域之间、不同征地性质之间的不同补偿标准和方式，有可能导致群众对比甚至盲目攀比，造成误解，产生不公平感等，都会造成工程进度滞后、成本增加的风险。

2)征拆协调风险对策

(1)成立征地拆迁协调领导小组，组建征拆协调部，指定专门的部门负责征地拆迁的沟通和协调工作，制定征地拆迁协调管理办法，明确责任分工，强化考核，落实激励措施，调动各级征拆人员工作积极性。

(2)认真学习征地拆迁合同，依据国家、省市县征拆和补偿相关法律法规、政策、文件要求，主动对接，积极沟通，做好与征拆各方的沟通协调配合工作。

(3)落实供地计划，相信政府、依靠政府，加强与地方政府及相关部门的联系，建立沟通协调机制，督促各级政府按合同约定的时间节点开展征地拆迁工作。优先开展主要结构物部位、互通区征地拆迁工作，为施工生产全面推进提供作业面；借助政府的协调机制，统筹计划、重点落实跨高速公路、跨江、跨铁路、跨地方道路及沟渠等产权单位的协调工作，完善施工许可审批手续，促进互通立交工程的并线接入施工的顺利推进。

(4)项目业主方积极与政府沟通，协调建立政府一把手工作机制，实施“市县长”征拆办公会，重点督促落实征拆难度大、征拆环境复杂(涉及产权单位特殊或产权单位较多)、征拆落实不力的行政区域的专题督导会议，通过责任传导和问题导向机制，突破征拆瓶颈。

### 2. 安全管理风险

#### 1)安全管理风险分析

安全管理风险是指施工安全生产管理体系、安全生产许可证制度、安全责任落实、安全风险识别、安全风险评估、安全方案实施、安全隐患排查、安全经费投入、施工指令作业等方面存在违法、不合规或责任缺位造成安全隐患或引发安全生产事故的各类风险。安全生产管理体系不健全、体系运行失控往往是造成安全管理风险的主要原因，所表现出的行为有资格审查不严、责任落实不到位、随意更改安全方案、设备老化或操作不当、专项方案未评审论证、安全技术措施缺失等，都可能会造成工程项目安全隐患和安全事故的发生，给施工总承包方、施工分包方带来不可弥补的经济损失和违法风险。

#### 2)安全管理风险应对措施

(1)严格审查安全生产资格。对分包方的安全生产许可证进行严格审查，对分包方的安全管理人员执业资格进行信息核对，做到分包方和分包方管理人员执业资格符合法律法规要求，防止分包人不具备安全生产许可证或不具备安全生产能力。

(2)健全项目安全生产管理制度。依据国家、行业、地方有关安全生产管理的法律、法规、条例、标准、办法等文件，结合项目特点和设计安全风险等级评估、总承包方的项目管理实施规划，制定项目安全管理制度，对安全管理的岗位职责、主体责任、人员配备、安全资金使用和保障、安全措施投入、安全作业标准化、安全演练、安全应急预案、安全事故响应和处理程序等进行严格规定，做到明确安全生产责任，有效预防安全事故，保障建设过程中人身及财产安全。

(3) 实行安全生产全员管理，签订安全生产合同、安全包保责任状，落实企业法人和项目部负责人的安全责任，明确各方权利和职责，落实各级安全生产责任制，全面深化项目负责人和党支部书记等主要领导干部的安全生产“一岗双责”，夯实安全生产管理责任制。

(4) 危险源清单责任落实。根据设计文件设计安全风险等级梳理和施工安全风险点识别，建立安全风险危险源清单，按照专业类别和危险源位置，对危险源的风险识别、防范措施、应急预案、控制程序等进行细化，落实责任包保和专人监控的管理措施，确保风险管控有序、严密、无死角。

(5) 重难点工程应编制专项方案，报分包单位技术负责人审核后报总监理工程师批准后实施，设有施工总承包的，还需报总承包单位项目技术负责人核备。超过一定规模的危险性较大工程和技术复杂工程，分包单位技术部门还应组织专家论证，并附安全检算结果，经分包单位技术负责人审批后报总监理工程师审批。

(6) 多措并举，以检查促提升。采取人员履约检查、现场安全巡查、安全实施标准化、信用评价、质量安全旬报制度、安全施工红黄牌考评奖惩等多种方式进行安全管理；对现场重大施工风险点实行重点风险监控和领导干部安全包保制，确保安全生产形势稳定可控。

(7) 落实专家会诊制度，对方案审批、方案执行、特种设备、安全措施等进行专家会审，确保方案可靠、设备安全、措施得当。

### 3. 质量控制风险

#### 1) 质量控制风险分析

工程质量控制风险通常是指某种因素对实现项目质量目标造成不利影响的不确定性。这些因素导致发生质量损害的概率和造成质量损害的程度都是不确定的，本节主要讲述施工总承包责任范围内的质量风险。在项目实施的整个过程中，施工总承包方要对质量风险进行有效的识别、评估、响应及控制，减少风险源存在的数量，降低事故发生的概率，减少质量风险损失量，把风险控制在可以接受程度和预期风险目标内，是项目质量控制的重点内容。建设工程质量风险存在于项目的设计阶段、施工阶段、交竣工阶段、试运营阶段，造成质量风险的因素有工、料、机、法、环等五个方面的因素。设计阶段由于设计人员经验不足、设计投资控制要求不够、设计方案安全系数较低等原因造成工程质量不足以抵抗自然环境因素变化所带来的质量影响或质量寿命降低；由于建设方、监理方、施工总承包方、分包方等任何一方的质量控制和管理责任缺位均会导致质量控制体系运转不良，尤其分包方的质量自控体系运转不良和监理单位的质量旁站验收缺位是造成施工期间质量存在潜在隐患和风险的重要原因；受各种原因影响简化交竣工验收程序、降低工程验收标准、缩小工程验收抽检频率等也会带来工程动用前质量验收存在的隐患或运营质量隐患，如因路面工期紧迫要求，简化路基验收或降低路基工程质量验收标准都会给项目运营造成潜在质量风险。从项目工程质量责任承担的角度看，质量风险有业主方原因造成的风险、勘察设计方原因造成的风险、施工总承包方原因造成的风险、分包方原因造成的风险、监理方原因造成的风险。

根据高速公路施工总承包项目的特点，施工总承包单位质量管理手段不全、好人思想的岗位责任弱化、质量问题处理力度不大、工程质量通病过程监控不严、交竣工自检验收标准不高等都会造成项目质量管理和控制能力弱化，造成各分包方的质量意识淡化，导致发生安全事故、质量事故风险；分包方在项目实施过程中，施工组织和管理松懈混乱、图纸理解有误、标准未吃透、施工技术错误、方案把控不严、工序质量自检控制程序不严、材料和设备不合格等都是造成项目质量隐患和事故的主要风险。

2）质量控制风险应对措施

质量风险控制实行全过程质量管理，主要控制过程有：项目策划与决策过程、勘察设计过程、设备材料采购过程、施工组织与实施过程、检测设施控制与计量过程、施工生产检验试验过程、工程质量评定过程、工程交竣工验收过程、缺陷责任期和保修期回访维修服务过程。

(1)施工总承包方成立质量管理领导小组，制定工程质量管理办法、试验检测管理办法、专家论证和联席会审查制度、工程质量风险管理实施细则，严格贯彻执行。

(2)建设工程项目质量管理实行全员质量管理，制定质量管理和措施计划，确立质量管理目标，签订质量管理目标责任状，质量目标层层分解。召开工程质量例会、工程质量分析会、专家联席会，分析建设项目工程质量形势，研究部署工程质量管理工作。

(3)施工过程中，对分包方质量管理体系的建立和运行情况、质量管理规章制度的制定落实情况进行监督、检查；督促、指导分包方按规定做好质量技术资料的收集、整理和归档，保证竣工文件真实完整等；按规定及时上报质量事故，组织或配合质量事故的调查处理；收集、整理相关信息，建立质量缺陷台账，督促整改。

(4)健全施工总承包方的项目质量检测手段，设立现场中心试验室，对进场的所有原材料、构配件、设备等进行抽检、复验，确保材料、构配件和设备的质量满足现场施工质量要求。

(5)按照质量控制的他人原则，施工总承包指挥部委托一家或若干家有相应检测资质的检测公司，对隐蔽的结构工程进行第三方检测，如水泥搅拌桩、钻孔灌注桩、路面厚度、隧道衬砌厚度及空洞、锚杆拉拔、支座等技术指标检测，对检测结果出具检测报告，作为施工总承包方交竣工验收和过程质量监控的技术支撑，并归档交工验收资料。

(6)严格施工图审查和现场地质核对，结合设计交底、质量风险控制、风险评估等要求，编制高风险分部分项工程专项施工方案，并按规定组织专家论证并报批后实施。

施工总承包方要参与重难点工程和高风险工程的质量风险调查、识别与评估工作，要重点审查风险控制对策中的保障措施，并对专项方案中的质量风险防范措施落实情况进行专项检查确认，关键部位和关键工序的施工质量要加大检查频次，必要时留存视频影像资料。

(7)按照现场施工特点和实际需要，督促分包方对施工人员进行岗前质量风险教育培训，关键项目的质量管理人员、技术人员及特殊作业人员，必须持证上岗。

(8)坚持首件验收制度。制定首件工程验收制度，通过首件验收规范分部分项工程的工序标准、技术标准、作业程序，从源头提升工程质量。借助首件工程验收制度，适时组织各参建单位召开现场观摩会，对于验收合格的工序进行全线推广，起到先进引领和模范带头的示范作用。

(9)建立激励约束考核和问责机制。围绕六方主体项目责任人的管理行为及质量管理和控制效果进行细化考核，对于质量控制体系运转良好、质量评价优良的单位和项目责任人给予经济奖励；对于质量控制体系运转不良、管理责任缺位、质量评价较差的单位进行考核违约处罚；根据质量控制总体评价，对质量控制不力的项目责任人进行问责，对违法违规行为和不履约的管理行为进行信用考核。

(10)严格质量标准，认真组织交竣工自检验收。施工总承包方要依据合同文件、设计文件和《公路工程质量验收评定标准》及设计变更文件，依据质量评定标准规定的抽检频率，结合施工总承包方质量管理目标，适度增加施工总承包方的自检交验抽检频率，根据专业属性配备专业工程师组建验收小组，配置常规检测器具分专业验收。实体工程质量检测由施工总承包方委托第三方检测单位进行独立公平公正检测，砼强度、实体尺寸、设计符合性验收、工作内容完整性验收、外观缺陷等由总承包指挥部自行组织验收，验收范围包括路基工程、桥梁工程、隧道工程、路面工程、房建工程、交安设施工程、景观绿化工程、环保工程、机电工程(隧道通风设备、收费系统及设备、监控设施、通信设施)及运营配套设备设施工程(含给水设备、净水设备、污水处理设备、消防设备等)。

(11)缺陷责任期质量监控和回访维修。工程交付后的缺陷责任期质量监控、回访维修是施工总承包合同约定应当履行的质量保证义务。缺陷期质量监控和维护是工程质量隐患排查、消除、治理的必要，通过缺陷责任期质量监控可以有效判定建设期质量风险性工程是否趋于稳定，质量特性数据是否成正态分布，质量风险预警是否可以解除；加强保修期的质量缺陷维护，可以有效预防质量隐患、质量事故的衍变和发生，有效降低质量风险。缺陷责任期和保修期要重点加强对深挖高填边坡稳定性、路基截排水沟完整性、桥台锥坡稳定性、伸缩缝完好性、隧道洞门稳定性、交安设施安全性等分部分项工程的监控和维护。

#### 4. 工程勘察设计风险

1) 工程勘察设计风险分析

勘察设计风险主要指勘察单位地质勘查深度不够、地质勘查报告揭示的地质情况与实际不相符或有偏差给设计和施工带来质量隐患的风险，或者是设计单位设计错误、遗漏、设计可靠性的安全系数较低、为节约投资降低附属工程设计标准，或者是设计单位违法分包、不履行设计总承包义务、缺少对设计联合体单位或设计分包单位的设计质量审查和设计人员设计能力的考核而造成设计质量不高，从而带来质量问题或运营安全隐患或质量事故的风险。工程勘察设计单位对工程勘察设计质量负责，设计纳总单位对全线勘察设计质量负总责，各设计成员单位对各自范围内勘察设计质量负直接责任；设计纳总单位负责对各设计成员单位的技术管理和协调工作，并对因总体协调原因引起的成员单位的勘察设计质量问题承担连带责任。

2) 工程勘察设计风险应对措施

(1) 严格设计图纸审查和现场地质地形核对。

①施工总承包单位对施工图设计开展审查，尤其对与现场地形、地质相符性进行审查，审查施工图纸遗漏、错误，及时提出设计存在的差错问题。施工总承包单位不具备设计审查能力或具备短期设计图审查能力时，可委托不低于原设计单位资质标准的设计单位或咨询单位对施工图设计进行咨询审查。

②施工总承包单位要结合高速公路上跨公路、跨铁路、跨江河等互通立交设计，审查配套的技术措施、技术方案、合同费用是否得到落实，如有遗漏，应结合招投标文件与项目业主方进行沟通反馈。

③在施工图设计审查中，审查有关地下或隐蔽工程的结构设计、软基处理、边坡防护措施、取弃土场支挡措施等是否得以落实，配套的合同费用是否计列。技术复杂工程、危险性较大工程的专项安全技术措施是否合理，设计是否有遗漏，如有影响工程质量或造成工程质量事故隐患的设计方案，要及时反馈并说明理由，适时进行设计优化。

(2) 加强设计全过程服务管理。

加强与业主方的沟通，通过项目股东督促项目业主加强设计前期服务、设计过程服务和优化、设计后期服务的管理，加强设计方合同义务的管理，工程实施开建前期组织设计单位进行设计交底，在工程实施建设阶段、交竣工验收阶段定期开展设计符合性审查，确保设计文件和设计意图在现场得以全面贯彻落实。

(3) 设计优化控制。

施工总承包方要根据外业调查情况，组织风险评估和优化设计方案，在满足工程功能、寿命、质量、安全的前提下，应积极利用工程试验、补充勘探、科研等成果，以及设计审核和咨询意见进行设计优化，最大限度地提高设计质量，对影响质量的分部分项工程提出设计优化，规避设计质量风险。

5. 工程进度风险

1) 工程进度风险分析

工程进度风险通常是指在计划执行过程中，受组织、管理、经济、技术、资源、环境和自然条件等因素的影响，往往会造成实际进度与计划进度的偏差，如果偏差不能及时予以重视和纠正，必将影响进度目标实现而产生的进度直接风险和间接风险。常见的工程进度风险有组织风险、管理风险、合同风险、资源风险、技术风险、环境风险、自然风险等。工程进度的组织风险有业主方、监理方、设计方、施工方本身的组织体系不健全、组织结构不合理、组织人员管理能力弱等方面的因素；工程进度的管理风险有管理方法和管理手段与实际进度管理不相适应，如拆迁协调和拆迁进度直接影响工程进度；工程进度的技术风险有进度的专项技术措施不科学、技术工序的逻辑不合理等；工程进度的资源风险有人力、物力、财力等资源投入不充分或不及时；工程进度的合同风险有承发包模式和物资采购模式与进度管理不相适应，过多的合同关系会造成合同工程界面增加，采购模式也会对物资供应的链条造成影响，过多的合同工程界面和过长的物资供应链都会对工程进度造成影响；社会环境和自然环境的改变也会造成工程进度滞后。

2) 工程进度风险应对措施

(1) 进度风险的组织措施。

施工总承包方要组建专门的项目进度管理机构，配置专职和专业的进度管理人员负责进度控制工作。进度控制的主要环节包括论证进度目标、编制进度计划、定期跟踪计划的执行情况、采取纠偏措施以及调整进度计划。

(2) 进度风险的管理措施。

按照工程专业类别和专业工序相关性，合理选择和优化合同模式，减少合同工程界面，提高组织和协调效率；用工程网络计划图编制工程进度计划，分析和考虑工作和工序之间的逻辑关系，确定关键线路和关键工作，对影响关键线路和关键工作的进度因素进行分析和识别，提前做好事前预防和控制措施，减少进度风险；动态监控进度信息数据，及时收集进度的实际值，定期与进度计划值进行比较、分析和论证，采取纠偏措施，必要时，调整进度计划和施工组织设计；按照进度计划配置合理的人力、物力、财力资源，保障关键线路和关键工作的资源需求，在资源需求方面保障工期控制性的关键线路和关键工作的进度。定期组织召开月度生产例会，解决施工生产过程中存在的问题。分包方根据合同文件及本年实际完成情况于本年 12 月 25 日前编制下一年度进度计划，其内容包括：形象进度及产值，进度网络图，各单位工程进度计划表，劳、材、机等需要数量计划表，保证计划实施措施及意见要求，风险分析及控制措施等。

(3)进度风险的经济措施。

按照工程进度计划，合理安排资金并做好概预算工作，以便工程的顺利进行。依据工程进度计划，编制资金需求计划、资金供应条件和经济激励措施。资金供应条件包括资金供应总量、资金来源以及资金供应的时间。根据资金需求计划和资金供应条件做好应急资金供应方案，若确保进度的资金不足以保障工程进度时，要启动应急资金供应方案，确保资金需求的顺利过渡。采取适度经济激励措施可以大大加快工程进度，施工总承包方要设立专项激励资金用于工程进度的激励管理，如提取 0.5%的劳动竞赛激励基金用于工程进度、安全、质量的考核，可以提升各方进度组织和控制的积极性。

(4)进度风险的技术措施。

建设工程项目进度技术控制的技术措施包括对实现项目进度目标有利的设计技术和施工技术两部分，对这两个环节的技术措施与工程进度关系进行比较论证，以便确定科学合理的施工技术措施和设计技术措施。

①认真研究分析全线结构工程分布和特点，组织生产口技术人员编制实施性总体施工组织设计，审核安全、质量保证计划及保障措施。

②确定本项目技术重难点工程，编制专项技术方案和进度计划，锁定工期目标及技术措施。专项技术方案和进度计划按程序报批后实施。

③超过一定规模或危险性较大的分部分项工程，要组织专家进行技术方案和进度措施论证，制定安全、合理的施工方案，保证技术先进、进度风险可控。如深水桩基础、钢栈桥、钢围堰、大跨度悬臂浇筑 T 构、变截面矩形高墩、小角度变截面砼顶推梁、现浇箱梁、跨越既有铁路、高速公路桥梁技术等重难点工程，应组织专家从安全方案、技术方案、进度措施等方面进行论证，确保施工安全、技术安全和进度可控，最大限度地做好技术保障。

④优化设计技术措施改进工程进度，对设计技术进行分析论证，若设计技术不能最优化保证工程进度，要及时提出设计变更，通过优化设计来确保工程项目的进度控制。

### 6. 产权协调风险

#### 1) 产权协调风险分析

高速公路项目枢纽互通立交、分离式互通立交、灌溉沟渠、人行和车行天桥等均与产权道路发生空间相交，枢纽互通立交、人行和车行天桥分别与高速公路、地方道路相交对接，实现拟建高速公路与既有道路的并线接入。施工期间，产权协调风险会带来施工进度、成本、安全的风险。产权协调风险是指因道路产权所有人对双方产权道路接入和产权交叉占有的补偿协调未达成一致意见而对工程进度、成本构成影响的协调风险。

2) 产权协调风险应对措施

(1) 选派专职领导和工作部门负责产权交叉占用的协调工作，按照产权隶属行业和产权单位管理权的归属特点，必要时借助政府、业主方、项目实施机构、行业主管部门的协调力量，妥善处理产权交叉协调工作，按期完成产权交叉施工许可手续的办理。

(2) 高速公路与地方道路的接入，涉及专业工程较多，包括路面工程、交安工程、土建工程等。施工总承包方要整合分包单位共同办理产权交叉施工许可手续，减少产权交叉赔偿成本的重复支出。

(3) 设立专项产权交叉协调费，在合同工程量清单中单独列支此费用，由分包方在投标时自行报价，包干使用。

### 6.4.3 不可抗力类风险

1. 自然灾害风险

1) 自然灾害风险分析

自然灾害是人类依赖的自然界中所发生的异常现象，且对人类社会造成了危害的现象和事件。工程项目面临的自然灾害主要包括洪涝、干旱、台风、冰雹、大雨或暴雨、暴雪、沙尘暴等气象灾害，火山、地震、山体崩塌、滑坡、泥石流等地质灾害，风暴潮、海啸等海洋灾害，森林草原火灾和重大生物灾害等。自然灾害是地理环境演化过程中的异常事件，因此工程项目建设有着不可预见、不可抗力的损失风险，包括工程项目从业人员的生命财产损失、建设工程损失、第三者生命财产损失等。

2) 自然灾害风险应对措施

(1) 通过风险的减弱措施来降低风险损失。施工总承包方要通过合同风险条款约定风险承担责任，及不可抗力导致的人员伤亡、财产损失、费用增加和(或)工期延误等后果。合同双方按以下原则承担：

①交接后的永久性工程及材料、设备、部件等损失、损害，由发包人承担；

②承包人的机具、设备、财产和临时工程的损失、损害由承包人承担；

③发包人和承包人各自承担其人员伤亡和其他财产损失及其相关费用；

④因不可抗力事件造成的承包人停工损失由承包人承担；

⑤不能按期交工的，应合理延长工期，承包人不需支付逾期交工违约金。发包人要求赶工的，承包人应采取赶工措施，赶工费用由发包人承担。

(2) 通过保险转移自然灾害风险。施工总承包方统一采购工程保险，包括建筑安装工程一切险和第三者责任险，将自然灾害风险转移至保险公司，被保险人包括本项目实施的业主方、施工总承包方、设计方、监理方、各分包方以及为本项目提供服务的检测方、劳务方、供货方、设备方及其他公司、单位以及个人。保险期限自工程施工期开始至施工期结束满2年。

(3)通过风险自留方式设置不可预见费或专项风险包干费，对自然灾害造成的且由分包人承担的损失进行风险包干补偿。

### 2. 政策或政府管控风险

#### 1)政策或政府管控风险分析

政策或政府管控风险是指因国家法律法规、经济、政治、环境、标准等政策法规变化引起市场价格波动、施工环境受到约束、社会管理环境发生变化等造成工程项目工期、质量、安全、成本目标变化的风险，以及政府因重大活动、重大管理措施、区域砂石料市场整顿等行政管控类因素造成工程项目工期、质量、安全、成本目标的变化风险。如国家宏观经济和金融市场的变化，会造成资本货币市场的资金紧缺、融资成本增加，导致项目建设资金不到位或到位迟缓，给项目工期、成本目标带来诸多不确定性风险；环境治理、市场整顿等都会影响工程项目成本目标、工期目标的圆满实现，甚至带来间接的质量安全隐患风险；质量标准的变化造成成本的增加；国家或区域性政府组织的大型公益、文化、产业推广等活动责令工程停工或间断性施工，影响工程项目成本目标、工期目标的实现。

#### 2)政策或政府管控风险应对措施

根据风险形成的因素和可能带来的损失，采取以下应对措施：

(1)采取合同措施规避或减轻风险。在招投标阶段或合同商洽阶段，施工总承包方应正确识别项目政策法规和政府管控风险因素与风险等级，通过合同责任合理分担双方风险。对于通过人的管理因素可以规避或减弱风险发生的概率的，应明确各自的管理职责和管理义务，尽量减弱风险。如非承包人原因所致的政府或行业主管部门的责令停工、区域地方性材料资源市场价格管控、打击强买强卖非法行为等风险管控内容，应明确项目业主方或政府方(项目实施机构)的风险责任，通过规范行政管理来化解或减弱此类风险。对于受市场变化影响较大或市场价格容易波动的主要材料按照合同约定对价格涨幅超出合同约定范围的部分调整价差。合同签订阶段，应明确非承包人原因所致的政府或行业主管部门的停工属于业主方风险，同时加强与业主方、政府方、项目实施机构的有效沟通，采取合理措施，减少对施工的影响，将风险降到最低。

(2)采取设计技术措施规避风险。对于由国家标准或行业标准变化引发设计标准变更的，应按设计变更技术措施处理，列入业主方风险范畴管理。对于地方性材料价格增幅较大的，也可以考虑采取设计技术措施合理优化，通过调整材料级配、材料类别、材料改良优化等规避市场价格风险，如碎石垫层改为砂砾垫层、碎石换填改为改良土换填、玄武岩改为石灰岩等技术措施。

(3)采取管理措施规避或减轻风险。要加强风险的监控管理，对风险发生的可能性或风险概率进行评价或预测，当政策法规或政府管控停工等风险即将发生前，要采取调整和优化施工组织、调整施工资源配置、有效的管理沟通和对接、适度的经济措施来综合预防风险，将风险的损失量降到最低。

### 3. 资金市场风险

#### 1)资金市场风险分析

建设资金来源途径是资金保障风险防范的重点。BOT 项目建设投资规模大，资金需求密集，优化资金供给途径可以有效规避资金保障风险。BOT 项目的资金来源主要是股东资本金注入、特许经营收费权抵押贷款、股东前期的专项应急资金。在项目建设期间通常申请银行过桥资金拆借、股东借款、股东短期信贷融资、基金等来保障资金供给。如：建设项目报建手续较多，且项目融资贷款审批周期也很长，为了建设项目前期工作的有效开展，如征地拆迁、施工图设计及相关咨询活动等的开展，项目业主需要通过银行短期贷款、股东借款等方式筹集过桥资金，待项目融资到位后再予以偿还。保障投资项目连续健康运转的关键点是融资及时到位。资金断链势必导致项目施工产生中断，如何保障建设资金连续、按时、足额到位，是项目公司推进项目顺利开展的重点工作之一。

#### 2)资金市场风险应对措施

(1)制定总体投资计划和年度投资计划。项目业主应在项目前期制定总体投资计划，并根据年度施工计划和工程推进实际进度制定年度投资计划，并细化每月投资计划估算额。

(2)根据年度和月度投资计划提前计划、锁定资金配额，供银行等融资机构提前预留安排项目资金，防止银行等融资机构受上级银行或政策变化影响而出现短期资金中断。

(3)积极与股东联系，根据投资协议及联合体协议要求，按施工进度及时注入项目资本金。

(4)制定项目筹融资应急机制，在融资机构和股东资金未及时到位的情况下，采取应急措施，如采取过桥资金拆借、股东借款、股东短期信贷融资、基金等方式，保障项目建设顺利推进。

(5)采用政策性银行、银团融资贷款，降低资金供应的来源途径单一风险，减少融资成本。

#### 4. 市场价格风险

1) 市场价格风险分析

市场价格风险主要指建设项目在实施年度因市场因素引起建设工程项目人工、材料、设备等价格涨跌的风险。建设工程项目市场价格风险是指由于非施工单位原因造成工程项目中人工、材料在施工期间价格涨跌而与投标合同价格发生偏差的风险。由于招标限价编制和投标报价与实际施工阶段存在时间偏差，这段时间内会因为政策、市场等因素造成主要材料价格、人工价格出现涨跌。

2) 市场价格风险应对措施

(1) 分包转移人工价格涨幅风险。一般情况下，交通基本建设项目的人工价格受市场、政策因素影响波动幅度较小，且呈均衡上涨趋势，风险可预测并可控。通过专业分包将人工价格涨幅风险转移或部分转移给分包方，一般在施工承包合同中约定人工价格涨幅风险由分包方自行承担，不予调整人工价差；若人工价格涨幅较大，超出分包方风险可控范围时，行业主管部门会对人工价格涨幅做出行业性调整指导意见，按照合同约定办理人工价格的涨幅价差。

(2) 风险自留和分包转移降低风险损失。高速公路建设的主要材料包括钢材、水泥、燃油、沥青、砂石料等，价格涨幅风险在 5%以内时由承包方或分包方承担，不予调整；价格涨幅超出 5%以上的部分，作为发包方或施工总承包方的风险，按照风险自留原则由发包方或施工总承包方承担。即以材料基期价格为准，调差材料的数量以分包方计量证书中的工程量和其单位工程量的定额消耗参数计算，当期材料价格相比基期材料价格的涨幅超出±5%部分的价差应予以调整，超出部分风险由施工总承包方承担，价格变化±5%以内风险由各分包方自行承担。

#### 5. 异常地质风险

1) 异常地质风险分析

异常地质风险主要指施工期间揭示的实际地质与两阶段勘察设计所表述的地质不符，出现地质差异，如岩溶地质、软弱地质、软基地质等，从而造成项目进度滞后、成本增加的风险。如路基工程填方地段出现软基地质、膨胀岩土、溶腔地质等，需采取工程技术措施才能确保工程技术安全性和技术可靠性。异常地质包括桥梁桩基桩底岩层与施工图所示不一致，甚至出现岩溶地质；隧道围堰出现软弱地质岩层、破碎岩层、岩溶岩层，等等。

2)异常地质风险应对措施

(1)对于设计阶段可预判的地质风险，通过优化合同，在招标阶段确定投标报价，工程数量以现场实际方案确定，合理锁定地质差异技术经济风险。如岩溶地质已确定采用溶腔抛填片石、钢护筒跟进技术及注浆技术的，可以通过招标阶段先确定合同单价，实际工程量按照设计方案和监理签证确定。

(2)对于设计阶段不能确定的地质风险，开展二次地质复勘，采用设计变更处理，通过设计技术方案优化尽量降低投资，减少工期和成本影响。

(3)购买工程保险转移地质风险损失。由于地质差异或异常地质、不稳定地质等易引发坍塌、滑移、塌陷等工程事故，造成施工人员财产、工程实体损失，施工前通过工程保险措施转移地质风险造成的灾害损失。

(4)采用地质监控量测技术措施，对不稳定地质、异常地质(瓦斯地质)进行监控观测，有效预防地质异常或不稳定造成损失扩大，如设置地表沉降观测桩监控、隧道围堰监控量测、隧道超前地质勘探、红外线地质扫描等。

# 第四篇

# 项目运营前准备阶段管理

项目运营前准备阶段的管理包括工程交竣工验收、缺陷修复、设备设施调试、入网报批、开通宣传、道路清障及互通道口的临时封闭和撤除等工作，运营前的充分准备是项目安全运营的关键。本篇重点讲述施工总承包方在道路开通前的交竣工验收和缺陷修复管理。

# 第七章　交竣工验收管理

公路工程交工验收由项目法人负责，竣工验收由交通运输主管部门按项目管理权限负责。交通运输部负责国家、交通运输部重点公路工程项目中 100 公里以上的高速公路、独立特大型桥梁和特长隧道工程的竣工验收工作；其他公路工程建设项目，由省级人民政府交通运输主管部门确定的相应交通运输主管部门负责竣工验收工作。

公路工程验收分为交工验收和竣工验收两个阶段。交工验收是检查施工合同的执行情况，评价工程质量是否符合技术标准及设计要求，工程运营设施是否齐全并满足通车试运营要求，对各参建单位工作进行初步评价。竣工验收是综合评价工程建设成果，对工程质量、参建单位和建设项目进行综合评价。根据 BOT 施工总承包高速公路项目的管理特点以及质量主体责任的规定，交工验收分为业主方组织的交工验收和施工总承包方组织的交工验收。施工总承包方实体检测验收以业主方委托的第三方实体检测验收的结果为准，不再重复验收。施工总承包方的交工验收工作主要是设计符合性验收、外观验收、功能验收等。

## 7.1　业主方的工作

交工验收由项目业主组织负责，设计、监理、施工、检测等单位参加。竣工验收应由竣工验收委员会组织，根据高速公路管理权限，竣工验收委员会由交通运输主管部门、公路管理机构、质量监督机构、造价管理机构等单位代表组成，国防公路应邀请军队代表参加。大中型项目及技术复杂工程，应邀请有关专家参加。项目法人、设计、施工、监理、接管养护等单位代表参加竣工验收工作，但不作为竣工验收委员会成员。

### 7.1.1　公路工程交竣工验收的依据、程序、内容

1. 交竣工验收的依据

(1)批准的工程可行性研究报告；

(2)批准的工程初步设计、施工图设计及变更设计文件；

(3)批准的招标文件及合同文本；

(4)交通运输部颁布的《公路工程质量检验评定标准》；

(5)公路工程技术标准、规范、规程及国家有关部门的相关规定；

(6)钢结构工程质量检验评定标准；

(7)房屋建筑工程质量检验评定标准；

(8)建筑电气安装工程质量检验评定标准；

(9)园林工程质量检验评定标准；

(10)建筑工程消防验收评定标准；

(11)高级建筑装饰工程质量验收标准；

(12)其他有关部门的行业质量验收标准；

(13)行政主管部门的有关批复、批示文件。

2. 交工验收应具备的条件

(1)合同约定的各项内容已完成；

(2)施工单位按交通运输部制定的《公路工程质量检验评定标准》及相关规定的要求对工程质量自检合格；

(3)监理工程师对工程质量的评定合格；

(4)质量监督机构按交通运输部规定的公路工程质量鉴定办法对工程质量进行检测(必要时可委托有相应资质的检测机构承担检测任务)，并出具检测意见；

(5)竣工文件已按交通运输部规定的内容编制完成；

(6)施工单位、监理单位已完成本合同段的工作总结。

3. 交工验收主要工作内容

(1)检查合同执行情况；

(2)检查施工自检报告、施工总结报告及施工资料；

(3)检查监理单位独立抽检资料、监理工作报告及质量评定资料；

(4)检查工程实体，审查有关资料，包括主要产品质量的抽(检)测报告；

(5)核查工程完工数量是否与批准的设计文件相符，是否与工程计量数量一致；

(6)对合同是否全面执行、工程质量是否合格做出结论，按交通运输主管部门规定的格式签署合同段交工验收证书；

(7)按交通运输部规定的办法对设计单位、监理单位、施工单位的工作进行初步评价。

4. 交工验收程序

(1) 施工总承包单位完成合同约定的全部工程内容，且经施工自检和监理检验评定均合格后，提出施工总承包合同段交工验收申请报监理单位审查。交工验收申请应附自检评定资料和施工总结报告。

(2) 监理单位根据工程实际情况、抽检资料以及对合同段工程质量评定结果，对施工总承包单位交工验收申请及其所附资料进行审查并签署意见。监理单位审查同意后，应同时向项目法人提交独立抽检资料、质量评定资料和监理工作报告。

(3) 项目法人对施工总承包单位的交工验收申请、监理单位的质量评定资料进行核查，必要时可委托有相应资质的检测机构进行重点抽查检测，认为合同段满足交工验收条件时应及时组织交工验收。

(4) 对若干施工总承包合同段完工时间相近的，项目法人可合并组织交工验收。对分段通车的项目，项目法人可按合同约定分段组织交工验收。

(5) 通过交工验收的施工总承包合同段，项目法人应及时颁发“公路工程交工验收证书”。

(6) 各施工总承包合同段全部验收合格后，项目法人应及时完成“公路工程交工验收报告”。

5. 竣工验收应具备的条件

(1) 通车试运营 2 年后；

(2) 交工验收提出的工程质量缺陷等遗留问题已处理完毕，并经项目法人验收合格；

(3) 工程决算已按交通运输部规定的办法编制完成，竣工决算已经审计，并经交通运输主管部门或其授权单位认定；

(4) 竣工文件已按交通运输部规定的内容完成；

(5) 对需进行档案、环保等单项验收的项目，已经有关部门验收合格；

(6) 各参建单位已按交通运输部规定的内容完成各自的工作报告；

(7) 质量监督机构已按交通运输部规定的公路工程质量鉴定办法对工程质量检测鉴定合格，并形成工程质量鉴定报告。

6. 竣工验收的主要工作内容

(1) 成立竣工验收委员会；

(2) 听取项目法人、设计单位、施工单位、监理单位的工作报告；

(3) 听取质量监督机构的工作报告及工程质量鉴定报告；

(4)检查工程实体质量，审查有关资料；
(5)按交通运输部规定的办法对工程质量进行评分，并确定工程质量等级；
(6)按交通运输部规定的办法对参建单位进行综合评价；
(7)对建设项目进行综合评价；
(8)形成并通过竣工验收鉴定书。

### 7. 竣工验收的主要程序

(1)公路工程符合竣工验收条件后，项目法人应按照公路工程管理权限及时向相关交通运输主管部门提出验收申请，其主要内容包括：

①交工验收报告；
②项目执行报告、设计工作报告、施工总结报告和监理工作报告；
③项目基本建设程序的有关批复文件；
④档案、环保等单项验收意见；
⑤土地使用证或建设用地批复文件；
⑥竣工决算的核备意见、审计报告及认定意见。

(2)相关交通运输主管部门对验收申请进行审查，必要时可组织现场核查。审查同意后报负责竣工验收的交通运输主管部门。

(3)以上文件齐全且符合条件的项目，由负责竣工验收的交通运输主管部门通知所属的质量监督机构开展质量鉴定工作。

(4)质量监督机构按要求完成质量鉴定工作，出具工程质量鉴定报告，并审核交工验收对设计、施工、监理初步评价结果，报送交通运输主管部门。

(5)工程质量鉴定等级为合格及以上的项目，负责竣工验收的交通运输主管部门及时组织竣工验收。

### 8. 公路工程质量鉴定

公路工程质量鉴定由工程质量监督机构或竣工验收委员会指定的质量监督机构负责；公路工程质量鉴定检测可以由质量监督机构委托专业检测单位实施；质量鉴定检测费用由项目法人承担。工程质量鉴定分为外观检查、实体工程抽检，抽检频次和抽检内容详见交通运输部《公路工程质量鉴定办法》。

工程质量鉴定抽查项目均应在合同段交工验收前完成检测。竣工验收前，还应对沥青路面弯沉、沥青路面车辙、混凝土路面相邻板高差、路面平整度、路面抗滑、伸缩缝与桥面高差、桥面铺装平整度、横坡、桥面抗滑等抽查项目进行复测。复测结果和其他抽查项目在交工验收时的检测结果，作为竣工验收质量评定的依据。

### 7.1.2　监理方工程质量评定

建设工程监理属于业主方的管理范畴，监理单位受业主的委托进行工程建设监理活动。在交竣工验收阶段，监理方的工作主要是督促和检查施工单位及时整理竣工文件和验收资料，对工程质量进行评定；审查施工单位提交的交工验收申请，编写工程质量评估报告。

在交工验收前，各分包单位完成合同约定的全部工程内容，经施工自检和监理检验评定均合格后，提出合同段交工验收申请报总承包单位和监理单位审查。交工验收申请应附自检评定资料和施工总结报告。

监理单位根据工程实际情况、抽检资料以及对合同段工程质量评定结果，对施工单位交工验收申请及其所附资料进行审查并签署意见。监理单位审查同意后，同时向项目公司提交独立抽检资料、质量评定资料和监理工作报告。

项目公司对总承包单位及分包单位的交工验收申请、监理单位的质量评定资料进行复核，必要时可委托相应资质的检测机构进行重点抽查检测，认为合同段满足交工验收条件时应及时组织交工验收。

合同段工程质量评分采用所含各单位工程质量评分的加权平均值。即工程各合同段交工验收结束后，由项目公司对整个工程项目进行工程质量评定，工程质量评分采用各合同段工程质量的加权平均值。即按照投资额原则使用结算价，当结算价暂时未确定时，可使用招标合同价，但在评分计算时应统一。

交工验收工程质量等级评定分为合格和不合格，工程质量评分值大于等于 75 分的为合格，小于 75 分的为不合格。

### 7.1.3　交工验收工程质量检测

为进一步加强高速公路交工验收质量项目管理，业主方可通过公开招标的方式，选定具备资质条件的检测单位进行项目交工验收质量检测。受委托的试验检测单位根据委托工作内容和相关要求，在规定时间内制订检测方案，报送项目属地质监机构审查备案。

检测单位在进行质量检测前，编制本项目质量检测方案报项目公司，由项目公司组织质量监督机构、设计单位、监理单位、相关专家对检测方案进行评审，方案经评审通过后方可开展工作。

检测过程中，检测单位应对检测工作进度、初步检测结果、主要存在问题等情况进行定期汇总报告。根据各单位工程检测工作特点，检测单位应分别编制路基工程质量检测月报、桥梁和隧道工程质量检测旬报、路面工程和交通安全设施质量检测日报，及时报送项目属地质监机构。检测过程中，如发现检测指标中关键项目不合格、外观存在严重质量缺陷等影响工程评定是否合格的重大质量问题，检测机构应及时报告项目属地质监机构和厅质监局，确保对质量问题的及时处理。

检测工作完成后，检测机构应对检测数据及时进行分析汇总，如不能在规定时限内向质监机构提交正式检测报告，则应由检测机构正式出具检测结论快报，及时报送项目属地质监机构和厅质监局，以便于质量监督机构和项目公司科学公正地对工程质量进行评定。

### 1. 基本要求

(1) 公路工程质量检测由该建设项目的质量监督机构或竣工验收单位指定的质量监督机构负责组织。

(2) 公路工程质量检测工作包括工程实体检测、外观检查和内业资料审查。

(3) 工程质量检测标准按现行的国家和行业标准规范执行。依据质量监督机构在交工验收前和竣工验收前的工程质量检查资料，同时可结合监督过程中的检查资料进行。

(4) 总体要求：路基整体稳定；路面无严重缺陷；桥梁、隧道等构筑物结构安全稳定；混凝土强度、桩基检测、预应力构建的张拉应力、桥梁承载力等均符合设计要求；工程质量经施工自检和监理评定均合格，并经项目业主确认。

### 2. 工程实体检测要求

#### 1) 抽查频率

(1) 路基工程压实度、边坡每公里抽查不少于一处，每个合同段路基压实度检查点数不少于10个。路基弯沉检测，以每半幅每公里为评定单元。

(2) 排水工程的断面尺寸每公里抽查2～3处，铺砌厚度按合同抽查不少于3处。

(3) 小桥抽查不少于总数的20%且每种类型抽查不少于1座，涵洞抽查不少于总数的10%且每种类型抽查不少于1道，支挡工程抽查不少于总数的10%且每种类型抽查不少于1处。

(4) 路面工程的弯沉、平整度检测，高速公路以每半幅每公里为评定单元。

(5) 特大桥、大桥逐座检查；中桥抽查不少于总数的30%且每种桥型抽查不得少于1座。桥梁下部工程抽查不少于墩台总数的20%且不少于5个，墩台数量少于5个时全部检测。每种结构形式抽查不少于1个。桥梁上部工程抽查不少于总孔数的20%且不少于5个，孔数少于5个时全部检测。每种结构形式抽查不少于1个。

(6) 隧道逐座检查。

(7) 交通安全设施中的防护栏、标线每公里抽查不少于1处；标志抽查不少于总数的

10%。

(8)机电工程各类设施抽查不少于10%，每类设施少于3个时全部检测。

(9)房屋建筑工程逐处检查。

2)抽查项目

公路工程检测抽查项目按照交通运输部《公路工程竣(交)工验收办法与实施细则》“附录一：公路工程质量鉴定办法抽查项目表”进行抽检。

3)抽查要求

(1)抽查项目均应在合同段交工验收前完成检测。竣工验收前应对抽查项目表中有关抽查项目进行复测，复测结果和其他抽查项目在交工验收时的检测结果，作为竣工验收质量评定依据。沥青路面弯沉、平整度、抗滑等复测指标的质量评定标准根据相关规范及当地实际情况确定。

(2)规定抽查项目规定值或允许偏差，按照《公路工程质量检验评定标准》执行。

(3)对弯沉、路面厚度、平整度、摩擦系数、隧道衬砌混凝土强度及厚度等抽查项目要优先采用自动化监测(或无损监测)设备进行监测，也可采用常规方法检测。

3. 外观检查基本要求

(1)交工验收检测单位负责在交工验收和竣工验收前对工程外观进行全面检查。

(2)工程外观存在缺陷、安全隐患或已降低服务水平的不予验收，经整改维修达到设计要求后可组织验收。

(3)项目交工验收前应对桥梁、隧道、重点支挡工程、高边坡等涉及安全运行的重要工程部位进行详细检查。

4. 工程质量检测意见、项目检测报告、质量鉴定报告的内容

质量监督机构的检测意见、项目检测报告在对检测结果分析的基础上提出。

工程质量检查意见主要包括：检测工作完成情况，工程质量存在的缺陷，交工验收前需要完善的问题，主要意见。

项目检测报告主要包括：检测结果及工程质量的基本评价，工程质量存在的主要问题和缺陷，工程质量是否具备试运营条件。

质量鉴定报告主要包括：鉴定工作依据，抽查项目检测数据、外观检查、内业资料审查及复测部分指标情况，交工验收提出的质量问题、质量监督机构指出的问题及试运营期间出现的质量缺陷等的处理情况，鉴定评分及质量等级。

### 7.1.4 设计符合性审查

为确保项目施工符合设计要求和满足使用功能，在项目交工验收前，项目公司函告设计单位进行设计符合性审查。设计单位组织该项目设计总体、路基、路面、桥梁、隧道、环保、交安、绿化、房建等专业人员进行现场核查，各专业形成专业核查报告。

设计院对各专业核查报告提出的“设计需要补充完善事项”“现场与设计或变更设计文件不符事项”进行全面梳理，形成本项目设计标段交工前设计现场核查报告，并及时完成补充设计，全力配合项目公司完成交工前设计确认及其他后续工作。

落实设计核查问题相关要求：

(1)针对核查报告中涉及补充完善方案的，由总承包单位按变更程序上报项目公司，同意后实施；对于现场与设计或变更设计文件不符的施工部位，立即按原设计图纸要求进行整改或返工。

(2)监理单位对整改事项做好方案审批、质量监督、检查验收。

(3)施工总承包单位将整改落实情况在要求时限内经监理单位签字认可后报项目公司备案。

(4)若施工单位影响了设计符合性审查报告的按时提交，公司将严格按照合同追究相关单位责任。

### 7.1.5 业主方组织交工验收

根据《公路工程竣(交)工验收办法实施细则》(交公路法〔2010〕65 号)，公路工程验收分为交工验收和竣工验收两个阶段。交工验收阶段的主要工作是检查施工合同的执行情况、评价工程质量是否符合技术标准及设计要求，是否满足通车要求，对各参建单位工作进行初步评价。

#### 1. 交工验收的条件

全线设计合同内工程均已完成，涉及合同内容的变更、补充等各项事宜双方已达成一致并处理完毕；总承包指挥部对所辖各施工单位进行了交工的自检，对发现的各类缺陷问题全部整改完成并验收合格；监理工程师对工程质量评定合格，施工、监理单位已完成本合同段的工作总结；质量监督机构按《公路工程质量鉴定办法》对工程质量进行了交工检测，并出具检测意见。

2. 交工验收程序

施工单位提出交工验收申请报监理工程师审查；监理单位审查同意后向项目公司提交质量评定资料和监理工作报告；项目公司对总承包单位上报的交工验收申请及监理工程师签署的审查意见进行审查，认为项目满足交工验收条件后，及时组织交工验收。

3. 交工验收工作组织

(1)项目各合同段的设计、施工、监理等单位参加交工验收工作，由项目公司负责组织。路基工程合同段交工进行验收时，邀请路面施工单位参加。交付试运营前，邀请运营、养护管理等相关单位参加。交通运输主管部门、公路管理机构、质量监督机构视情况参加交工验收。

(2)交工验收由项目公司成立交工验收领导小组，邀请上级单位、地方政府、行业主管部门、质量监督机构、行业内各专业专家参与，各监理单位、试验检测单位、设计单位、施工单位共同参加。

(3)根据交工验收工作内容，按专业设七个验收工作小组，分别为合同、路基与涵洞工作、路面及交安绿化环保、桥梁隧道、房建、机电、线外工程及环水保小组，并制定各检查工作小组的检查验收内容和工作职责。交工验收具体事务由安质部牵头负责。

(4)工程缺陷或遗留问题收集整理、整改。①各交工验收工作组负责完成各自工作范围内的交工验收工作，并对相关交工验收工作范围内的工作质量负责。各工作小组指定人员进行缺陷问题的收集整理后交项目公司安质部汇总。②交工验收提出的工程质量缺陷问题由施工单位限期整改落实，不能按时整改的，要说明原因、指定时间节点。交工验收存在的问题经施工单位整改落实后，由项目工作组复查验收。

(5)签发合同段交工证书。缺陷问题整改完成，经项目交验小组组织各方复验合格后，签发合同段交工证书。

### 7.1.6　工程交竣工决算编制

公路建设项目决算(以下简称工程决算)是指项目实际完成的工程量、采用的单价和费用支出，以及与批准的概(预)算对比情况。建设项目法人应加强建设项目投资管理工作，配置具有相应资格的公路工程造价人员，做好工程决算资料的收集、整理和分析工作。工程决算文件的编制应真实、准确和完整。工程决算是建设项目竣工验收工作的重要组成部分，未编制工程决算的建设项目，不得组织竣工验收。

### 1. 工程交工决算编制

工程决算总费用由建筑安装工程费，设备、工具及器具购置费，工程建设其他费用三部分构成。对于概(预)算编制办法规定的项目及批准概(预)算文件中未列明且不能列入第一、二部分的费用列入第三部分。工程决算文件包括工程决算编制说明和工程决算表。

#### 1)工程决算编制的依据

(1)经交通运输主管部门批准的设计文件，以及批准的概(预)算或调整概(预)算文件；
(2)招标文件、标底(如果有)及与各有关单位签订的合同文件；
(3)建设过程中的文件及有关支付凭证；
(4)竣工图纸；
(5)其他有关文件、资料、凭证等。

#### 2)工程决算编制说明包括的内容

(1)工程决算概况；
(2)工程概(预)算执行情况说明，其中应说明招标方式、结果及重大设计变更情况；
(3)设备、工具、器具购置情况的说明；
(4)工程建设其他费用使用情况的说明(包括征地拆迁费、建设单位管理费、监理费等)；
(5)预留费用使用情况的说明；
(6)工程决算编制中有关问题处理的说明；
(7)造价控制的经验与教训总结；
(8)工程遗留问题；
(9)其他需要说明的事项。

#### 3)工程决算表包括的内容

(1)建设项目概况表；
(2)投资控制情况比较表；
(3)工程数据情况比较表；
(4)概(预)算分析表；
(5)标底及合同费用分析表；
(6)项目总决算(分析)；
(7)建安工程决算汇总表；

(8)设备、工具及器具购置费用支出汇总表；
(9)工程建设其他费用支出汇总表。

4)工程决算数据软盘包括的内容

工程决算数据软盘包括工程决算文件和基础数据表。基础数据表包括以下内容：
(1)合同段工程决算表；
(2)工程合同登记表；
(3)变更设计登记表；
(4)变更引起调整金额登记表；
(5)工程项目调价登记表；
(6)工程项目索赔登记表；
(7)计日工支出金额登记表；
(8)收尾工程登记表；
(9)报废工程登记表；
(10)工程支付情况登记表。

2. 工程竣工决算编制

工程项目竣工决算书是由建设单位编制的反映工程项目实际造价和投资效果的文件，是竣工验收文件的重要组成部分。工程竣工决算费用包括从筹划到竣工投产全过程的全部实际费用，即建筑工程费用、安装工程费用、设备工具及器具购置费用和工程建设其他费用以及预备费等。竣工决算报告是考核交通基本建设项目投资效益、反映建设成果的文件，是确定交付使用财产价值、办理交付使用手续的依据。建设单位要有专人负责有关资料的收集、整理、分析、保管工作。项目完建后，要组织工程技术、计划、财务、物资、统计等有关部门的人员共同编制项目竣工决算报告。设计、施工、监理等单位应积极配合建设单位做好竣工决算报告的编制工作。交通基本建设项目竣工后，应按国家有关规定编制竣工决算报告，没有编制竣工决算报告的项目不得进行竣工验收。

1)竣工决算报告组成

(1)竣工决算报告的封面、目录；
(2)竣工工程平面示意图；
(3)竣工决算报告说明书；
(4)竣工决算表格。

2)竣工决算编制的主要依据

(1)经批准的可行性研究报告、初步设计、概算或调整概算、变更设计以及开工报告等文件；

(2) 历年的年度基本建设投资计划；

(3) 经审核批复的历年年度基本建设财务决算；

(4) 编制的施工图预算、承包合同、工程结算等有关资料；

(5) 历年的有关财产、物资、统计、财务会计核算、劳动工资、审计及环境保护等有关资料；

(6) 工程质量鉴定、检验等有关文件，工程监理有关资料；

(7) 施工企业交工报告等有关技术经济资料；

(8) 有关建设项目附产品、简易投产、试运营(生产)、重载负荷试车等产生基本建设收入的财务资料；

(9) 有关征地拆迁资料(协议)和土地使用权确权证明；

(10) 其他有关的重要文件。

3) 竣工决算报告说明书

竣工决算报告说明书是竣工决算报告的重要组成部分，主要内容包括：

(1) 工程项目概况及组织管理情况；

(2) 工程建设过程和工程管理工作中的重大事件、经验教训；

(3) 工程投资支出和财务管理工作的基本情况(包括主要会计事项处理原则、财产物资清理及债权债务清偿情况)；

(4) 基建结余资金、基建收入等的上交分配情况；

(5) 主要技术经济指标的分析、计算情况等；

(6) 工程遗留问题等。

4) 竣工决算报告表

竣工决算报告表分为决算审批表、工程概况专用表和财务通用表。

(1) 竣工决算审批表。

(2) 工程概况专用表，主要包括：

①公路建设项目工程概况表；

②桥梁隧道建设项目工程概况表；

③内河航运建设项目工程概况表；

④港口(码头)建设项目工程概况表；

⑤其他建设项目工程概况表。

(3) 财务通用表，主要包括：

①建设项目竣工财务决算总表；

②资金来源情况表；

③待核销基建支出及转出投资明细表；

④工程造价和概算执行情况表；

⑤外资使用情况表；

⑥基本建设项目交付使用资产总表；

⑦基本建设项目交付使用资产明细表。

建设项目完建时，建设单位要认真做好各项账务、物资、财产、债权债务、投资资金到位情况和报废工程的清理工作，做到工完料清，账实相符。各种材料、物资、设备、施工机具等要逐项清点核实，妥善保管，按照国家规定处理，不准任意侵占。

建设单位编制的竣工决算报告在审计部门提出审计意见后，方可组织竣工验收。未经竣工验收委员会认定的竣工决算报告不得上报。

### 7.1.7　施工合同价交工清算

项目业主方在完成项目的交工验收工作后，依据施工总承包合同文件组织交工结算工作。

#### 1. 交工结算的依据

(1)合同文件及补充协议、会议纪要；

(2)施工图纸、变更设计图纸；

(3)技术规范；

(4)交工验收报告；

(5)其他有关交工结算的书面文件。

#### 2. 交工结算的内容

(1)施工图合同清单价款；

(2)变更设计价款；

(3)材料价差；

(4)新增工程；

(5)激励考核奖罚；

(6)索赔及零星计日工。

根据合同价清算依据和费用清算内容，组织施工总承包合同工程价款的清理，经双方确认后作为交工结算的依据，办理末次计价。

## 7.2 施工总承包方的工作

### 7.2.1 预交验及缺陷整改

BOT 项目施工总承包涉及参建标段多，预交验工作是交工验收顺利推进的重要保障。通过预交验检测检验，及时发现建设项目的功能缺陷、设计缺陷、质量缺陷，以便及早采取纠偏措施进行整改，为交工验收工作奠定坚实基础。

1. 制定预交验计划

(1) 预交验的条件。各施工标段按照合同文件约定的建设范围、建设标准完成全部合同施工任务和工程质量技术资料后，可提交交工验收申请。总承包单位审查施工标段交工验收申请资料符合交验条件的，统一规划组织专业工程师对施工标段合同工程任务进行预交工验收。

(2) 编制预交验计划。为确保顺利完成交工验收工作，施工总承包方按照合同段预交验和正式交验两个阶段来推进交工验收工作。施工总承包方交工验收合格后，再申请业主方组织交工验收，通过施工总承包方的预交验和交验工作，可以消除工程质量缺陷，为通过业主方组织的交工验收创造坚实保障。施工总承包编制交工验收工作计划，分内业组、外业组、实体检测组等三个组进行交工验收，对于工程规模较大的施工总承包项目，可以增加平行交验组，增加验收小组来推进。交工验收计划要明确预交验和交工验收的领导责任、交验时限，固化专业分组和人员分工，配备专用检测仪器和器具，落实交验措施，明确消缺责任和考核机制，通过配套激励奖励措施等完善交工验收机制和交验标准，确保交工验收工作扎实有效推进。

(3) 完善交验措施。一是落实责任，每个交验小组均有领导带队，明确交验小组的工作职责，对预交验中能够发现而没有发现的问题，要追究责任人员的过失责任。二要明确标准，严格按照施工图纸和交通运输部《公路工程质量检验评定标准》开展交工验收工作，全面开展设计符合性审查，对交验检查中发现完成内容与设计不符的，要制定质量整改计划和整改措施；与设计重大不符的，需要组织召开设计、专家论证会，采取质量弥补措施予以纠正，如整改不能彻底解决质量问题的，要返工处理。三要配备专业的检测人员和检测器具，按照指挥部制定的交验抽检频率重点对第三方检测单位未抽检的工程实体质量进行检测，记录质量抽检数据，各参建标段负责人签字确认。四要制定考核和激励措施，交工验收期间，所有参建标段管理人员不得离岗或调离，确保人员到位、责任落实，对存在的质量缺陷按照交验计划确定的整改时限进行考核和激励，激励基金在合同专项劳动竞赛激励基金中计提列支。

2. 组织预交验

为保证工程质量，总承包单位严格按照设计图纸、规范标准及交通运输部《公路工程质量检验评定标准》及相关规定的要求对各专业工程进行检查验收。

(1)交验人员专业分组。总承包单位按照施工标段分两个检查组，分别由施工总承包方的项目总工程师和项目副指挥长带队，按路基、桥梁隧道、路面、房建、交安、绿化、环保工程分成专业检查小组，配足专业工程师，与施工合同段配合交验小组人员共同开展合同段交工验收工作。交验期间施工标段母体公司技术负责人或分管领导要组织专业技术人员随同交验。

(2)交验标准和量测工具。每个交验小组要携带施工图纸和变更设计图，依据《公路工程质量验收评定标准》，制定交验表格，明确交验标准，配备专业质量检测工具，对实际量测质量数据进行分析和评定，用数据衡量质量标准。

(3)验收主要内容。包括合同约定的施工内容，以及路基边坡、路基排水工程、路基支挡工程、桥梁锥坡、桥涵检查梯步、桥面泄水孔、桥梁伸缩缝、桥梁支座及盖梁顶建筑垃圾清理、涵洞、路面、中央分隔带排水设施、交安工程波形梁护栏、标志标线、隔离栅、环保工程声屏障安装质量、房屋建筑工程及线型、绿化苗木栽植及成活情况、线路两侧临时用地恢复等内容。验收工作前统一验收表格，验收表格中填写好验收标准和实测质量数据，作为交验质量对比和评定分析的依据。

(4)检查方式。每个检查组采取徒步方式，对各专业工程进行全覆盖质量验收，各专业工程师对检查出的问题详细记录、留取影像资料。施工总承包方验收小组人员按标段分专业收集整理问题并汇编成册，及时下发缺陷问题整改通知单，盯控落实整改。

3. 交验质量措施整改

预交验工作完成后，总承包单位对检查出的问题进行分类梳理，分为一般问题和重要问题。对一般问题指定整改时间节点，要求施工合同段合理配置资源，固化整改人员，选派业务过硬的技术人员参加整改，按设计图纸、验收标准一次整改到位。对重要问题要求认真分析、论证、研究，必要时邀请施工分包方企业技术负责人参加，组织设计、专家进行论证，制定缺陷处置技术方案；专家论证技术方案经设计单位、施工总承包单位、业主单位同意后实施整改；监理单位做好缺陷整改期间的全程监理工作，确保方案得以实施，缺陷整改后的质量符合验收标准。

为提高质量缺陷处置和整改的责任意识，加快缺陷问题整改进度，按期提交交工验收申请，施工总承包单位采用以下方式督促各分包单位落实缺陷问题整改，如向分包单位发函、签订质量承诺书、召开质量整改专题会议、向分包单位母体公司发函派员督导整改、向分包单位上级公司发函督促整改等，必要时委托整改。

4. 交工验收或预交验复验

按照预交验发现的问题，有针对性地重点复查，复查合格的销号处理；不合格的由施工标段继续整改，对整改缓慢、整改效果欠佳的施工标段，由施工总承包方委托整改，在规定计划时限内完成质量缺陷的整改工作。交工验收和复验期间，对于重要部位的质量验收，还采取以下方式组织验收：

(1) 总承包单位邀请行业内专家或设计单位专家参加交工验收和预交验的复验检查。

(2) 复验检查采用全面检查和抽点检查验收相结合。

### 7.2.2 质量评定

根据项目施工管理和质量检验评定的需要，总承包单位会同监理单位按检验评定标准要求将项目划分为单位工程、分部工程和分项工程；施工单位、监理单位和建设单位按相同的项目划分进行工程质量的监控和管理。

公路工程质量评定包括项目划分、质量评分和质量等级评定三部分。

(1) 工程质量检验评分以分项工程为单位，采用100分制进行，在分项工程评分的基础上，逐级计算各相应分部工程、单位工程、合同段和建设项目评分值。

(2) 工程质量评定等级分为合格和不合格，应按分项工程、分部工程、单位工程、合同段和建设项目逐级评定。

(3) 施工单位对各分项工程按《公路工程质量检验评定标准》所列基本要求、实测项目和外观鉴定进行自检，按相关施工技术规范提交真实、完整的自检资料，对工程质量进行自我评定。总承包单位对各施工单位评定资料进行审核，审核完成后报监理单位审核签字。监理单位按规定要求对工程质量进行独立抽检，对施工单位检验评定资料进行签认，对工程质量进行评定。

### 7.2.3 竣工资料验收

竣工资料由总承包单位按业主和省档案馆归档要求制定统一目录示例，各参建单位按照示例及总体节点计划安排做好各项资料收集、整理、编制、组卷工作，最后再由总承包单位督促、检查、审核，出具自检报告并提交验收申请。

1. 竣工资料的编制组卷

1) 竣工资料组卷工作流程

系统收集和科学分类→鉴定和整理→确定组卷方法→合理分卷→卷内文件整理→案卷排序→案卷编目→打印案卷及卷内初稿→组织预验收及整改→打印页码及报表→复印、装订、贴脊背→上架→待初验、复验、验收。

2) 施工总承包单位竣工资料管理工作

(1) 为保证全线资料的统一，在工程开工前，根据业主下发的各部位用表，编制一套符合现行施工技术要求，又符合归档要求的各部位资料用表及填写说明，明确资料填写的规定和要求，保证资料整理的规范化，有效避免资料整理工作的盲目性，大大减少人力、物力的资源浪费，间接节约管理成本。

(2) 在施工过程中，施工总承包单位联合各参建单位定期或不定期地组织专职人员对资料的同步性、准确性、完整性和规范性等进行检查、考核、交流等，加强资料的监督和管理。对发现的问题及时提出和整改，并复查，不断规范资料的日常管理。

(3) 为保证资料的同步性，施工总承包单位将施工资料的整理工作纳入日常管理，并与验工计价和履约考核等挂钩。在每月验工计价或履约考核时，首先对当月完成要计价的实体资料的同步性进行检查，对不符合要求的不予计量、验收；施工单位未上交合格的资料，不予交工结算。

(4) 加强资料管理人员的业务技能培训，提高专业素质。项目建设过程中，施工总承包单位邀请省档案馆专家、专业档案咨询公司、工程技术专业专家定期对资料管理人员进行专项培训、辅导及软件推广，让资料管理人员提前熟悉具体业务上的细节及档案验收要求，不断提高他们的业务素质和技术水平。

(5) 为保证全线组卷的一致，施工总承包单位按项目业主和省档案馆归档要求制定统一目录示例，各参建单位按照示例及总体安排做好各项资料的收集、整理、编制、组卷工作。

(6) 各分包单位成立竣工资料领导小组，下发竣工文件编制节点计划，施工总承包单位联合监理单位、业主方、资料咨询公司定期或不定期进行检查、指导。

(7) 为完整、优质、高效、统一地做好项目所属各分包单位竣工资料的整理、组卷、验收及移交工作，各分包单位采用软件系统加强竣工资料的管理。

(8) 根据各分包单位竣工资料完成情况，分阶段邀请专家对完成组卷的单位进行预验收，预验收合格后，再进行页码和报表打印、复印、装订、上架等工作。

3) 施工单位竣工资料管理工作

(1) 项目开工准备阶段，施工单位应根据《公路工程质量检验评定标准》附录 A 的内容，正确地进行单位、分部、分项工程划分。在施工过程中，以分项工程为基本单元，完成一个分项工程，评定一个并及时办理分项工程中间交工证书，最后将现场施工检查表和原始记录等表格按照施工工序及资料归档次序排好，形成一个完整的分项工程资料体系。将逐个分项工程资料收集整理构成分部工程资料框架体系；同理，将所有分部工程资料收集整理就构成了单位工程资料体系。在施工过程中做好基础资料的收集和整理，及时签认归档，为后续竣工资料的整编和验收奠定良好的基础。

⑵凡列入留存的施工技术资料，都必须经各级技术负责人审定。所有资料都必须如实反映情况，要求记载真实、准确、及时，内容齐全、完整、全面，整理系统化、表格化，字迹工整，并分类成册。严禁擅自修改、伪造和事后补作。人员调动必须办理移交手续。

⑶建立收集资料的岗位责任制，不遗漏、不损毁。竣工资料的整理做到图物相符、数据准确、手续完备、不造假、不后补。

⑷各施工单位根据施工总承包单位下发的竣工文件编制节点计划，根据资料实际情况成立竣工资料编制领导小组，每周五根据实际完成情况向施工总承包单位上报竣工资料归档进度统计报表。

### 2. 竣工资料验收程序

竣工资料验收程序如图7-1所示。

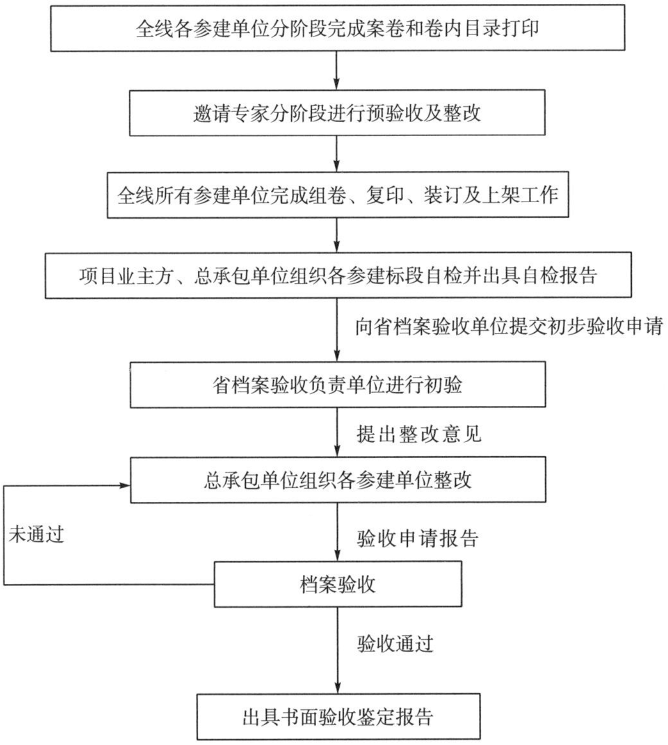


图7-1 竣工资料验收程序

### 7.2.4 环水保验收

1. 环水保交验现场踏勘

交工验收前，项目业主方组织环水保设计监测单位、监理单位、总承包单位和施工分包单位一起对项目全线进行现场踏勘，主要针对取弃土场、大小临建、防排水设施等存在的问题对各施工标段进行反馈，对存在的环水保问题限期编制专项方案进行整改。

2. 环水保施工管理措施

为了及时落实项目业主方和环水保设计监测单位各项管理要求，加强高速沿线生态恢复，施工总承包单位环水保工程师专职负责与环水保监测单位沟通，监管施工标段环水保工作，确保各项措施及制度的贯彻落实。

从项目施工准备阶段至项目交工验收投入运营止，施工总承包单位对环水保工作给予高度重视，制定专项措施和制度，要求分包单位做到水土保持方案与施工方案同步实施，水土流失防治措施与工程建设同步进行。施工总承包单位要编制环水保管理办法，督促施工标段编制各自的环水保实施方案和应急预案，明确水土保持措施，在交验期间对现场踏勘提出的问题点要求及时整改，整改要按环保监测设计单位要求实施。

3. 环水保验收

为确保项目环水保专项验收工作顺利开展，总承包单位可邀请环水保咨询专家到现场指导弃土场复耕等环水保工作，组织邀请咨询专家对弃土场绿化复耕、水土保持、施工后场地恢复、土地复耕工作进行检查。根据环水保咨询专家提出的意见建议，总承包单位要组织各分包单位切实抓好环水保验收整改工作，按照专家意见及时完善弃土场绿化复耕及生态环境修复工作，达到环水保验收条件，为项目竣工验收奠定基础。

施工总承包单位组织各分包单位对照设计图纸和审批后的水土保持方案进行整改和自验，自验合格后报项目业主，由项目业主统一向环水保行政主管部门申请水土保持设施竣工验收，验收通过后环水保行政主管部门出具水土保持设施验收鉴定书。

### 7.2.5 线外工程验收

线外工程是指工程完工后将移交由属地单位或集体组织管理、使用、养护的非主体工程，如改移道路、水渠、河道、取弃土场工程。线外工程应与主线工程的施工组织、质量验收、质量评定、质量监理等程序相同，其施工规范、质量标准按施工图设计和行业工程质量等级标准执行。资料应按工程项目的类别、产权归属分别归档，并与地方产权单位办理工程交验移交手续。

高速公路线外工程与主线工程相比，特点为：单个项目小，费用低，不同项目之间分类各异，性质繁多，如地方道路、沟渠、河道、电力、电信、供水管、水利工程等。目前，高速公路主线以外的线外工程修建赔偿费用所占比例越来越高，且建设矛盾越来越突出，线外工程逐渐成为高速公路顺利、畅通建设的重要影响因素。

线外工程的验收管理：

(1) 由总承包单位配合项目公司组织各施工标段对照设计图纸进行自验，自验合格后按照要求填写《线外工程完工验收移交证书》并提交申请，由地方政府、项目公司、总承包单位三方进行现场验收。

(2) 线外工程验收严格按照设计图纸、技术标准组织施工，满足使用功能。验收合格后由地方政府、项目公司、总承包单位等三方在验收单上签字确认。

(3) 对于验收存在缺陷的线外工程，必须整改直至验收合格。

(4) 地方政府、项目公司、总承包单位三方现场验收合格，办理移交手续。

### 7.2.6 施工总结

按照合同特性和合同模式，在高速公路项目建设完工后，施工总承包方、分包方要对合同工程的施工管理进行总结，从工程概况、机构组成、合同模式、质量管理情况、施工进度控制、施工安全与文明施工情况、环境保护与节约用地措施、施工中新技术新材料新工艺的应用情况、工程款支付情况、施工总承包体会等共10个方面对工程施工期间积累的经验进行归纳汇总，编写工程施工总结，将施工过程中所遇到的实际问题、应对措施提炼升华到理论的高度，为后续项目施工提供参考。

### 7.2.7 交工验收申请

施工合同段完成合同约定的全部施工内容并自检合格，对总承包指挥部检查出的缺陷问题整改完成报请总承包单位复查合格后，完成施工自检报告、施工总结报告及质量评定资料，向总承包单位提交交工验收申请。

总承包指挥部收到各施工合同段的交工验收申请后，经监理工程师审核同意，由总承包单位提交全线交工验收申请，报请项目业主方组织交工验收。

# 7.3　分包方的工作

## 7.3.1　自检验收和缺陷整治

(1)分包单位在完成合同约定的施工内容后，组织项目技术人员对本合同段的施工质量进行全面、详细排查自检，按照设计图纸、技术规范，对检查出的不满足设计要求和使用功能的质量缺陷建立问题库，并制定相关整改计划和技术措施，全面落实缺陷问题整改。

(2)施工单位整改完成本合同段内的缺陷问题后，成立验收小组，组织技术管理人员进行验收，验收合格后报总承包单位交工预验收。

(3)在预验收过程中，积极配合总承包单位对本合同段的工程质量检查，对预验收检查出的缺陷问题详细记录，建立缺陷问题库，再次组织整改，整改完成后报请总承包单位复查验收，直至验收合格。

## 7.3.2　交工申请

施工单位完成合同约定的各项施工内容后，按照《公路工程质量检验评定标准》及相关规定对工程质量进行自检直至合格，并完成资料自评工作。

对总承包单位复查预验收提出的缺陷问题全部整改完成，并对质量监督机构检测意见中需要整改的问题已经处理完毕，由监理单位对工程质量评定合格后，分包单位可向总承包单位提交交工验收申请。

## 7.3.3　竣工资料组卷注意事项

竣工资料由总承包单位按项目公司和省档案馆归档要求制定统一目录示例，各分包单位按照示例及总体节点计划安排做好各项资料的收集、整理、编制、组卷工作，最后再由总承包单位进行督促、检查、审核，出具自检报告并提交验收申请。

1. 工作流程

资料收集鉴别→分类整理→分卷→查漏补缺→手写页码→案卷和卷内录入→案卷和卷内目录打印→预验收及整改→扫描、复印、装订、贴脊背→上架→待初验、复验、验收。

2. 注意事项

(1) 项目施工准备阶段，分包方项目部专业技术人员结合施工图，根据《公路工程质量检验评定标准》附录 A 的内容，正确地进行单位、分部、分项工程划分。在施工过程中，以分项工程为基本单元，完成一个分项工程，评定一个并及时办理分项工程中间交工证书，最后将现场施工检查表和原始记录等表格按照施工工序及资料归档次序排好，形成一个完整的分项工程资料体系。将逐个分项工程资料收集整理就构成分部工程资料框架体系；同理，将所有分部工程资料收集整理就构成了单位工程资料体系。总之，在施工过程中做好基础资料的收集和整理，及时签认归档，为后续竣工资料的整编和验收奠定良好的基础。

(2) 凡列入留存的施工技术资料，都必须经各级技术负责人审定。所有资料都必须如实反映情况，要求记载真实、准确、及时，内容齐全、完整、全面，整理系统化、表格化，字迹工整，并分类成册。严禁擅自修改、伪造和事后补作。人员调动必须办理移交手续。

(3) 建立收集资料的岗位责任制，不遗漏、不损毁。竣工资料的整理做到图物相符、数据准确、手续完备、不造假、不后补。

(4) 各施工单位根据总承包指挥部下发的竣工文件编制节点计划，根据资料实际情况成立竣工资料编制领导小组，每周五根据实际完成情况向总承包指挥部上报进度统计报表。

### 7.3.4 环水保交工验收

分包单位按合同、设计环保要求完成合同段环水保工作。总承包单位对项目全线边坡、绿化带、临时道路、施工生活区及生产区、取弃土场、收费站和服务区等部位的水土保持设施及运营情况进行全面验收，验收中存在的不符合环水保设计的临时工程，由总承包单位组织环水保专家、邀请环水保监测单位和原设计单位进行环水保专家论证，根据专家论证意见，委托设计单位开展专项设计或编制实施方案按规定程序报批后整改，整改验收合格后，由总承包单位向项目业主提交环水保交工验收申请；项目业主验收后委托环水保监测单位开展环水保监测工作，监测完成后向行政主管部门申请环水保验收。

### 7.3.5 线外工程交验

分包单位完成线外工程施工后，由总承包单位、监理单位验收合格，按要求填写由项目公司统一下发的《线外工程完工验收移交证书》报总承包单位，总承包单位提交线外工程交验申请，由项目公司牵头组织对全线进行线外工程验收工作。

### 7.3.6　工程质量排查及修复

各分包单位完成合同内所有施工内容以后，根据国家规定的技术标准、验收规范、操作过程和设计图纸要求，对已完成的分项工程、分部工程和单位工程进行全面质量检查，确定工程施工质量是否符合验收标准要求。

(1)各分包单位自检。总承包单位要求已完工的分包单位对该合同段的工程质量全面进行自查，同时完善评定资料。自检评定合格后提交交工预验收申请。

(2)总承包单位标段工程师对各自分管标段的质量自查进行监督管理，对存在缺陷问题或不符合验收标准的督促整改。

(3)对于关键工程、重点部位，总承包单位组织分包单位现场共同检查验收。

(4)交工验收前，分包单位应根据总承包单位工程预交验检查发现的各类质量问题，制定整改措施，落实整改资源，分工负责，配强技术人员，按标准整改，使整改质量达到验收标准。

### 7.3.7　工程施工管理总结

各分包单位在工程完工后，依据工程承包合同、各类项目管理文件以及施工管理过程中有关的记录和文件，从工程概况、施工进度、施工安全、施工质量、施工费用、组织协调、今后建议等方面总结施工管理过程中的经验教训，对施工过程进行全面的分析、总结，从而达到提高项目施工管理水平的目的。

施工管理经验总结的编写内容：

(1)项目基本情况介绍；

(2)管理机构组成；

(3)质量管理情况；

(4)施工进度控制；

(5)施工安全与文明施工情况；

(6)环境保护与节约用地措施；

(7)施工中新技术、新材料、新工艺的应用情况；

(8)工程款支付情况；

(9)施工体会。

# 第五篇

# 总承包管理创新及党建工作策划

总承包管理创新主要指总承包项目的管理思路创新、文化创新、评优创新、技术成果创新、党建工作创新。施工总承包企业要围绕施工总承包的项目特征、模式特点、合同结构、投融资机制等，在项目管理的组织模式、管理定位、管理目标、总承包优势等方面加强管理方法和抓手的策划、创新实践，坚持管理创新、文化引领、标准引路、管理落地和党建促进的工作思路，从管理的角度和文化的角度促进总承包项目管理的提升，促进项目建设的增值。

# 第八章　创新型总承包管理思路

施工总承包是指对两个及两个以上专业工程进行综合施工总承包。工程承发包实践中，施工总承包有包括两个及两个以上专业工程的施工总承包，也有某一建设项目的某一段建设里程内的所有土建工程的施工总承包，也有某一项目所有工程的施工总承包(资质许可范围外的除外)。本书重点讲述社会投资人采用 BOT 模式投资建设的高速公路项目采用施工总承包方式建设时总承包单位的管理思路创新。针对管理模式、管理定位、管理目标、管理优势等进行施工总承包项目管理思路的顶层设计创新，从而为优质实现工期、进度、质量、安全、成本、环水保等目标创造良好的组织保障、体系保障、管理保障，实现建设项目的最大化增值。

## 8.1　总承包管理模式创新

### 1. 管理模式创新

大型中央直属的建筑企业、地方国有建筑企业承揽的施工总承包项目，往往是由企业自身组织所属子分公司组织施工，施工总承包企业派出现场管理机构代表施工总承包企业实施施工总承包合同范围内的所有权责义务。管理模式虽说采用了平行标段施工组织管理模式，但往往因为体制因素，造成合同界面不清、合同行为弱化、合同意识淡化，项目管理规划预期目标无法圆满实现，造成项目亏损、项目管理失败。根治传统施工总承包项目体制弊病，就要从项目管理模式创新上下功夫。

(1)施工总承包企业要采用专业分包加自行施工相结合的管理模式，利用具有专业优势的企业分包合作模式，更有利于施工总承包的质量目标、安全目标、成本目标的实现。

(2)全面建立“以合同管理为主，制度管理为补充”的契约型管理关系。契约型管理模式可以规避体制、机制弊端，更能清晰划定合同工程界面，明晰合同双方权责义务、目标控制主体责任，划清经济核算行为，有利于各级组织各司其职、权责清晰、职能定位合理。施工总承包单位的项目管理宗旨是管理监督、服务帮助、协调保障、合作共赢。施工总承包单位要建立统一的合同示范文本以及相匹配的工程清单造价，建立权利义务对等、造价合理、自主报价的合同组成体系。在施工总承包项目合同洽谈阶段或施工总承包方组织的招标比选阶段，划分若干标段，明确固化合同条款，由其所属参建企业通过自行测算施工成本、自主报价、择优选择的方式确定参建主体，杜绝采取计划性手段分配任务。通过比选，所属企业或分包企业通过竞标机会平等竞标和自愿选择，为合同履行创造平等环境和公正条件。

(3) 文化引领，实现共赢。共赢是实现项目建设管理各要素的必要要求，是确保项目参与各方实现各自合同目标和调动管理积极性的重要动力源泉，是团结各方、凝心聚力的重要经济基础，是实现各方管理价值的共同夙愿。共赢需要有一种共同被接受或认可的价值文化来统领和引领项目管理的意识主旋律，这样一种施工总承包项目文化价值理念是项目建设管理的重要支撑。施工总承包单位要引导和促进项目的文化建设，从制度建设、文化策划、文化宣传、文化落地等给予政策支撑和体制机制保障。BOT 模式下施工总承包项目要坚持法制性文化、团队学习型文化、和谐团结文化、互助文化、必胜信念的文化、挑战性文化、使命感文化等兼容的创新型文化体系建设，通过文化创新引领，全面落实施工总承包项目的工作方针，即讲大局、讲品质、讲效率、讲效益，全面实现施工总承包项目使命——打造施工总承包管理优秀品牌。

(4) 党建促管理，提升项目建设价值。项目基层党组织建设是建设工程项目管理越来越不可或缺的管理要素。加强施工总承包项目基层党组织建设，有利于发挥总承包项目规范管理、科学施策、先进引路的堡垒促进作用。项目党组织建设对提升干部职工的职责担当、廉洁从业、依法用权、管理提升、执行效率、团结和谐有着重要的促进作用。党组织通过加强人的因素管理来改进项目管理团队工作作风建设、规范流程管理、提升管理技能，有效促进项目管理提升，防范项目管理风险。

### 2. 组织模式创新

施工总承包方应根据项目管理模式、合同模式、项目规模、项目特点等合理确定组织模式和组织层级；组织结构和组织定员要确保精干高效、管理系统化。通过组织结构优化，促使现场与管理的结合，以及标段工程师职责与业务管理部门工作的有力衔接。

施工总承包指挥部管理层级、管理结构数量的设置应考虑监理标段划分、施工标段划分、行政区域划分、工程特点等四个因素，施工总承包高速公路项目投资小于 30 亿元或线路长度小于 30km 的，施工总承包指挥部不设分支管理机构，由施工总承包指挥部直接组织管理；施工总承包高速公路项目投资大于 30 亿元或线路长度超过 30km 的，施工总承包指挥部下设现场组，现场组负责人由施工总承包指挥部副职领导兼任，配备一定专业的工程师，履行现场质量、安全、进度、协调、服务、保障、考核等职责，年度完成产值每 5000 万元配备一名标段工程师，标段工程师主要负责内部控制和协调管理。施工总承包指挥部组织结构如图 8-1 所示。

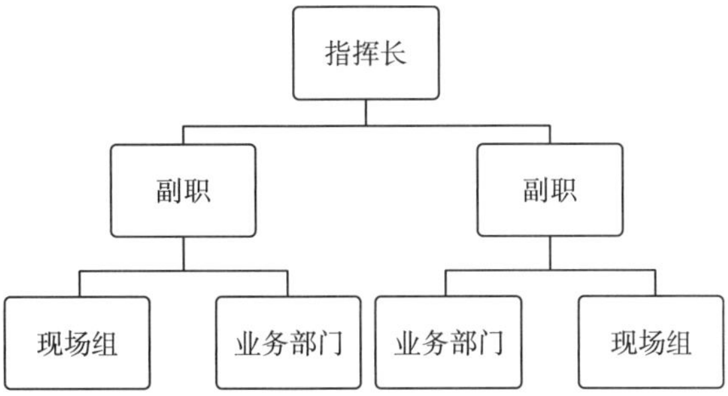


图 8-1　施工总承包指挥部组织结构图

### 3. 管理流程创新

高效、快捷、高质量是流程创新的关键和核心。施工总承包项目涉及范围广、参建主体多，工作流程信息处理过于烦琐，导致项目建设管理和决策效率低下。施工总承包项目流程制定要坚持简洁性、高效性和有效性原则，不要搞烦冗的流程控制。施工总承包方要根据项目管理要素的特点及项目管理各阶段的重要性，从前期管理、过程管理、结果管理等三个阶段分别有重点、有节奏地强化流程控制。如施工准备阶段要强化设计审查和设计交底的流程控制，强化生产要素和制度建设的流程控制，强化生产要素采购的调查和论证流程控制；交竣工验收要加强工程交验的组织流程和验收流程的控制，确保验收质量，等等。

## 8.2　总承包管理定位创新

总承包管理定位主要是指总承包单位践行什么管理准则，管理的出发点、目标取向、主要抓手是什么，解决了这些问题就不会使总承包项目管理偏离价值主线。施工总承包项目管理要始终贯彻业主为先、履约为要、服从业主、服务现场的管理准则，对上坚持业主要求为先、全面履约为要，服从业主的管理要求，服务保障好现场，只有这样才能营造自上而下的和谐施工环境，才能实现项目各项管理目标。

### 1. 建立总承包管理法则

坚持贯彻以质量安全、工期进度、成本控制为主要内容的“四管、四控、两协调”+“激励约束机制”的项目管理理念，打造完整闭合的制度体系，涵盖整个项目主要管理要素的管理措施、职责分工和工作流程，使所有参建施工单位的工作有章可循，全面实现参建各方的项目预期目标。在施工总承包过程中，采取“传统哲学思维＋二八原理”法则，坚持“复杂问题简单化、简单问题条理化、解决问题重点化”的管理法则；坚持牢抓 20%

的关键少数、主要负责人和重点领域，以此带动大多数，以目标为导向，以责任传导促落实，确保项目管理要求纵向到底，执行效率不打折扣；坚持问题导向，抓住每个阶段主要矛盾，盯牢控制点和重难点，解决关键点，确保工期目标、成本目标、质量安全目标平稳实现；坚持安全、质量问题反复抓、抓反复，夯基提质增效，创新管理变革。

### 2. 坚持以合同管理为主抓手

施工总承包单位、分包单位、所属企业自行施工，其承包行为和组织施工行为均属于建设工程项目合同管理范畴，必须根据市场经济规律按合同依法合规管理；项目管理的目标通过合同关系来确保实现，合同管理和合同履约成为每个参建单位项目经理的职务工作规则。总承包各级管理者或管理者代表同样要建立契约精神，以合同为据，夯实施工建设中安全、质量、进度、成本等关键要素的合同管理，杜绝管理上的后发效应和责任目标不清。在施工建设各阶段，各类风险都会有不同程度的显现，施工总承包单位要以合同为准绳，按照总承包风险管理的风险要素、风险来源、风险危害，及时采取风险应对措施予以风险防范。

### 3. 科学管控，统筹协调

施工总承包项目管理属于大项目管理，参与施工的各标段管理能力、管理要素配备、管理执行力等都会有所不同或存在差异。施工总承包方的项目管理核心是要抓好参建主体的差异化管理，为确保总承包项目目标的实现，就要确保每个参建主体的项目目标的实现，要把“一家亏损都不算成功、一家不通全路受阻”的管理理念始终贯穿于项目科学管控的主线上。科学管控就是管理木桶盛水的最短板，补齐管理短板是项目最大化实现管理目标的关键。科学管控就是要始终盯紧施工总承包项目内可能出现的短板要素、短板主体，确保不论哪个标段都不能成为短板，不论哪个标段都不能出现短板要素；短板要素是短板主体的成因，短板主体是施工总承包单位项目目标管理失败的核心。

一是要明确木桶短板形成的因素有哪些。短板因素就是质量要素、安全要素、进度要素、成本要素，短板主体就是指构成项目管理风险的分包主体和标段主体。依据短板原理、风险控制的管理思路，施工总承包项目要坚持“四管、四控、两协调”的管理思路，确定应该主抓的重要工作内容——即抓好现场施工安全管理、工程技术质量管理、施工进度计划管理、环保节能施工管理的“四管”，抓好安全控制、质量控制、工期控制和成本控制的“四控”，抓好征地拆迁和产权协调、现场施工组织协调的“两协调”。重难点工程、关键线路关键工作、高风险工程是“四管、四控、两协调”的关键和核心。

二是木桶的短板谁来补。施工总承包项目划分有土建工程、路面工程、房建工程及交安绿化环保工程等责任区，按照合同责权关系，短板责任主体明确，但短板要素风险的扩大会对施工总承包项目目标的实现造成较大影响。面对短板要素和短板主体，施工总承包单位要主动扛起责任，优化组织体系，加强短板风险要素监控，防范短板风险扩大或蔓延。

三是木桶的短板怎么补。施工总承包单位要依据设计文件、风险评估、工况难度、干扰因素等梳理重难点工程、关键线路关键工作、高风险工程，通过标段工程师蹲点监控，并叠加实施优化组织措施、技术保障措施、管理考核措施、经济激励措施等来规避短板风险要素，消除短板主体的风险隐患。

四是木桶短板补不齐怎么办。施工总承包单位采取了若干措施尚无法补齐短板要素，无法消除短板主体风险，就要采取合同措施函告参建标段母体公司，采取必要的工程任务切割、队伍清场、更换负责人、经济赔偿等措施追究相关责任方的责任，采取较大的成本投入来确保施工总承包单位的总体目标，使其对目标的影响程度降到最低。

## 8.3 总承包管理目标创新

高速公路建设工程项目的质量、安全、进度、成本等目标作为施工总承包目标管理的重点。扩大目标管理的对象范围，适度提高目标的标准，适度留足目标的冗余风险，通过管理目标确定的创新，为施工总承包目标的实现和风险控制创造一定的安全系数。

### 1. 质量目标

以交通运输部《公路工程质量检验评定标准》为准绳，以打造“高铁版”高速公路工程质量为标准，确保交工验收质量目标达到合格，竣工验收质量目标达到优良。高铁版高速公路工程质量标准是指在《公路工程质量检验评定标准》基础上，实现质量等级的质量评定分值标准对应提高一定分值的评定标准。如分项工程合格率100%，主要工程评分不低于95分(提高5分值)，一般工程评分不低于90分(提高5分值)；分部工程中间验收合格率100%；单位工程验收合格率100%。施工总承包单位依据《公路工程质量检验评定标准》，制定企业版的高铁版高速公路工程质量标准，作为施工总承包项目质量控制的依据，为提升行业质量标准做出示范作用。

### 2. 安全管理目标

消除重大事故隐患，遏制险性事件，无较大及以上等级的安全责任事故发生。

重难点工程、技术复杂工程、高风险工程专项方案编制率为100%，方案专家论证率达到90%以上；责任单位安全目标责任状签订率达100%，全员(管理人员)安全责任状签订率达100%。

严格坚持安全方案“总细”兼顾，采取“专家联席、行业监督、企业自控”相结合，设立“风险源库”和“曝光台”等各种措施拉网管理。把“严为爱、宽为害”的意识贯穿于管理层和作业层，实现安全为进度、质量保驾护航的良好局面。例如：简(阳)至蒲(江)高速公路项目，先后累计共召开 21 次专家联席会、层级签订包保责任状达 7500 多份、组织大小安全演练 300 余次、专项检查月平均 1.75 次。科学合理的管理体系有效防止了 2 座低瓦斯隧道、2 座特大桥、14 座互通枢纽及各处跨线桥钢箱梁架设等安全风险；有效预防了厄尔尼诺现象带来的极端天气、地质灾害，以及道路交通安全风险，最大限度地保证了施工人员和工程本身的安全。

### 3. 工期进度目标

工期目标管理采取风险富余管理措施，施工总承包项目合同工期提前率控制在 10%以上，阶段性工期目标提前率控制在 15%以上，专业工程工期目标提前率控制在 10%以上。工期进度目标按工期属性分为阶段性工期进度目标、合同工期目标、总体工期目标。工期控制目标按专业工程内容分为土建工程工期目标、路面工程工期目标、房建工程工期目标、附属工程工期目标、具备交工验收工期目标。工期控制目标按时段分为施工准备期工期目标、施工建设期工期目标、交工验收期工期目标。工期管理应抓住四个关键点：

一是抢抓征地拆迁时间点。积极协助业主对所有居民分片区承包，宣讲政策、解决问题，不断优化用地方案，将大小临设建在红线内或路基上，确保施工大干开始三个月以内，争取到 90%以上的建设用地。

二是抢抓施工组织关键线路工期节点。制定工期进度总体目标，分解重点工程、难点工程、高风险控制性工程及阶段性施工任务，挂图作战，做好重要资源保障。

三是抢抓季节性施工工期节点。围绕重难点及控制性工程制定阶段性目标计划，统筹安排，抓旱季，抢雨季，攻克重难点、高风险控制性工程工期节点目标。

四是抓好工序转段工程界面移交工期节点，划分责任区，落实责任主体，确定书面移交时间，确保后续专业工程按期开工和实现合同工期目标。

### 4. 成本控制目标

#### 1) 物资成本目标

确保集采、联采物资不出现原材料质量事故，物资质量问题退库率不超过 5%。积极协调供货商，保障材料供应充足，物资断供率不得高于 10%。实现物资采购成本降低率达 1.5%以上，在定额损耗率基础上物资损耗率再降低 30%的目标。不出现物资丢失、人为浪费现象。

物资成本控制的主要措施为：

(1) 对主要物资按照集采、联采方式挂网公开招标。根据集采物资招标当期市场价格对比钢材、水泥、钢绞线等物资价格，通过集采招标合同价格与项目部投标集采物资价格的对比，为项目部节省资金。依法合规性采购，让物资最终使用方的项目部充分享有对投标物资价格和中标供应商推荐的选择权和建议权。

(2)将集采中心区域服务单位直接纳入物资集采供应的备供方，将备供方案列入合同中，即在实际供应过程中由于供应商供应能力欠缺，停工待料等争议情况不能履约时，可以经项目部提出需求，启动二次招标或由集采中心区域服务单位按照区域集采价格进行供应，确保施工顺利进行。

2)劳务费或人工费成本目标

人工费实际成本较投标预算成本降低率要达到 20%以上，较计划成本降低率要达到5%以上。

不出现连续 7 天以上停窝工或当年累计连续 1 个月以上的停窝工，合同期内不出现合同工期 10%以上的停窝工。

督促标段通过招标选择或竞争性议价选择，施工总承包指挥部对参建标段同类工序价格进行比较分析，同时通过进度调度数据的采集，统计工程进度和工期停滞时间。发现问题及时采取纠偏措施。

3)设备成本目标

设备总消耗量要低于施工组织设计 5%以上，油料消耗、维修成本要低于计划成本5%以上或控制在企业定额成本以内。

4)分包合同成本

分包合同清单成本要控制在招标限价范围内，因合同因素及其他特殊因素，量差不得超过合同价的 3%，变更设计费和材料价差总额要控制在合同不可预见费总额的 80%以内。

5)暂估价项目

暂估价项目通过招标方式选定，招标限价不得超过合同清单暂估价项目总额。

## 8.4　总承包管理优势创新

### 1.总承包合同优势

总承包合同优势表现在资源整合协调和专业工程优化调整两个方面。对于关键线路关键工作的工期紧迫、资源短缺等现象，总承包单位可以利用总承包合同优势在总承包范围内对各单位调集闲置资源用于工期的应急管理，化解工期和进度风险。可以统筹优化分包方的合同内容，减少专业交叉施工成本。高速公路工程施工总承包项目包括土建、路面、房建、交安、绿化、环保、机电等多个专业和多个施工标段。因标段专业工程划分、不同标段专业交叉，工作量较小的工程等可由总承包单位协调委托相关专业单位来实施，如房建工程中收费站收费大棚下的路面工程，可以委托路面单位来完成。利用总承包合同优势带动相关产业参与到高速公路建设中，拉动企业相关产业的市场经营份额和经济效益。

2. 招标采购规模优势

高速公路施工总承包项目物资需求体量大，利用总承包主体的优势，通过物资设备公开招标程序，可以降低工程物资的采购成本，规避和降低物资质量、供应保障、结算支付等相关风险，有利于参与各方质量目标和成本目标的控制。

3. 技术方案优化优势

对于企业投资性项目，投资人、建设单位和总承包单位在项目初期就要树立严格的投资控制管理目标。为了控制投资和帮助参建单位施工创效，施工总承包单位利用自身的管理优势、技术优势，在不影响功能、不降低质量标准、不增加工程投资和降低施工成本的基础上合理组织优化设计，采取零费用变更或负投资变更等方式优化设计，帮助参建项目部降低施工成本。

利用总承包单位的技术优势，对分包单位的危险性工程、重难点工程、技术复杂工程等开展技术指导，牵头组织专项施工方案的编制，组织专家进行论证，确保工程技术措施和技术方案的可靠性。

4. 协调管理优势

施工总承包单位作为施工总承包方，同时也是投资方，对地方行业协调、征拆协调、交叉产权占用手续办理、设计监理协调、行政许可办理等工作有一定的组织优势，可以创造和谐的施工环境和外部沟通交流环境，对各施工标段的施工推进有助推作用。

5. 风险应对优势

施工总承包方的组织优势、合同优势、技术优势、管理优势等可以系统应对各项项目风险，可通过总承包优势对生产类风险、合同经济类风险、不可抗力类风险采取规避、减弱、转移、自留等应对措施来化解。

# 第九章　文化体系策划

文化体系是指文化各要素相互连接的整合系统，是某一特定团体为自己的生存而设计的，并经过历史的沿袭，逐渐成为一种自律的、模式化的系统。在该系统中，人们的社会行为符合该特定的文化习惯模式。文化层次理论包括精神文化、物质文化、制度文化。建设工程项目的文化体系同样也包括制度文化、物质文化、精神文化。本章重点从制度文化、物质文化、精神文化三个方面讲述建设项目文化的策划。

## 9.1　项目制度文化策划

社会的法律制度、政治制度、经济制度以及人与人之间的各种关系准则等，都是制度文化的反映。制度文化是人类为了自身生存、社会发展的需要而主动创制出来的有组织的规范体系，是人类在物质生产过程中所结成的各种社会关系的总和，是文化层次理论要素之一。有学者指出，21 世纪是文化管理时代，是文化致富时代。企业文化的重要性将是企业的核心竞争力所在，是企业管理最重要的内容。企业拥有了自己的文化，才能使企业具有生命和活力，具有真正意义上的人格象征，才能具有获得生存、发展和壮大，为全社会服务的基础。

建设项目文化是施工总承包建设管理的根基，始终融会于经营理念、管理方式、价值观念、大局意识和道德规范之中，把所有参建单位的行为统一到总承包指挥部行为的共同方向上，从而凝聚成推动整个施工建设飞速向前的巨大动力。

### 9.1.1　制度文化的特征

#### 1. 制度文化的“约束性”

为实现企业目标，企业需要以一定的方式对员工的行为加以限制。这种对员工的行为给予一定约束的文化，具有共性和强有力的行为划一的要求。企业制度文化的“约束性”是一种来自职工自身以外的、带有强制性的约束，它规范着企业的每一个人。如“进入设备区要戴安全帽”“工作场所、电力设备区内不得吸烟”等制度，使企业制度文化具备了约束企业和员工行为的特征。

2. 制度文化的“保护性”

在企业行为中，为保护员工或者团体的应有权益，企业需要以制度的形式对员工或团体应有的权益以及获得权益的途径、方式等加以规定。

3. 制度文化的“激励性”

制度文化的“激励性”主要是指企业对经营者和员工的激励。如安全生产工作中的奖惩、企业经理人参加利润分配、员工持股制度等，使企业制度文化具备了调动员工积极性的特征。

### 9.1.2 建设工程总承包项目制度文化策划的着手点

(1) 和谐文化。要本着公平、公正、效率的原则，策划施工总承包管理制度，凸显管理制度的人文和谐、尊重他人、效率第一的特点，将制度文化的着手点放在和谐文化建设上，以合同为纲，贯彻平等、尊重、效率的项目文化精髓。制度建设不得突破合同要约，制度建设作为合同管理的补充，进一步补充项目管理关系和管理责权义务的手段，使制度建设符合总承包管理目标和价值取向。总承包单位要一改过去那种机械的、僵硬的、命令式的管理制度，运用制度文化的力量和非经济的手段对参建标段进行文化价值引领，为工程建设项目创造更大管理价值。

(2) 价值引领。施工总承包项目的参建各方与施工总承包方是平等合同关系。参建各方均有项目管理的目标和价值取向。施工总承包方要坚持价值共同体的理念，打造共赢共荣共存的制度文化，营造共同创效、共同创优、共同拼搏的价值引领氛围，创造价值引领的条件，秉承“管理监督、服务帮助、协调保障、合作共赢”的管理宗旨，一道践行“讲大局、讲品质、讲效率、讲效益”的工作方针，坚定“一家不通全路受阻，一家亏损都不算成功”的价值指向标，同一个大家庭，在高速公路建设中本着合作互动、有所作为的精神，用和谐文化理念营造参建标段的共同价值取向，提升项目文化的感召力和影响力。施工总承包单位要编制《施工总承包项目文化手册》《施工总承包管理制度体系》《施工总承包目标分解》和《施工总承包工作流程》等，立体式、全方位、全覆盖开展文化理念和管理目标“宣传月活动”，引导调动各个层面、各个阶段的管理行为，将项目管理思想、管理价值统一到一个高度，纳入到一个标准、规范及共同遵循的轨道上来，在工程现场要践行和谐文化和价值引领，行为上体现服务、帮助、协调、保障的和谐文化，管理上要体现共赢文化价值，夯实文化创造价值的管理行为落地。

(3)目标激励。制度文化的激励内容是保障制度得到有效执行的重要促进因素。施工总承包方在编制项目管理规划时，将制度文化的目标激励措施列入项目管理规划，计提专项激励考核费，作为制度执行考核的专项激励基金。

## 9.2 项目物质文化策划

物质文化是指人类创造的物质产品，包括生产工具和劳动对象以及创造物质产品的技术。物质文化来源于技术并与社会经济活动的组织方式直接相关。物质文化不是所有物质形态的单纯存在或组合，自然状态下存在的物质，不属于物质文化的范畴。物质文化是人类发明创造的技术和物质产品的显示存在与组合，不同物质文化状况反映不同的经济发展阶段以及人类物质文明的发展水平。物质文化不单指“物质”，更重要的是强调一种文化或文明状态。

建设工程项目物质文化的内容主要包括两个方面：一是项目生产的产品和提供的服务；项目生产的产品和提供的服务是项目生产经营的成果，它是项目物质文化的首要内容。二是项目的工作环境和生活环境。项目创造的生产环境、项目设施、项目宣传、产品质量等都是项目物质文化的主要内容。物质文化就是以物质形态为载体，以看得见摸得着体会得到的物质形态来反映一个项目的精神面貌。

### 9.2.1 项目物质文化的内容

(1)标准化管理标识，包括视觉识别系统、警示标识、安全措施标准等，体现企业文化形象；

(2)办公区、生活区、作业区的设计和布置方式，以及作业环境、自然环境、绿化美化情况、污染治理等；

(3)“四节一环保”绿色施工策划及实施(即节地、节水、节能、节材、环保等绿色施工)；

(4)产品工艺特色、外观及缺陷期服务；

(5)技术工艺设备及其特性；

(6)项目管理和作业人员的衣服、安全帽；

(7)项目的文化体育生活设施；

(8)项目文化传播网络。如利用微信公众号、项目网站、企业网站、新闻媒体传媒等途径传播项目文化的特点、事迹、活动。

### 9.2.2 项目物质文化建设策划

1. 项目物质文化建设的原则

1) 品质文化原则

品质文化原则就是强调工程产品的质量。品质文化首先要解决的是工程产品的提供者要有作为消费者(使用者)那样对产品质量高度重视的意识，要把消费者(使用者)的权益放在首位。

2) 业主愉悦原则

从物质文化的角度看，产品不仅意味着一个特质实体，而且还意味着产品中所包含的使用价值、审美价值、心理需求等一系列利益的满足。具体包括品质满意、价格满意、态度满意、时间(工期)满意等。

3) 技术审美原则

任何一件技术产品，其存在的唯一根据就是具备实用性和审美性的统一。工程产品要做到实体质量和外观满足设计和质量验收标准。

2. 项目物质文化实施重点

(1) 制定产品的标准化工艺流程；
(2) 改善项目工作人员的的生活环境，包括员工的居住、休息、娱乐等客观条件和服务设施；
(3) 改善工作人员的休息和休假制度；
(4) 推广施工期间的绿色施工、环境美化；
(5) 选用“四新”(新技术、新材料、新工艺、新设备)技术；
(6) 规范标识、标志、标准化措施设施，统一管理人员和作业人员的服装及款式；
(7) 服从业主，贯彻业主管理意图；
(8) 项目管理宣传方式和物质措施；
(9) 标准化质量管理程序等。

## 9.3 项目精神文化策划

企业文化建设是新世纪企业生存和发展的内在需要。企业精神文化是用以指导企业开展生产经营活动的各种行为规范、群体意识和价值观念，是以企业精神为核心的价值体系，集中体现了一个企业独特的、鲜明的经营思想和个性风格，反映着企业的信念和追求，是企业群体意识的集中体现。

工程项目是施工企业的生产创效创誉阵地，项目文化建设是企业文化建设的重要载体。建设优质项目文化，充分发挥人的作用，是项目建设管理取胜的重要法宝。通过项目文化建设，科学组织和调动广大参建职工的积极性、智慧力和创造力，是现代化项目管理的高层次选择。

### 9.3.1 项目精神文化的内容

(1)项目管理哲学。是指施工总承包单位在项目管理过程中提升的世界观和方法论，是项目管理单位在处理人与人、人与物关系上形成的意识形态和文化现象。

(2)项目精神。是项目全体或多数员工共同一致、彼此共鸣的内心态度、意志状况和思想境界。

(3)项目管理宗旨。是项目要达到或实现的最高目标和理想。

(4)项目核心价值观。是指项目在追求管理成功过程中所推崇的基本信念和奉行的目标，是项目全体或多数员工一致赞同的关于项目意义的终极判断。

(5)项目管理理念。主要指项目管理的生存价值、社会责任、管理目的、管理方针、管理思想。

(6)管理作风。指项目员工对待工作的状态、情绪、信心、责任与习惯。

在六项项目精神文化的指导下，形成项目的学习观、创新观、竞争观、人才观、服务观等，构成项目精神文化。

### 9.3.2 项目精神文化的实施思路

(1)厚德载物，上善若水。在项目管理中要坚持“一切为了员工、一切依靠员工、一切有利于员工”的人文关怀理念和“共同创效、共同创优、共同拼搏”的核心价值理念，形成“上下同心，其利断金”的和谐团结协作氛围，构建同舟共济、共担使命的良好格局。在全线员工中倡议广泛开展关注员工成长、关注员工精神文化建设、关注员工生活学习的活动，密切关注员工需求、解决员工工作生活困难，开展丰富多样的业余生活和各类文娱活动、体育活动，始终把员工的思想动态作为风向标，把员工诉求作为调节器，把员工真实的想法作为感应器，不断优化项目文化创新，不断丰富项目文化内容，不断提高项目文化建设水准，让员工真切感受到施工总承包项目大家庭的文化温暖、团队温情。

(2)工程质量，百年大计。建精品工程是施工总承包单位工程质量控制的核心目标，要作为项目文化管理的重要一环，倡导质量就是道德、质量品质就是企业品质的理念，开展员工责任意识教育，将责任心、使命感融入每道工序中，融入每一个管理细节中。在劳务管理中常态化教育，让过程精品、品质卓越深植到每一个管理者、每一个施工作业者心中，让粗制滥造、偷工减料等不道德的行为成为人人唾弃、人人鄙视的行为，让道德的旗帜在每位建设者心中飘扬。

(3)崇尚价值，精神引领。项目建设管理过程是资源组织利用和再分配的过程，通过这个过程建造出符合业主目标需求和合同要求的精品工程，实现预期的合同效益目标。施工总承包方力争确保工程建设参与方都能够实现各自的目标和价值是施工总承包项目的核心目标和价值取向。崇尚项目管理共存共赢共荣的价值，以参建各方一家人的精神实质来统领全局，实现施工总承包项目建设管理的最大价值目标。崇尚价值，精神引领，项目荣，则全局荣，项目败，则全局败，让项目文化扎根于参建员工心中，让文化行为落地于项目管理实践。

# 第十章　专利技术成果策划

在国家层面，有效的专利挖掘可以提升我国自主知识产权的数量与质量，符合建设创新型国家的需要。对企业来说，专利技术挖掘是增强市场竞争力的需要，通过专利挖掘建立周密的专利保护网，可以实现对企业技术，特别是核心技术的全方位保护。增加专利拥有量，可以提高企业的无形资产含量，增加与竞争对手谈判的筹码，对企业经营招投标也能发挥积极的作用。BOT 建设模式下高速公路施工总承包项目要前置专利技术的策划，紧紧围绕项目重难点工程、危险性较大工程、技术复杂性工程、高风险工程开展专利和技术成果策划，编制专项预算固化技术小组，配套相关措施，大力挖掘新型施工技术、新工法、新工艺等发明创造专利技术，对施工总承包技术创新具有十分重要的意义。

## 10.1　专利成果策划

(1)总承包单位统一编制专利成果规划。利用施工总承包的优势，尊重各方科技创新劳动成果和科技专利的保护，将全线的技术工法创新计划、技术发明创造计划等列入施工总承包项目的专利技术申报计划，统一规划、统一组织、统一实施、统一申报。

(2)利用参建各方技术人才优势。施工总承包指挥部在制定技术管理规划的同时，着力推行并构建科技创新体系，加大专业技术人才选拔，建立技术人才工作室，建立和完善技术创新和科技开发工作制度，加大科技投入，组织科技攻关，培育核心技术，形成自主知识产权，提高施工总承包管理的核心竞争力。

(3)加强校企科研合作，发掘新技术专利。施工企业的理论研究、知识体系、实验基地等都存在短板，根据科研计划和科研任务，选择邀请专业院校的高级专家、教授、科研工作者等联合开展技术攻关和科技研发，更加有利于新型专利技术、新型工法的诞生。

(4)营造创新氛围，培育创新意识。首先，加强项目创新文化宣传，努力营造尊重知识、尊重人才、鼓励创新、宽容失败的技术创新氛围，及时肯定专业技术人才对项目建设的重要作用，鼓励广大工程技术人员爱岗敬业，潜心钻研技术，在本职岗位上建功立业；其次，开展多种形式的技术创新促进活动，比如定期搜集、整理和发布各标段科技动态信息，加强系统内部科技信息交流，增强组织内部的相互了解、沟通和相互促进；

再次，采取走出去与请进来、分散与集中的各种培训方式，培养科技管理与技术工作相结合的人才，引导工程技术人员学习专利法律、法规，撰写专利申报材料，逐步建立和形成项目技术文化。

(5)制定科技创新管理制度，建立有效的激励机制。制定技术创新和专利成果管理办法，大力推进技术进步，增强企业核心竞争力；建立专利奖励制度，对发明人的每一项专利，在申请时、授权时以及实施许可获益时分别进行不同额度和比例的奖励，调动广大技术人才的工作热情和创新积极性；专利挖掘与企业的知识产权战略结合，由上而下安排科技创新指标。专利挖掘与科研项目进展、工法的形成同步进行。要求具体课题研发技术人员，从研发的任务出发，按照解决的技术问题不同或技术手段的不同对研发任务进行分解，分成各个技术要点，然后对组成技术的各个要点进行挖掘，使专利挖掘与项目进展保持同步。

## 10.2 技术成果策划

新工法新工艺是指以工程为对象，以工艺为核心，以科技创新为依托，在科研和工程应用基础上，运用系统工程的原理，把先进科学技术和管理结合起来，通过工程实践形成的综合配套技术应用方法，具有先进性、科学性、实用性，对提高工程质量、保证施工安全、提高效率、降低成本、节约资源具有极大保障作用。优秀工法是企业竞争力的重要组成部分，是企业开发应用新技术的一项重要内容，是企业技术水平和管理能力的重要标志。

(1)统一组织技术成果的规划、立项、实施。施工总承包单位对施工总承包项目的技术成果负责，统一组织项目技术成果的分类策划、管理、实施，保证技术成果立项、研发的统筹管理。根据项目特点和项目技术复杂性，制定工法开发目标和年度开发计划，拟定一批国家级、省部级、企业级优秀工法计划。

(2)计提专项技术成果研发费用。加强施工总承包项目的技术管理体系建设，配套新工艺、新工法专项研发费用，保证技术研发工作的有效推进。

(3)组建技术成果攻关小组。选拔技术优秀人才，组建施工总承包项目的技术攻关小组，建立项目专业带头人技术研究室，分专业、分小组策划新工法、新工艺的技术研究，确保技术研发人才的专业优势。

# 第十一章　工程项目创优策划

## 11.1　社会荣誉策划

社会荣誉是企业获得的来自社会和公众的奖项与赞许，包括政府组织机构评选颁发的各类奖项、媒体和市场研究机构的奖项、行业协会或组织的各类奖项、公众通过正式和非正式渠道对企业的赞许表达。企业荣誉是品牌口碑的重要表现形式，对品牌的最终影响程序还取决于品牌对企业荣誉的宣传程序、媒体参与度、公众认可度等。企业荣誉是可测量的品牌口碑指标。

施工总承包企业获取有关项目建设的荣誉主要来源于政府行业主管部门、全国和企业所在地的工会组织、建筑行业协会、企业上级单位和组织、项目业主方等的表扬、赞许、奖项。施工总承包企业要根据总承包项目特点、规模、属性、技术难度等要素，在项目开工或建设阶段做好社会荣誉目标策划，固化责任领导和责任部门，统筹策划社会荣誉有关评选要素的实施计划、组织措施、投入和实施考核、评价、改进等内容。

### 11.1.1　社会荣誉的内容

高速公路工程总承包企业要时刻树立项目创效和创誉的目标理念，把施工生产、经营管理与创誉目标紧密结合起来，通过创誉途径来提升项目管理。创誉的内容涉及工会组织的五一奖章(状)、行业主管部门的企业信用评价、企业内部组织的各类劳动竞赛、国家或省级绿色施工示范工程、标准化示范工地、平安工地和平安工程冠名等。

### 11.1.2　社会荣誉争创措施

(1)积极参加工会组织活动、行业主管部门信用评价活动、上级企业评优争先活动，根据各级社会荣誉奖项评比单位组织开展的各项评优创优活动，积极制定施工总承包项目配套活动实施方案，明确活动主题和活动目标，强化组织措施，创新管理，推动各项活动扎实开展。

(2)施工总承包项目管理机构要积极开展组织项目劳动竞赛活动；施工总承包单位要

根据合同工期、重难点工程分布、关键线路等项目特性，结合阶段性工期、季节性变化、市场环境因素等，深入开展劳动竞赛和评优创优活动。

(3) 落实全建设过程的绿色施工策划。根据《全国建筑业绿色施工示范工程管理办法》规定，绿色施工示范工程是指在工程项目施工周期内严格进行过程管理，最大限度地节约资源(节材、节水、节能、节地)、保护环境和减少污染的工程。凡通过绿色施工示范工程验收的工程，申报中国建设工程鲁班奖(国家优质工程)或全国建筑业AAA级信用企业或安全文明工地等评优评价活动，在满足评选条件的基础上予以优先入选。施工总承包企业要督促现场派出机构做好绿色施工"四节一环保"施工策划，对公路工程的场、站、区集中施工生产的施工项目要规划设计好节水、节能、节地、节材措施，做好取弃土场的恢复绿化、扬尘抑制、噪声污染防治等，规划好绿色施工技术措施和制度体系，强化组织管理措施，24小时动态监测和收集绿色施工"四节一环保"数据，对绿色施工成效进行动态监控。应尽量就地取材，公路工程项目施工现场500km以内生产的建材用量占材料总重量的70%以上。

(4) 落实评优创优长效激励机制。根据工程项目管理目标、评优创优规划，建立从开工建设至竣工验收的全过程、全员性的激励考核制度，建立质量、环保、绿色施工、进度、效益等的目标和标准，落实激励机制的考核内容、考核标准、考核方式、激励标准、兑现原则等要素，引导全体建设管理人员从严管理和策划好项目评优创优工作的实施计划、过程措施、考核验收等每个环节的工作，使激励机制充分调动起全员评优创优的工作热情。

(5) 加大组织和宣传力度，提升活动质量。健全活动的组织机构，深化组织领导，严格工作标准和工作质量，在项目建设管理中，对涌现的优秀个人、优秀组织进行网络媒体的宣传，给予必要的表彰，树立良好的先进典型，营造创优争先的良好氛围。尤其是对评优创优工作的先进事迹、好的做法要总结提炼，加强宣传引导，开展先进事迹宣讲团，净化施工建设环境。

## 11.2 工程评优策划

工程评优主要包括国家科技进步奖、国家优质工程奖、鲁班奖、詹天佑奖、省级工程优质奖等。施工总承包项目要编制评优创优策划，将各类奖项申报的条件、质量控制措施、技术攻关、优秀工法应用、四新技术、十项新技术、绿色施工等内容细化，配套组织措施、经济措施、技术措施、管理措施来确保评优创优的过程化、系统化、全面化。

## 11.2.1 工程优质奖类别

### 1. 鲁班奖(国家优质工程奖)

鲁班奖的评选对象为我国建筑业企业在境内承包并已建成投入使用的各类新建工程，工程质量应达到国内一流水平。鲁班奖工程划分为 4 类，分别是：公共建筑工程，工业、交通、水利工程，住宅工程和市政、园林工程。申报工程在达到规定规模的前提下，必须是列入各地区或部门建设计划、严格履行了工程建设基本程序，已形成生产能力或使用功能，工程竣工后经过一年以上的使用检验，并按规定完成了全面验收的新建工程。工程施工质量除了要符合国家和行业标准外，还必须达到全国同类工程的领先水平，是省、部范围评出的质量最优工程。工程设计不仅要符合城市规划、国家和部颁设计标准，还要达到省、部范围内“先进、合理”的水平。

#### 1) 鲁班奖评选条件

(1) 符合法定建设程序、国家工程建设强制性标准和有关省地、节能、环保的规定，工程设计先进合理，并已获得本地区或本行业最高质量奖。

(2) 工程项目已完成竣工验收备案，并经过一年以上使用没有发现质量缺陷和质量隐患。

(3) 工业交通水利工程、市政园林工程除符合(1)、(2)项条件外，其技术指标、经济效益及社会效益应达到本专业工程国内领先水平。

(4) 住宅工程除符合(1)、(2)项条件外，入住率应达到 40%以上。

(5) 申报单位应没有不符合诚信的行为。申报工程原则上应已列入省(部)级的建筑业新技术应用示范工程或绿色施工示范工程，并验收合格。

(6) 积极采用新技术、新工艺、新材料、新设备，其中有一项国内领先水平的创新技术或采用“建筑业 10 项新技术”不少于 6 项。

#### 2) 公路工程申报规模

(1) 全长 3000 米以上或单跨 300 米以上的独立特大桥或独立大型互通立交桥；

(2) 长度 2000 米以上的公路隧道；

(3) 长度 50 千米以上的高速公路；

(4) 长度 200 千米以上的一级公路；

(5) 投资5000万元以上的大型立交及其他大型交通工程。

### 2. 詹天佑奖评选条件

申报本奖项的单位必须是中国土木工程学会团体会员。申报本奖项的工程需具备下列条件：

(1) 必须在勘察、设计、施工以及工程管理等方面有所创新和突破(尤其是自主创新)，整体水平达到国内同类工程领先水平。

(2) 必须突出体现应用先进的科学技术成果，有较高的科技含量，具有一定的规模和代表性。

(3) 必须贯彻执行“适用、经济、绿色、美观”的建筑方针，突出建筑使用功能以及节能、节水、节地、节材和环境保护等可持续发展理念。

(4) 工程质量必须达到优质工程。

(5) 必须通过竣工验收。公路工程必须是已经完成“正式竣工验收”的工程。

### 3. 国家科学技术进步奖评选条件

国家科技进步奖候选人和候选单位所完成的项目可以根据其性质和范围，分为技术开发、社会公益、国家安全、重大工程等四类项目。国家科学技术进步奖应具备技术创新、效益显著、行业科技进步等三个特征。

#### 1) 技术创新

在技术上有重要的创新，特别是在高新技术领域进行自主创新，形成了具有自主知识产权的产业(行业)主导技术和名牌产品，或者应用高新技术对传统产业进行装备和改造，通过引进、消化和吸收进行二次创新，提升传统产业，增加产业的技术含量，提高产品附加值；技术难度较大，解决了产业(行业)发展中的热点、难点和关键问题；总体技术水平和主要技术经济指标在推荐评审时属于行业的领先水平。

#### 2) 效益显著

经过一年以上较大规模的实施应用，转化为直接的生产力，产生了很大的经济效益和社会效益，实现了技术创新的市场价值或者社会价值，为经济建设、社会发展和国家安全做出了很大贡献。

#### 3) 行业科技进步

项目的技术创新突出，转化程度高，具有较强的示范、带动、辐射和扩散能力，提高了行业的整体技术水平、竞争能力和系统创新能力，促进了产业结构的调整、优化、升级及产品的更新换代，或者开拓了新的经济增长点和新兴产业，对行业的发展起了很大的推动作用。

4. 国家优质工程奖申报条件

申报国家优质工程奖的工程项目必须已经获得国家级或省、部级的优秀设计奖和工程(施工)质量奖。参评国家优质工程金质奖的项目，除获得国家级优秀设计奖外，应是本行业同期同类工程在建设理念、科技含量、投资规模、经济和社会效益的最高水平；参评国家优质工程银质奖的项目，必须已经获得国家级或省、部级优秀设计奖。必须按规定通过竣工验收，公路建设项目自竣工至申报时限不超过 4 年。工程应具有一定的投资效益和社会效益，工程质量必须符合国家颁布的设计、施工规范和相关标准，有环保要求的工程在正常投产后须达到原设计的环保指标和国家相应的环保标准。在工程建设过程中应贯彻国家优质工程奖评选倡导的工程质量管理宗旨，制定系统、科学、经济的质量管理目标和创优计划。必须履行基本建设程序，按照招标投标法的规定，选择建设从业单位、第三方合法的监理单位。认真落实国家有关行业管理的政策，执行有关行业管理规定。

### 11.2.2　申报实施策划

建设项目筹备阶段将评优创优工作列入项目管理规划，制定工程创优申报的目标、机构、措施，据此在项目开工准备阶段编制工程创优方案，制定具体的实施程序、实施要素、实施内容、责任单位及责任人、管理措施，做好技术质量攻关，强化创优方案实施的过程管理。在高速公路工程完成交工验收后，施工总承包单位要组织鲁班奖申报主管业务部门负责收集评优申报资料，为鲁班奖工程申报做好基础工作。待项目完成竣工验收后，负责收集竣工验收备案等资料，完成收集鲁班奖申报所有资料。重点从以下六个方面策划此项工作：

(1) 规划制定省级优质工程奖的评选。已获得本地区或本行业最高质量奖；一般要获得省部级最高质量奖。

(2) 争创省级新技术应用示范工程和绿色施工示范工程。申报工程原则上应已列入省(部)级的建筑业新技术应用示范工程或绿色施工示范工程，并验收合格。

(3) 采用四新技术和建筑业 10 项新技术。积极采用新技术、新工艺、新材料、新设备，其中有一项国内领先水平的创新技术或采用“建筑业 10 项新技术”不少于 6 项。施工总承包企业要在项目管理计划和施工组织设计中落实四新技术和建筑业 10 项新技术，优化制度措施，鼓励和激励四新技术和建筑业 10 项新技术的应用。

(4) 加强申报实施规划编制和管理。为确保工程创优评优工作成效，施工总承包单位要统一编制工程评优创优规划，并统筹组织评优创优规划的实施工作，并对评优创优规划的实施效果、质量进行分析、评价、总结，对存在的问题要统一制定相关纠偏措施。

(5) 加强工程创优评优的组织管理。施工总承包指挥部要建立专职工程创优管理部门，明确职责和管理目标，制定评优创优工作计划。依据设计文件技术特点、工程难易程度、控制性工程工期管理等内容，做好项目创优规划的统一策划和组织，会同技术管理部门将评优创优的重要技术要素、技术措施、四新技术、建筑业 10 项新技术应用等列入施工组织设计，特殊性工程要制定专项技术方案，落实四新技术，全面贯彻质量方针，健全质量控制体系，加强质量要点的控制和管理。加强与工程行业协会的联系，邀请专家组织培训和授课，建立良好的沟通关系，提升创优管理和组织能力。

(6) 专项技术经费和评优工作经费。根据工程评优创优规划，制定专项技术经费和评优工作经费计划，做到经费计划专项列支、专项核算、专项管理，确保经费的配套投入和合规使用，为专项技术研究、工程评优提供资金保障。

# 第十二章　施工总承包党建工作创新

## 12.1　总承包项目党建工作的必要性

党的十八大明确指出，形势的发展、事业的开拓、人民的期待都需要我们不断地进行改革创新，以全新的精神面貌来有效推动党的建设，使其科学化水平能够不断提高。习近平总书记的“四个全面”战略布局，更加明确党对国有企业的领导。国有企业所具备的“六种力量”是否有效发挥，成为党和人民关注的焦点。因此，作为国有施工企业，必须要贯彻党中央精神，结合不同模式下的项目实际和管理目标，创新思想政治工作体系，用科学的方法贯穿项目管理全过程，正确发挥基层党组织的政治核心、价值引领作用。

(1)项目思想政治建设的体制需要。在国有企业创造社会经济价值、发动基层大生产的过程中，党的坚强领导也必须在基层体现。施工总承包企业指挥若干个企业派出的施工生产单元分段施工的项目，上层领导、中层管理、基层生产人员均代表着不同企业的管理目标，企业文化、管理理念、价值追求都存在差异，这就需要有一个高度统一的意识形态管理，才能保持步调一致，把投资方、总承包方、施工方的目标进行融合统一，形成价值目标共识的管理理念。作为投资方，需要用较小的投资代价实现较快的投资回报；总承包方需要用较小的管理成本实现较大的管理收益，而各施工方则需要用最小的生产成本实现最大的经济效益。站在不同角度的团队都在自己的立场上思考企业利益，都在既定的合同条款下行使甲乙双方权利与义务，就必然会出现矛盾交集。而作为总承包的项目党组织，在重大利益取舍面前，除依法履行合同条款外，还要充分发挥党组织的政治优势，运用项目特有的政治组织优势总揽项目全局，建立统一的议事组织和议事平台，沟通、协调、协商解决项目管理中存在的棘手问题和复杂问题，以及思想认识问题、价值认同问题。在这种总承包项目背景和形势下，以有利于项目问题解决和价值理念引领为落脚点，站在有利推进投资建设全局的角度创新党组织管理的顶层设计，以党组织联席会的组织形式统领搭建总承包项目各级党组织议事制度，制定包括党组织联席会管理制度、职责分工、工作流程的总承包项目党建工作体系，融合总承包方“管理监督、服务帮助、协调保障、合作共赢”的管理宗旨，充分凝聚各单位党建工作力量，以党建带工建、带团建，统一思想，统一行动，有效保证投资方、总承包方重大决策部署在整个项目管理系统内顺畅地得到贯彻落实。

⑵价值引领教育平台搭建的需要。总承包方项目党组织是搭牵全线各参建标段主要领导干部、基层党组织书记的政治组织，促使基层党支部书记凝心聚力、形成价值共识的理念，引领基层党支部书记加强总承包项目政策法规学习、强化责任担当、坚定目标共识、坚信价值认同，在政策允许范围内，帮助各级党组织理思路、想办法、定措施，提升各级党组织贯彻总承包项目管理理念和目标的自信力、执行力，使基层党组织的决策能力、引领能力得到提高。总承包项目党组织通过召开党建工作联席会、创办《简报》、开设微信公众号、统一印制宣传册、录制宣传片，充分发挥总承包项目党组织开展集体商议、集思广益、共同决策、价值引领、宣传教育等平台搭设的重要组织力量，充分传播项目管理的先进事迹、先进组织、先进个人，使先进事例、先进工作法、先进理念得到充分交流，全方位地营造“共融、共赢、共荣”的总承包建设管理文化氛围。

⑶践行协调各方管理宗旨的需要。创新总承包项目党建工作的另一有效载体就是党建工作联席会。党建工作联席会的最大特点就是在总承包方“协调保障”工作中担当责任主体。把总承包合同条款实施中有关协调和组织保障的事项升格到党建工作，通过党建工作联席会管理体系运转，协调各级党组织围绕中心把各项工作布置到位，推动下去。一是建立施工总承包项目党建工作联席会议，明确党建工作联席会议制度、成员单位责任义务及联席会主要任务，统一思想、达成共识，搭建党建工作议事决策平台。通过党建工作联席会集中落实解决项目存在的困难和问题，围绕总承包项目中心工作开展各级党建工作，使党组织的阶段性任务更加明确、方向更加坚定、职责更加清晰、与项目行政管理结合更加紧密。二是推动“项目一家人”牵手“项目一家亲”的文化理念落地生根，推进项目和谐共建，将企业文化转化成新的生产力。以总承包方项目党组织的名义，引导和带领各参建单位党组织与沿线政府、自然村党组织密切交流，把施工建设与地方民生工程紧密结合，打造生态和谐的路地和谐环境，赢得地方政府“保姆式”的支持和服务，促进总承包项目和谐稳定推进。三是总承包方项目党组织派驻现场组，党员领导干部靠前协调和督促施工生产、安全质量管理、标准化建设及征拆协调工作落实，促进项目各项管理目标受控。

⑷实现资源共享、共赢目标的需要。高速公路总承包项目具有投资大、参建单位多的特点；价值引领、大目标管理、资源共享是大项目不可回避的重要管理要素；制定和树立一个被所有参建者共同认可的共赢目标是总承包项目凝聚各方共识、促进项目管理效率提升的重要文化价值，是组织管理系统化、管理效能最大化的必然需求。高速公路总承包项目由若干个平行标段共同施工建设，总承包方如何优化和调动沿线闲置资源、提高资源使用效率对项目工期、成本都有重要的促进作用。总承包方项目党组织通过党建联席会的途径，充分发挥和挖掘各级党组织在项目建设管理中的政治引领、党建促管理的组织效应，统一引领优秀党员干部、青年骨干、工团组织践行责任担当、吃苦耐

劳、坚守岗位的奉献精神。通过党建工作联席会和基层党组织的教育、组织学习，全面树立总承包项目的工期、质量、进度、成本、环保等要素控制目标，树立全员目标理念和价值导向意识，确保目标的各项措施、活动得到有效落实和推动。掌握项目进展情况和资源分布情况，对阶段性资源短缺、资源配置不足等现象，要及时协调、组织资源，做好应急保障和支援工作，实现全线资源的统一应急管理、调拨、使用，尤其是做好关键线路资源的协调保障供给工作，发挥党组织的政治保障、组织协调、应急管理的组织作用，确保资源共享，目标受控。

(5)项目廉洁务实高效推进的需要。总承包项目基层党建工作的质量对项目施工建设管理质量有着重要的带动作用。BOT 模式下高速公路工程施工总承包的主体大多是大型建筑企业；大型建筑企业一般都设有党的组织机构；总承包项目设置基层党组织对促进党、工、团组织起着重要的领导作用，规范和激发基层党支部、工会、团组织的管理协同。总承包项目基层党组织要规范党员干部廉洁从业行为，通过基层党组织的警示教育、行为监督、工作督导、工作催办、党员评议、组织生活会等方式来规范党员干部尤其是领导干部廉洁从业、行为自觉，着力解决项目基层党员干部存在的理想信念模糊动摇的问题、党的意识淡化的问题、宗旨观念淡薄的问题、精神不振的问题、道德行为不端的问题、项目管理宗旨弱化的问题、工作效率低下的问题、责任担当缺乏的问题；培养基层管理干部、技术干部不断增强政治意识、大局意识、核心意识、看齐意识，坚定服务于项目管理的正确政治方向，进一步树立清风正气，严守政治纪律政治规矩，强化责任担当，不断提升总承包综合管理素质，在施工生产、生活学习、工作协作中起到先锋模范作用。

(6)项目党建促管理的需要。总承包项目管理的抓手是合同和组织；合同的权利、义务、目标是管理准则；组织是实现合同权利、义务、目标的载体；总承包项目管理质量和价值目标获取多少是通过组织体系来保障的。基层党组织是领导党员干部、工团组织的重要组织机构，是带动和激发基层优秀青年干部奉献拼搏、建功创业的重要组织力量，是总承包单位项目管理机构管理力量的重要补充；基层党组织建设对总承包项目目标价值的获取有着重要的促进提升作用。总承包单位通过项目基层党组织生活会、组织纪律、行为规矩、价值引领、树立典型等途径，培养总承包项目基层党员干部逐步成为主动学习，与时代同进步，学用结合、知行合一，以问题为导向、注重实效，领导带头、以上率下，实际出发、分类指导，懂技术善管理的复合型人才，进一步适应新形势下总承包项目管理，逐步提升党员干部的敢于担当、高效管理、团队协作、解决问题、创新思路、方法多变、注重实效的自觉意识和工作能力，促使总承包项目形成文化和谐、廉洁敬业、务实高效的管理环境，促进总承包项目的建设管理能力提升和高效快速推进。

## 12.2　总承包项目基层党建工作面临的新挑战

### 1. 党组织与施工生产和项目管理的契合度不高

工程建设项目基层党组织的机构设置没有专职的业务管理部门，除党组织在思想上的引领外，在业务管理促提升方面缺乏应有的专职机构，所以党建工作的切入点弱化，管理契合度不高。总承包项目领导干部担当领导责任和示范责任的自觉性和主动性不足，未能抓住项目管理的“关键少数”，没有摆正自己的角色、职责、分工，应把自己摆进去、把思想摆进去、把工作摆进去，形成“头雁效应”。

### 2. 党建工作与施工总承包的规模不相适应

随着基础设施投融资市场的开放，施工总承包模式已成为一种新的市场趋势和新的承包模式。无论参与 BOT、EPC 或 PPP 模式，项目的投资规模都较传统项目要大，基层党组织的管理与施工总承包大规模工程建设的不配套和不适应，以往几乎都无成熟经验可供借鉴。如何确定党组织的管理定位，如何发挥党组织的战略引领、思想引领、组织引领，是施工总承包企业面临的新课题。

### 3. 党组织参与项目管理的决策机制、决策界面有待规范

当前阶段，大多数建筑施工企业在项目管理中没有形成一套相对科学高效、契合项目管理需求的基层项目党建体系，在项目实践中，基层党组织对其的工作界面认识、管理促提升的作用、决策运行机制等方面没有清晰认识，党组织参与项目管理的制度流程尚不规范，从而导致基层党组织在项目施工生产和管理决策中不能发挥应有的政治核心作用，党建促管理方面没能很好的准确把握，项目党建工作也没有发挥出对项目管理的补位功能。

个别项目部党组织书记仍然存在“项目经理说了算”的传统认识和职务维权观，对新时期企业党建工作的新要求缺乏学习，对业务钻研不精，不能正确把握党建管理与项目管理的有机融合，不能正确行使党组织的政治优势、组织优势、纪检优势，党组织的职责定位和自身建设严重弱化，基层党组织时常出现党建工作不会抓、不敢抓的现象，在主导项目管理、施工生产重大方案及相关经济运行等“三重一大”决策时，出现力不从心和决策不准等情况。施工总承包项目中，如何规范党组织参与项目管理的落脚点、决策界面、决策机制，以及发挥党组织在项目管理中组织作用、价值引领、功能补位，是整个建筑企业加强项目基层党组织建设的重大课题。

## 12.3　党建工作促管理提升的具体对策

1. 确保项目党组织全覆盖

以“四同步”原则督促施工总承包合同下每个参建项目部成立党组织机构，编入施工总承包指挥部党建工作协调委员会，从而把施工总承包项目党建工作任务纳入全面管理体系，传递给各参建项目部的每位党员干部。针对所属项目部的复杂性和工作推进情况，定期组织集体议事，讨论党建工作效果及努力方向。健全党组织机构，把“支部建在项目”上，确保实现项目党组织全覆盖，是施工总承包项目全面加强基层党建工作的首要一环，非常有利于队伍建设、思想建设、作风建设等党建基础工作的开展，是做好党建一切工作的前提和抓手。

2. 创建党建联席会制度，实现项目管理功能补位

BOT 模式下高速公路工程施工总承包建设的特点就是参建的组织结构多，也包括基层党组织，站在投资人和施工总承包的角度，如何凝聚各级党组织结构在总承包项目管理中践行共商共议共建的组织行为，是项目管理功能补位的重要组织保障。施工总承包单位项目党组织创建项目党建工作联席会制度，搭建党组织共同议事、促进管理的组织平台，以总承包项目的职责使命和管理目标为出发点，以实现共赢价值为落脚点，转变观念，创新工作方法，以问题为导向、注重实效为原则，广开言路、广纳良策，凝聚项目各级党组织的智慧，充分发挥党组织的政治优势、组织优势，商讨解决问题的方法，落实各级组织的责任；坚定党建工作正确认识，营造“总承包项目一家人”和“总承包项目一家亲”的文化理念，塑好“党员干部之形、工程实体之形、诚信企业之形”的“政治理念”。施工总承包单位要推行党组织书记和行政副职领导的“交叉任职、一岗双责”制度，抓生产、抓项目管理与抓党建工作相结合，找准交叉职责的切入点，工程建设需要什么、党建工作就抓什么，工程建设中存在什么问题，党组织就重点解决思想政治、作风建设、责任担当及工作方法等方面存在的问题，坚持领导带头、以上率下、注重实效的工作态度，党建工作不得脱离实际和工作中心，不得出现党建工作与项目管理“两张皮”的现象，使党建联席会达到促进项目管理功能补位的作用。

3. 充分发挥党组织的政治核心作用，促进项目管理提升

在施工总承包管理过程中，应用好基层党组织的政治作用，对不同基层党组织的意识形态进行准确把握，对各级施工组织的生产经营、项目管理规划进行准确把握，对党

员干部的思想凝聚度准确把握，充分发挥基层党组织的政治引领作用，畅通各级党组织纵深议事的通道，广开言路，把准问题，让基层党组织在项目管理中充分发挥履责担当和功能补位的作用。充分发挥党组织在项目中的政治核心作用才能做到“把方向，建班子，带队伍，管党员，育人才，保稳定，促发展，保廉洁”。施工总承包项目要规范党建工作联席会制度，创新项目党建工作思路，促使党建工作与项目管理的有力契合，实现党建促管理的目的。党建联席会制度重点是统一思想、达成共识、凝聚力量，使不同参建单位的党组织通过搭建党建工作平台，围绕项目目标控制和项目管理工作中心，通过提出问题、剖析问题、研究对策、限时解决的方式，在党建会议上需要上级业务部门作答和解决的问题，由对口业务部门给予答复和限时解决，使解决问题的方法和途径更加明确、更加快捷。党建联席会议制度不仅密切了各级项目部党组织之间的沟通和联系，同时也较好地发挥了党组织在施工生产中的促进和提升作用。

4. 基层党组织参与项目决策促管理

基层党组织要坚持中心组(扩大)学习教育，学习新时期政策、法律法规体系，深入学习新时代中国特色社会主义思想，认真学习各类合同和建设项目法规制度，打造学习型、知识型基层组织机构，为科学决策充电、补营养；坚持集体议事决策制度，落实“三重一大”集体决策制度，保障施工总承包组织机构对重大事项的科学决策、廉政决策；落实领导干部岗位责任区制度，明确领导干部责任区管理职责，落实领导责任，强化组织的决策力、感召力、执行力。

5. 统一平台，发挥互联整合优势

根据BOT模式下施工总承包管理特点，施工总承包指挥部党工委应将队伍建设向外延伸为“联合团队”建设，把业主方、施工总承包指挥部及全线各项目部党组织整合到同一平台，统一实行党的领导、统一开展党的建设；要按照制度设计及时召开会议，共同研究、部署党建工作，围绕中心落实两个责任；凝聚各项目部党建工作力量，以党建带工建、党建带团建，统一思想，统一行动，充分发挥党组织在施工生产中的战斗堡垒作用和党员的先锋模范作用；不断加强联系与沟通，相互学习借鉴经验，研究探索新经验、新方法；提升业主方、施工总承包单位及各参建项目部的管理协同性。利用党建联席会议制度，抓“大团队”建设，以党建互联为纽带，通过思想引导、工作部署、考核激励，努力打破各利益小格局，将传统模式下的“竞争关系”升级为新模式下的“竞合关系”，使各项建设管理工作统一到建设工程的全局利益与战略发展目标，做到“一盘棋”统筹、“大团队”运作。面对攻坚任务的短板环节，开展互学互比，做到取长补短；面对攻坚工作的重大难点问题，党组织间联手合作、共同推进、合力化解。

### 6. 把握工作关键点，催生项目新动力

按照“一切工作进支部”的工作导向，要求党建工作联席会议事范围实现全覆盖，包含思想政治、施工生产、环水保、项目管理、支部建设、党群工作、政策方针、宣传文化、党风廉政建设、干部队伍建设、维护稳定等方方面面的工作。工作既有全面性，又突出阶段性。根据不同时期特点，重点商议关键问题。比如，项目建设初期，重点商议组织架构、制度理念形成、组织任务划分；随着施工生产布局形成并展开大干，围绕重要目标及关键管理要素，重点商议如何创岗建区、营造氛围，在施工大干中发挥先锋模范作用；到项目中期，总结阶段性经验及党建活动阶段性成果，树立典型全面推广，查找分析施工生产中心工作的制约点、薄弱点以及原因，优化工作方法，适时组织科技攻关，确保急难险重任务期到必成；到项目后期，重点研究工期、安全、质量、环水保、组织协调及科技创新等方面取得的管理成果及教训，系统梳理，全面总结，为今后同类项目党建工作提供经验借鉴。

### 7. 党建工作评议结合，提升党组织的助推力

党建工作联席会不仅仅体现在“议”上，必须突破“议而不决，决而不动，动而不评”的传统怪圈。每一次会议要带着问题开、带着任务开、带着计划开、带着通报开，形成一个阶段工作的连续性和管理闭合。各参建项目部在党建联席会上，从上一次大会布置任务的落实情况、取得成绩、工作亮点、存在问题、整改方法等五个方面进行汇报；施工总承包指挥部党工委结合日常巡查、履约检查和施工生产中暴露出来的问题，进行通报点评。同时，把责权分解到位，保持压力平衡；既要确保落实主体责任，又要均衡管理压力，按责权对等原则分别抓好思想政治工作和施工生产工作。属于党组织责任主体执行不力的问题，帮助分析是不会落实，还是无力落实，引导帮扶正确履行党组织书记职能；属行政不予配合的问题，召开指挥长办公会、党工委员会研究，必要时约谈参建单位行政主管；参建项目部党政主管出现思想认识和工作配合上的严重问题，协调无果时，通报其母体公司党委及法人，建议进行组织调整。

### 8. 强化内控监督，打造高效廉洁团队

以习近平为核心的党中央领导不断加大反腐力度，自十八大以来有效遏制了腐败蔓延势头，对新形势下坚持从严治党作出全面部署。施工总承包企业在项目选人用人上要坚持“四好干部”原则，大力培养和选拔实干型项目干部，要培养年轻干部具备善于决策、重在执行、注重实效、具有正确的政绩观、敢于担当的实干型干部特征，要选好干部、用好干部，防止出现选人用人上的不正之风和腐败问题；坚决纠正损害群众利益的

行为；强化对权力运行的制约和监督，从源头上防治腐败，领导要支持执法执纪机关查处违法违纪问题，党委主要负责同志要管好班子带好队伍，管好自己，当好廉洁从政的表率等。这些关于廉政建设的要求，为党风廉政建设和反腐倡廉工作指明了方向。为此，施工总承包指挥部党工委应联合各参建项目部党组织，切实履行党风廉政建设主体监督责任，重点对工程招投标、物资设备采购、项目资金使用及“八项规定”等关键环节进行管控督查，运用专项检查、履约检查、巡视检查等措施层层传导压力。同时深入开展警示教育、廉洁从业教育，在项目上下营造风清气正的政治生态和生产环境。

# 参考文献


财政部，2018-01-04. 政府采购代理机构管理暂行办法[Z].

财政部、国家税务总局，2016-03-23. 关于全面推开营业税改征增值税试点的通知[Z].

财政部、国家税务总局，2018-05-03. 关于对营业账簿减免印花税的通知[Z].

程杰，2008. 公路工程材料价差调整的探讨[J]. 山西建筑，34(35)：265-266.

国务院，2018-03-08. 必须招标的工程项目规定的批复[Z].

国务院办公厅，2016-01-19. 关于全面治理拖欠农民工工资问题的意见[Z].

交通运输部公路工程质量监督局，2013. 公路工程工地试验室标准化指南[M]. 北京：人民交通出版社.

浅谈公式法材差调整在高速公路工程项目中的应用. 2018-07-19. https：//wenku.baidu.com/view/6024516e561252d380eb6ed7.html.

全国人大常委会，2011-04-22. 中华人民共和国建筑法[Z].

全国人民代表大会，1999-03-15. 中华人民共和国合同法[Z].

全国人民代表大会常务委员会，2004-08-28. 中华人民共和国土地管理法[Z].

全国人民代表大会常务委员会，2012-12-28. 中华人民共和国劳动合同法[Z].

全国人民代表大会常务委员会，2013-12-28. 中华人民共和国公司法[Z].

全国人民代表大会常务委员会，2014-04-24. 中华人民共和国环境保护法[Z].

全国人民代表大会常务委员会，2014-08-31. 中华人民共和国安全生产法[Z].

全国人民代表大会常务委员会，2016-12-25. 中华人民共和国环境保护税法[Z].

全国人民代表大会常务委员会，2017-11-04. 中华人民共和国公路法[Z].

全国人民代表大会常务委员会，2017-12-27. 中华人民共和国招投标法[Z].

全国一级建造师执业资格考试用书编写委员会，2017. 建设工程项目管理[M]. 北京：中国建筑工业出版社.

人力资源社会保障部，2017-09-25. 拖欠农民工工资黑名单管理暂行办法[Z].

张宏华，董习溟，2009. 公路 BOT 项目风险分析及应对策略浅析[J]. 公路交通技术，(2)：169-172.

中国建筑业协会，2017. 中国建设工程鲁班奖(国家优质工程)评选办法[Z].

中国土木工程学会和北京詹天佑土木工程科学技术发展基金会，2016. 中国土木工程詹天佑奖评选办法[Z].

中华人民共和国国家发展和改革委员，2017-03-08. 企业投资项目核准和备案管理办法[Z].

中华人民共和国国务院，1988-08-06. 中华人民共和国印花税暂行条例[Z].

中华人民共和国国务院，2000-01-30. 建设工程质量管理条例[Z].

中华人民共和国国务院，2003-03-11. 特种设备安全监察条例[Z].

中华人民共和国国务院，2003-11-24. 建设工程安全生产管理条例[Z].

中华人民共和国国务院，2007-03-28. 生产安全事故报告和调查处理条例[Z].

中华人民共和国国务院，2011-11-30. 中华人民共和国招投标法实施条例[Z].

中华人民共和国国务院，2016-01-13. 中华人民共和国税收征收管理法实施细则[Z].

中华人民共和国国务院，2016-10-08. 企业投资项目核准和备案管理条例[Z].

中华人民共和国交通运输部，2000-04-21. 交通基本建设项目竣工决算报告编制办法[Z].

中华人民共和国交通运输部，2001-09-16. 关于发布公路建设项目工程决算编制办法的通知[Z].

中华人民共和国交通运输部，2005-10-19. 公路水运工程试验检测管理办法[Z].

中华人民共和国交通运输部，2010. 公路工程竣(交)工验收办法实施细则[Z].

中华人民共和国交通运输部，2015-06-26. 公路工程设计施工总承包管理办法[Z].

中华人民共和国交通运输部，2015-12-08. 公路工程建设项目招标投标管理办法[Z].

中华人民共和国交通运输部，2016-09-02. 公路工程造价管理暂行办法[Z].

中华人民共和国交通运输部，2017-06-07. 公路水运工程安全生产监督管理办法[Z] .

中华人民共和国交通运输部，2011-10-09. 公路建设市场管理办法[Z].

中华人民共和国交通运输部，2017-12-15. 公路工程质量检验评定标准 第一册 土建工程[S].

中华人民共和国交通运输部，2017-08-29. 公路水运工程质量监督管理规定[Z]..

最高人民法院，2004-09-29. 关于审理建设工程施工合同纠纷案件适用法律问题的解释[Z].

# 附　　录

## 案例简介

### 1. 项目简介

成都经济区环线高速公路简阳至蒲江段项目（简称为“简蒲项目”）是经四川省人民政府批准采用 BOT 模式建设的双向六车道高速公路，由中国铁建投资有限公司和中铁二十局集团有限公司共同投资建设，两大股东共同出资成立了中铁建四川简蒲高速公路有限公司，作为简蒲项目的业主方；中铁二十局集团作为施工总承包单位，行使总承包管理职能。简蒲项目线路全长 126.333km，工期 36 个月，施工图预算投资 146.675 亿元，建安投资 96.437 亿元。全线采用双向六车道高速公路标准建设，设计速度 100km/h，路基宽度 33.5m，路面采用沥青混凝土路面结构形式。全线设互通式立交 17 处，分离式立交 16 处，涵洞及通道 375 道，土石方 4864 万 $m^3$，其中挖方 2065 万 $m^3$，填方 2799 万 $m^3$，路基防护及排水 73.6 万 $m^3$。

重点工程为“两桥两隧”，即沱江特大桥、岷江特大桥、二峨山隧道、长秋山隧道；难点工程为跨成渝铁路、成昆铁路及成安渝、成渝、成自泸、成乐、成雅高速公路主线的跨线施工和路基软基处理；安全控制风险点主要是既有铁路、高速公路的跨线施工以及隧道内瓦斯地段施工。全线分为 14 个土建标段、4 个路面标段、2 个交安标段以及 2 个绿化标段。

### 2. 项目文化

## 简蒲文化

**项目文化：** 中国铁建一家人

**项目使命：** 打造施工总承包管理优秀品牌

**管理目标：** 和谐简蒲 精品简蒲 规范简蒲 绿色简蒲

**管理宗旨：** 管理监督 服务帮助 协调保障 合作共赢

**工作方针：** 讲大局 讲品质 讲效率 讲效益

**行为准则：** 业主为先 履约为要 服从业主 服务现场

### 3. 项目宣言

**简 蒲 文 化**

我们是中铁建四川简蒲高速公路施工总承包指挥部。

我们始终践行中国铁建一家人的文化理念。

我们为国、为企、为员工，致力于打造施工总承包管理优秀品牌，全力实现行业领跑者的美好夙愿。

我们严格标准，安全管理，优质施工，竭力建设和谐、精品、规范、绿色的建筑艺术品。

我们强化监督，寻求管理突破；全面帮助，力求服务到位；有效保障，务求无缝协调；深度合作，谋求共赢共荣。

我们肩负使命，勇挑重担，扛起中国铁建的旗帜，以大局为基，以品质扬帆，以效率助力，以效益致远。

我们在探索中加强学习，在尝试中凝聚团队，在前进中围绕业主全面履约，在建设中服从业主指令，在管理中全方位服务现场。

我们同心同德，同向同行，永远前进，永争第一。

## 4. 成果展示

### 领导关怀

简蒲高速公路项目开工动员大会

（原）四川省委领导视察简蒲高速

（原）四川省人大常委领导视察简蒲

四川省交通运输厅领导莅临简蒲项目

四川省交通运输厅领导视察简蒲

（原）四川省交通运输厅领导视察简蒲

（原）中国铁建领导视察简蒲

（原）中铁二十局领导视察简蒲

中铁二十局集团领导视察简蒲

中铁二十局集团领导慰问参建团队

工艺工序

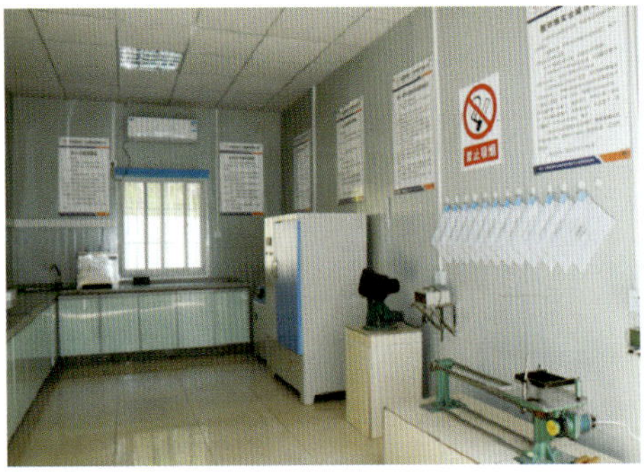

标准化实验室

拌和站

数控机床加工钢筋笼

隧道掘进

路面摊铺

拆模后的桥梁墩柱

高墩翻模施工

沱江特大桥挂篮施工

工程实景

简阳新市枢纽互通

眉山东坡互通

静宁大桥

老鹰岩大桥

土地互通

黑龙滩互通

岷江特大桥

黑龙潭服务区

简蒲高速管理中心

多悦互通收费站

项目荣誉

四川省五一劳动奖状

陕西省劳动竞赛优胜单位

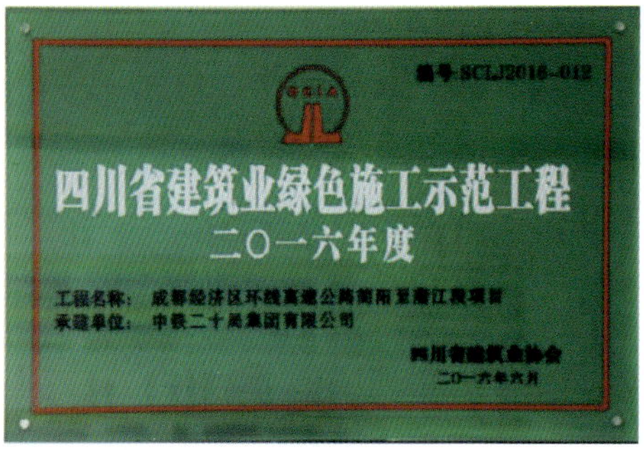


四川省绿色示范单位

四川省“十三五”省级劳动竞赛示范单位

四川省工人先锋号

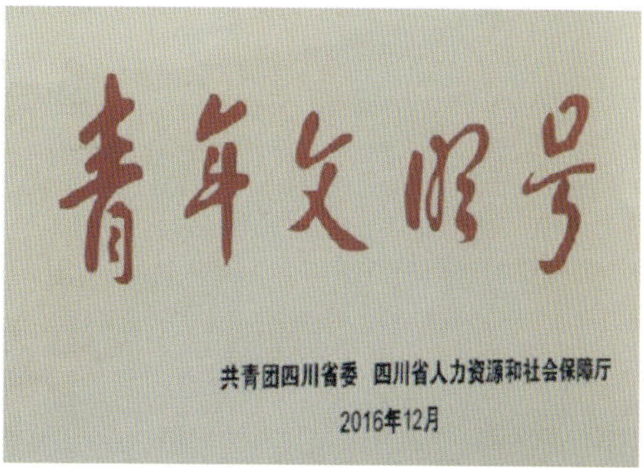


四川省青年文明号

简蒲项目各项荣誉归功于同德一心、不畏艰难、勇于拼搏的全体参建单位，在此感谢中国铁建投资集团有限公司和中铁二十局集团有限公司两家股东的大力支持，感谢以范军董事长为首的中铁建四川简蒲高速公路有限公司全体职工，感谢以刘军权、张敏、张会民、危海源、白恩郦等领导班子为首的中铁建四川简蒲高速公路施工总承包指挥部全体职工，感谢以苏洪斌、董艳斌、任东平、李兆奎、陈德、姚汪明、刘辉信、马祥磊、王东君、朱勇、唐守涛、吴宝京、秦美前、盖峰、肖毅、刘红修、张胜利、韩峰、何明静、邵建成、杨凯司、韩旭鹏、王立明、张贵祥、朱立江、张欢欢、霍岭堂等标段负责人为首的各参建团队，感谢政府、行业主管部门、设计单位、监理单位、咨询单位、检测单位的指导和支持。